城館調査の手引き

中井 均

山川出版社

はじめに

城跡を訪ねる人が増えた。それはブームといってもよいだろう。書店の歴史コーナーには数多くの城に関する書籍が並んでいる。こうした現象はかつてなかったことである。歴史ブームというよりも城ブームといってもよいほどの人気である。

この現象には大きな特徴がある。そのひとつはかつてないほど女性がお城を訪ねていることである。これまで歴史に興味を持つのは老人の趣味と思われていたが、いま城跡を訪ねる多くは若者であり、女性の姿も目立つ。今ひとつは天守の残された近世城郭だけではなく、石垣しか残されていない城跡を訪ねる人の増えたことである。その典型が但馬竹田城跡であろう。天空の城と呼ばれる竹田城跡には、年間約五〇万人もの人が訪れるという。山麓から約一時間をかけて歩かねば城跡までたどり着けないにもかかわらずである。さらに石垣すら残されていない戦国時代の山城でも人と出会うようになった。一昔前までは山城で出会う最も怖いものは人であった。それは決して訪れることのない山城であったからこそである。しかし、今はこうした山城にも多くの人が訪ねるようになったのである。

こうしたブームから多くの書籍が刊行されている。ただ、それらの内容はほぼ同様のもので、多くは近世の城を取り扱ったものである。そこで戦国時代の山城を訪ねる際にも、近世の城跡を訪ねる際にも参考となるガイドブックが求められていた。本書はそうした欲求に応じるために編んだものである。さらに単なるガイドブックではなく、地方自治体で城館跡の発掘調査の手引きとしても利用できるものを志した。

従来の概説書では発掘調査の成果を取り入れたものがほとんど見られない。実は戦後の城郭研究が最も進んだのは多くの発掘調査の成果であることはまちがいない。そこで本書では多くの発掘調査成果を盛り込んだ。城跡は地表面に残された遺構からも多くの情報を読み取ることが可能である。こうした地表面の遺構を図化したものを縄張図と呼んでいる。この縄張図からおおよそのガイドラインを読み解けるのであるが、建物の構造や城内での生活のあり方などを分析することはできなかった。しかし各地でこれまで実施されてきた数多くの発掘調査で検出された遺構や、出土した遺物からは具体的な城郭の機能を探ることが可能となり、考古学は城郭研究の主流といっても過言ではないだろう。本書ではそうした縄張研究や考古学研究の最先端の成果を盛り込んだつもりである。

本書がこれからの城郭研究の指針となれば幸いである。

二〇一六年八月

中井　均

城館調査の手引き　目次

はじめに……2
城郭研究のあゆみと中世資料としての城館遺跡……8

第1章　戦国城郭の調べ方……15
山城の誕生―南北朝時代の山城……16
恒常化する戦い―臨時的施設から常時維持管理される山城へ……24
戦国山城の魅力と楽しみ方……27
戦国の城の調べ方・現地調査の方法……34
・曲輪　34
・切岸　36
・土塁　38
・堀切・横堀　41
・竪堀・畝状竪堀群・畝堀・堀障子　44
・虎口　48
・土橋・木橋・曳橋　50

・馬出　52
○縄張図の描き方　54
・縄張図の書き方　61
地籍図から城館を調べる―古い景観から城館を読み込む……68
発掘調査から城館を探る―検出された防御施設と、出土した様々な遺物……74
・建物　75
・竪穴　81
・土坑　83
・陶磁器　84
・武具・武器　86
城館の整備・保存―発掘調査によって明らかとなった構造を見てみよう……88
第2章　戦国の城を実体験しよう……95
身近な山城を歩く―烏帽子形城（大阪府）を事例として……96
・烏帽子形城跡を歩く　97
地域の城を歩く……100
・甲賀郡中惣の城館群（滋賀県）　100
・海賊の城（愛媛県）　104
・南九州の城　106

・東北の城　108
石垣を持つ戦国の城―松本周辺の城（長野県）と、六角氏の城（滋賀県）……110

第3章　近世城郭の調べ方……117

近世城郭の魅力と楽しみ方……118
・様々な近世城郭と陣屋　126
防御と攻撃に関する基礎知識―狭間／石落／窓／籠城の備え……136
・狭間　136
・石落　140
・窓　143
・籠城の備え　146
城の種類と縄張の見方―山城／平山城／平城／海城……150
城塁と堀の見方―土塁／石垣／堀……160
・土塁　160
・石垣　164
・堀　174
・堀内障壁　177
城の技術と構造に関する基礎知識―天守の見方／櫓の見方／城門の見方……180

・天守　180
・櫓　188
・城門　196
城の生活に関する基礎知識―御殿／蔵／馬屋／番所／橋などの見方……204
・御殿　204
・蔵　208
・馬屋　212
・番所　212
・橋　214
第4章　近世の城を実体験しよう……215
平城を歩く―広島城跡（広島県）　216
平山城を歩く―丹波篠山城跡（兵庫県）　226
山城を歩く―備中松山城跡（岡山県）　234
幕末の築城―台場の調べ方　246
［コラム］　ケバ式図による縄張図の描き方63　登り石垣178　伏見櫓195　石切場258
あとがきにかえて　わたしの城郭研究のあゆみ……262

城郭研究のあゆみと中世資料としての城館遺跡

●城郭研究のあゆみ

城郭の本質は軍事的な防御施設である。こうした本質は城郭を歴史資料として扱う以前に大きな障害となった。近代の城郭研究は軍によって始められ、特に昭和六年に陸軍省内に設置された本邦築城史編纂委員会は築城本部という要塞を構築する部署が中心となって進められた。このとき調査の中心となったのが工兵大佐中山光久《なかやまみつひさ》氏と鳥羽正雄《とばまさお》博士であった。この委員会では正本七冊を刊行する予定で、昭和二十年まで編纂は進められたが、戦況の悪化により編纂事業は頓挫する。それまでの調査成果は印刷するところまで漕ぎつけたものの、空襲を避けるために原稿は白百合女学校へ疎開した。しかしその疎開先で空襲に遭い、原稿は灰塵に帰してしまう。昭和四十二年に編纂委員会に勤務されていた築城本部の藤沢一孝氏が自宅に保管していた手控えについて、国立国会図書館に寄贈されることとなった。これが『日本城郭史資料』全四二冊である。

一方、この編纂委員会の嘱託職員でもあった鳥羽正雄博士と、当時東北大学の西洋史を担当されていた大類伸《おおるいのぶる》博士の共著による『日本城郭史』が刊行されたのは昭和十一年のことであった。日本で最初の城郭史の概説書であり、戦後に至るまで城郭史研究の金字塔であった。しかし、鳥羽博士は神道史が専門であり、大類博士はルネサンス史研究の泰斗であり、実は城郭研究の専門というよりも、むしろ趣味的分野と

焼失前の名古屋城天守と本丸御殿（古写真／愛知県名古屋市）

しての城郭史研究であった。

戦前の城郭研究のもうひとつの流れが建築史からの研究である。現存する天守や櫓、門といった作事からの研究である。その代表が名古屋工業大学の城戸久《きどひさし》博士であった。日本建築史は寺社建築が中心であったなかで、城郭建築の研究は亜流として位置していたが、建築史という学問的立場から戦後の城郭研究でも主流となっていった。

敗戦後の城郭研究について歴史学界は忌諱し、沈黙を続けた。もちろんそこには城郭が軍事的施設であり、軍部が研究を手掛けてきたことに対する反動があった。戦後の研究はわずかに郷土史家と位置付けされる在野の研究者によって進められた。しかし、郷土史家の城郭研究は城の歴史や、城主の歴史などであり、城跡の構造を分析することはなかった。そうした在野の研究が長く続く。

戦争によって城郭も大きく傷つく。空襲によって名古屋城、大垣城、和歌山城、岡山城、広島城、福山城の天守が焼失したほか、水戸城の御三階、大坂城伏見櫓・坤

小谷城竪堀（国史跡／滋賀県長浜市）

櫓・二番櫓、岡山城内山門、宇和島城大手門なども焼失した。一九六〇年代にはこうした戦災によって焼失した天守の復元が相次ぐ。それは戦後復興の象徴でもあった。そしてこうした復興はブームとなり、戦災で失われたものではない天守である熊本城、松前城、会津若松城でも復元される。そして従来存在した天守とは違う構造や位置にも天守が建てられることになる。岸和田城、小倉城、岐阜城、岩国城、島原城、富山城、浜松城、平戸城、中津城、唐津城など数多くの城で天守が建てられている。まさに天守こそが城そのものという意識が強い時代であり、そうしたなかで建築史の研究だけは戦後も学問として城郭研究が続けられ、社会的にも認知されていた。

そうした城郭研究の戦後史が大きく変化するのが一九七〇年代の日本列島改造論による大規模開発の時代である。中世城館跡は山中に土塁《どるい》や堀切《ほりきり》、曲輪《くるわ》という土木施設を地表面に残しており、その存在を認識することが可能である。そのため都道府県によって刊行されている遺跡地図や台帳にその位置や範囲が記されていた。日本列島改造論では東京と地方を結ぶ高速道路の敷設や工業団地の造営、大型宅地開発などの大規模開発が全国規模で実施された。こうした開発地域のなかに地表面で認識された城跡が含まれていたために、開発に伴う事前発掘調査が実施されることとなったのである。それまで考古学の対象にならなかった中世城館跡に初めて発掘調査という外科的手術がおこなわれることとなったのである。学問的立場からは本末転倒というべき発端から中世城館跡の発掘調査が始まったのである。

山中城堀障子（国史跡／静岡県三島市）

　そうして始まった中世城館跡の発掘は予想を超える成果を挙げた。軍事的防御施設に過ぎないと思われていた城跡から中国からの貿易陶磁や国産の陶器が出土したため、まずは中世土器研究の立場から考古学が注目することとなったのである。陶磁器の流通論、威信財《いしんざい》としての陶磁器などを、出土した城館から地域の中世史を分析する研究がおこなわれるようになり、城館跡が重要な遺跡であることが認識されるようになったのである。

　さらに一九八〇年代になると、村田修三氏が中世城跡が在地構造を分析する史料となることを提唱したことにより、中世城館跡の研究は社会的にも認識されるようになり、文献史学からも村の城論など新たな視点での城館研究の進展を見せるようになる。

　縄張研究はそうした戦後の城郭研究のなかでも考古学や文献史学ではなく、城郭研究独自の研究として進化を見せる。地表面に残された城館遺構を図化することによって、城館の構造を分析し、それまで伝えられてきた城主の時代と残存する遺構とに齟齬《そご》のあることなどが判明し、遺構の実年代を絞り込むことも可能となった。また、地域的な特徴なども把握できるようになった。こうした縄張研究も戦後の城郭研究を大きく進歩させたことはまちがいない。

　一方、城跡の位置や範囲を把握することで開発に伴う発掘を円滑に進められることより、文化庁の補助事業として都道府県単位で分布調査が実施されることとなった。一九七四年の三重県を最初に、ほぼ現在では大阪府、宮城県を除く都道府県ですでに調査が終わっている。それぞれの都道府県の城跡の縄張調査実施され、縄張図が作成されている。

戦後長い間、学界から忌諱され、沈黙されてきた中世城館跡もようやく考古学、文献史学、縄張研究によって再評価されるようになり、現在では中世史を分析する重要な遺跡であることは学界の認めるところとなったのである。

●資料としての中世城郭

ではなぜ城館跡が重要な資料なのだろうか。まず資料として最も注目できるのはその分布数である。現在全国には約三〜四万にもおよぶ城館遺跡が分布している。その分布は数の多さだけではなく、北海道から沖縄まで全国に分布している。城館という遺跡から日本列島全域で比較検討できるわけである。

今ひとつ重要な点は、中世文書が残されていない地域にも城跡は分布しており、その規模や構造から文献からは語ることができなかった地域の歴史を分析できる資料となり得ることである。

例えば滋賀県の甲賀郡の城館を事例に紹介してみよう。滋賀県内には分布調査の結果、約一三〇〇ヶ所の城館跡が分布している。近江は一二郡から構成されており、単純に分布数を割り振れば一郡に一〇〇ヶ所程度が分布することとなる。ところが甲賀一郡に約三〇〇もの城館跡が分布している。さらに注目できるのはそれらの城館の大半が一辺三〇〜五〇メートルの単郭の方形タイプで、しかも立地はそう高い山ではなく、集落背後の丘陵先端に構えられている。こうした立地や構造は、戦国時代に甲賀郡で組織された同名中《どうみょうちゅう》に起因するものと考えられる。惣領と庶子家が横並びとなる共和的な社会を反映して、突出した規模の山城が出現しなかったのである。城館構造が中世社会そのものを示す事例として注目される。

小谷城大広間跡（国史跡／滋賀県長浜市）

　また、これまで中世の山城は軍事的な防御施設であり、普段は山麓の居館に居住するという二元的構造が戦国時代の城館構造として紹介されてきた。しかし、発掘調査の結果、戦国時代の山城にも居住空間の存在することが明らかになってきた。例えば北近江の戦国大名浅井《あざい》氏の居城である小谷《おだに》城では、山上の伝大広間で巨大な礎石建物が検出され、約三万七千点におよぶ遺物が出土しており、山上にも恒常的な居住施設の存在したことが明らかになっている。同様に南近江の守護六角《ろっかく》氏の居城である観音寺《かんのんじ》城跡でも山上の本丸、平井丸、池田丸からは巨大な礎石建物が検出されており、山上にも居住施設のあったことが判明している。このように山上の曲輪から巨大な礎石建物が検出された山城には、播磨守護赤松《あかまつ》氏の居城である置塩《おきしお》城や、西近江の高島七頭の居城清《し》水山《みずやま》城、三好長慶《みよしながよし》の居城である摂津《せっつ》芥川山《あくたがわやま》城などがあり、従来防御空間として認識されていた空間が恒常的な居住空間であったことも明らかとなっている。

　こうした山城は戦国時代後半の戦国大名クラスの山城に顕著に認められる。おそらく戦国大名は身内の人を守るため、最初から山城を安全保障の場として居住空間にしたものと考えられる。

また、数多くの山城が発掘されてもっとも興味を引いたのが火災痕のほとんど認められない点である。小谷城は天正《てんしょう》元年（一五七三）に織田信長《おだのぶなが》に攻められ落城したのであるが、その際火災に遭っていないのである。落城イコール焼失という図式は勝手なイメージに過ぎないのである。

ところで城といえば大名や国人、土豪が構えたものであるが、それは百姓たちの避難場所にもなったようである。長野県佐久市で発掘調査された金井《かねい》城跡からは実に六百におよぶ竪穴《たてあな》が検出されており、これらは進軍する武田信玄《たけだしんげん》軍の足軽雑兵のベースキャンプとも、戦いを避けて避難してきた村人たちの避難小屋とも考えられる。文献史料には百姓たちの避難小屋として山小屋が登場する。こうした避難場所としても城郭は機能していたのである。

また、根《ね》城など東北の城館では本丸という中心施設からも竪穴や鍛冶場が検出されている。従来の城郭を見る視点からは考えられない施設が中心部にも存在したのである。こうした戦国時代の社会構造を文献以上に具体的に示す遺跡として城館跡は実に重要な資料的価値を有しているのである。

本書ではこうした城館構造を中世城館と近世城郭から分析してみた。もちろん城郭の概説書として読んでいただくのもよいが、今後の城郭研究や調査のハンドブックとしても活用していただきたい。

第1章

戦国城郭の調べ方

山城の誕生――南北朝時代の山城

●騎兵戦から歩兵戦へ

日本列島には約三〜四万もの城館《じょうかん》跡が存在している。しかし、その正確な数はわかっていない。大半は江戸時代以前の中世に築かれたものである。江戸時代に存在した城はわずか二百ばかりであり、城館跡の九九パーセントは中世に築かれたものである。

古代に築かれた城郭は対外戦争を想定した山城《やまじろ》であり、その築城の主体者は律令国家であった。ところが中世に築かれた城館の担い手は国家ではなく、武士であった。平安時代末から鎌倉時代に築かれた城は極めて少ないが、南北朝時代には爆発的な数の城が築かれる。さらに鎌倉時代には平地に築かれていた城が、南北朝時代には急峻な山の頂上に築かれるようになる。

鎌倉武士は馬に乗って矢を放つ騎兵《きへい》であった。このため鎌倉時代の城は馬の通行を遮断する防御施設であった。例えば文治《ぶんじ》五年（一一八九）に、奥州の藤原泰衡《やすひら》が鎌倉の源頼朝軍の北上を阻止するために築いた阿津賀志山《あつかしやま》の二重《ふた》え堀《ぼり》は、阿津賀志山の中腹から平野部に下って阿武隈《あぶくま》川にいたる約三キロにわたって築かれた堀と土塁からなる防御施設であった。つまり、街道を二重の堀で遮断するために築いたものである。

元寇防塁（国史跡／福岡市）

源平時代の大鎧姿
（鈴木真弓氏提供）

鎌倉時代の歩卒の腹巻姿
（鈴木真弓氏提供）

また、元寇《げんこう》に際して文永《ぶんえい》の役（一二七四）直後より鎌倉幕府が築いた防塁《ぼうるい》も、馬の通行を阻止する石塁《せきるい》を線として、博多《はかた》湾に沿って今津《いまづ》から香椎《かしい》までの間、延々二〇キロメートルにわたって築いた防御施設であった。

鎌倉倒幕の挙兵をした後醍醐《ごだいご》天皇方は幕府正規軍と戦える騎兵を有していなかった。その非力な軍事力を克服し、幕府軍に勝つため、馬の登ることのできない山の上に城を築いて対抗した。中世山城の誕生である。その有効性はいたるところで実証され、列島では短時間のうちに山城が爆発的に築かれることとなったのである。

平安時代末に出現する大鎧《おおよろい》と呼ばれる甲冑《かっちゅう》は騎兵用に製作された。馬上にあって大腿部を守る草摺《くさずり》は前、二側面、背面と四面に分かれているが、これは歩行には適していない。基本的に大鎧は馬に乗るために開発された甲冑である。この大鎧を着けて急峻な山を登ることは困難である。騎馬用の大鎧は南北朝時代を境に消滅し、室町時代には胴丸《どうまる》や腹巻《はらまき》といった簡易な鎧が主流を占めるようになる。鎌倉時代には足軽《あしがる》の着用していた鎧である。大将級はそれまで袖《そで》の付かなかった胴丸や腹巻に、大袖《おおそで》を付けることで権威を示した。

山城の出現によって戦は騎兵戦から歩兵《ほへい》戦へと変わっていった。山城は戦争形態を一変させたのである。

その南北朝時代の代表的な城郭として笠置山《かさぎやま》城（京都府相楽郡笠置町）が

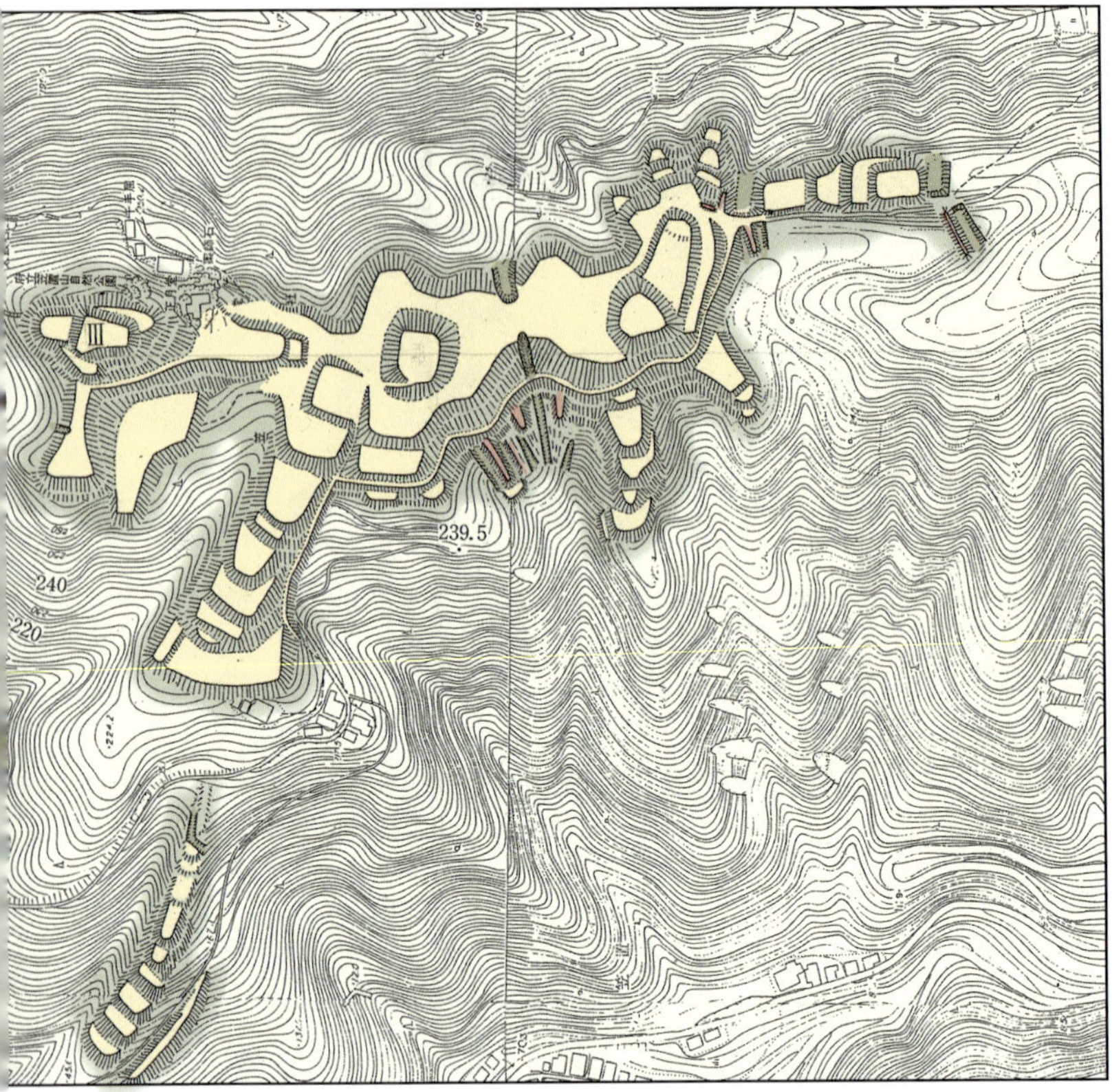

笠置山城縄張図　中井均作図（国史跡・名勝／京都府相楽郡笠置町）
標高 288 メートル、比高 250 メートルの山城。現在残されている遺構は南北朝時代のものとともに戦国時代のものもある。
【城を歩く】 JR 笠置駅より笠置山登山口へ徒歩 5 分、登山口から主郭まで徒歩約 45 分。

笠置山の笠置寺
（国史跡・名勝／京都府相楽郡笠置町）

笠置山城
（国史跡・名勝／京都府相楽郡笠置町）

ある。笠置には東大寺の別当である笠置寺があり、後醍醐天皇はその本堂を皇居とした。また、笠置寺の衆徒たちが兵となっている。このように南北朝時代には山岳寺院を利用した山城が多く見られるが、急峻な山に築かれた寺院には、兵舎となる堂塔があり、城に利用しやすかったことと併せて、僧たちを兵力にできたこと、さらには修験の山道などを利用して各地と連絡がとれたことなども城として利用しやすかったと考えられる。

さて、『太平記《たいへいき》』には、この笠置山について、「彼笠置《かのかさぎ》ノ城《しろ》ト申《もうす》ハ、山高《やまたかく》シテ一片《いっぺん》ノ白雲峯《はくうんみね》ヲ埋《うづ》ミ、谷深《たにふかく》シテ萬仭《ばんじん》ノ青岩路《せいがんみち》ヲ遮《さえぎ》ル。攀折《はんせき》ナル道《みち》ヲ廻《まわり》テ揚《あが》ル事《こと》十八町《ちょう》、岩《いわ》ヲ切《きり》テ堀《ほり》トシ石《いし》ヲ畳《たたん》デ屏《へい》トセリ。サレバ縦《たと》ヒ防《ふせ》ギ戦《たたか》フ者無《ものなき》トモ、輙《たやす》ク登《のぼ》ル事《こと》ヲ得難《えがた》シ。」と記されており、その天然の要害ぶりを伝えている。現在も笠置寺としての遺構だけではなく、尾根筋に設けられた曲輪《くるわ》や堀切《ほりきり》、竪堀《たてぼり》などの城郭遺構も見られるが、これらは戦国時代に再び笠置寺を城郭化した、山城守護代木沢長政《きざわながまさ》によるものである。おそらく南北朝時代の笠置山城は寺院そのものを利用したものであった。ただ、背後の柳生《やぎゅう》へ通ずる尾根には発掘調査によって十四世紀の堀切が検出されている。

ところで、南北朝時代の最も有名な城といえば、楠木正成《くすのきまさしげ》が百万の鎌倉軍を破った千早《ちはや》城、赤坂《あかさか》城（大阪府南河内郡千早赤阪村）であろう。面白いのは両城ともに金剛《こんごう》山系に構えられた山城のイメージが強いが、赤坂城は『太平記』に「彼赤坂《かのあかさか》ノ城《しろ》ト申《もうす》ハ、東一方《ひがしいっぽう》コソ山田《やまだ》ノ畔重々《あぜおもおも》ニ高《たかく》シテ、少《すこ》シ難所《なんしょ》ノ様《さま》ナレ、

上赤阪城（国史跡／大阪府南河内郡千早赤阪村）

三方《さんぽう》ハ皆平地《みなひらち》ニ続《つづ》キタルヲ、堀一重《ほりいちじゅう》ニ屏一重塗《へいいちじゅうぬり》タレバ、如何《いか》ナル鬼神《きじん》ガ籠《こも》リタリ共《とも》、何程《なにほど》ノ事《こと》カ可有《あるべし》ト寄手《よせて》皆是《みなこれ》ヲ侮《あなど》リ」、「方四町《ほうよんちょう》ニダニ足《たり》ヌ平城《ひらじろ》ニ、」と、平城であったことを記している。正成の本拠である金剛山西麓自体がすでに山岳地帯であり、さらに正成の計略があったために平城を利用したのだろう。

現在、赤坂城跡は、上赤阪城跡と下赤阪城跡という二ヶ所が城跡として知られており、いずれも国史跡に指定されている。これは便宜的に呼ばれているもので、史跡の名称は、楠木城跡と赤阪城跡である。しかし、『太平記』には、赤坂城としてのみ登場しており、楠木城は存在しない。これは昭和九年（一九三四）に国史跡として指定する際に、赤阪城跡は遺構が残っておらず、一方、城名は詳らかではないが、城郭遺構が良好に残されている城跡があり、いずれもが史跡に指定されたようである。城名の詳らかでない城跡も、地域的には正成に関わる城と断定され、名称を楠木城跡とし、通称として上赤阪城と呼ばれるようになった。しかし、両城跡ともに『太平記』に記された赤坂城とは相違する立地や構造である。では、赤坂城はどこにあったのだろうか。それは誕生地遺跡と呼ばれる楠木氏の居館《きょかん》跡ではないかと考えている。正成誕生地という伝承より、誕生地遺跡と呼んでいるが、ここでは発掘調査の結果、部分的に二重の堀で囲まれた城館の遺構が検出されている。内側の堀は方形に巡るようで、一辺約六〇メートル、幅約二・二メートル、深さ〇・九メートルの規模を測る。出土遺物には瓦器《がき》、土師器皿《はじきさら》、東播系須恵器《すえき》、常滑《とこなめ》、備前《びぜん》、古瀬戸《こせと》などがあり、居館の存続年代は十四世紀頃と考えられ、まさに楠木氏の時代の居館であった。

一方、千早城は『太平記』に「此城東西《このしろとうざい》ハ谷深《たにふか》ク切《きり》テ人《ひと》ノ上《のぼ》ルベキ様《さま》モナシ。南北《なんぼく》ハ金剛山《こんごうさん》ニツヾキテ而《しか》モ峯絶《みねたえ》タリ。」と、天然の要害であったことが記されている。現在、千早城跡には千早神社が建立され、曲輪などは後世に大きく改変を受けているが、その立地は『太平記』に記されているように、四方は切り立った崖となっている。

千早城模型（千早赤阪村立郷土資料館蔵）

ところで、南北朝時代の山城はその急峻な山に籠城《ろうじょう》する行為が、城そのものであった。人工的な防御施設を構えるのではなく、山に閉籠《へいろう》することが「構城《かまえじょう》郭《かく》」と呼ばれるものであった。

しかし、一方で人工的な防御施設も構えられていた。『太平記』には、櫓《やぐら》、高櫓《たかやぐら》、門ノ上ナル櫓、狭間《さま》、堀《ほり》、切岸《きりぎし》、逆木《さかもぎ》、釣塀《つりべい》といった語句が記されており、山城にはこうした部材が用いられており、後の戦国時代の山城と同様の施設が存在した。特に切岸という、山の斜面を人工的に削ることにより、急斜面として敵の登坂を防ぐ施設がすでに南北朝時代に出現していた点は注目される。

城郭における防御施設としては堀切《ほりきり》の存在は大きい。例えば山岳寺院などの宗教施設などでは堀切は設けられない。つまり堀切の有無が軍事的施設であるか否かを決定付けるといっても過言ではない。しかし、これまであまり注目されてこなかったのであるが、切岸も堀切以上に軍事的に重要な防御施設である。山城に登らせないということが最大の防御であり、そのために斜面を急傾

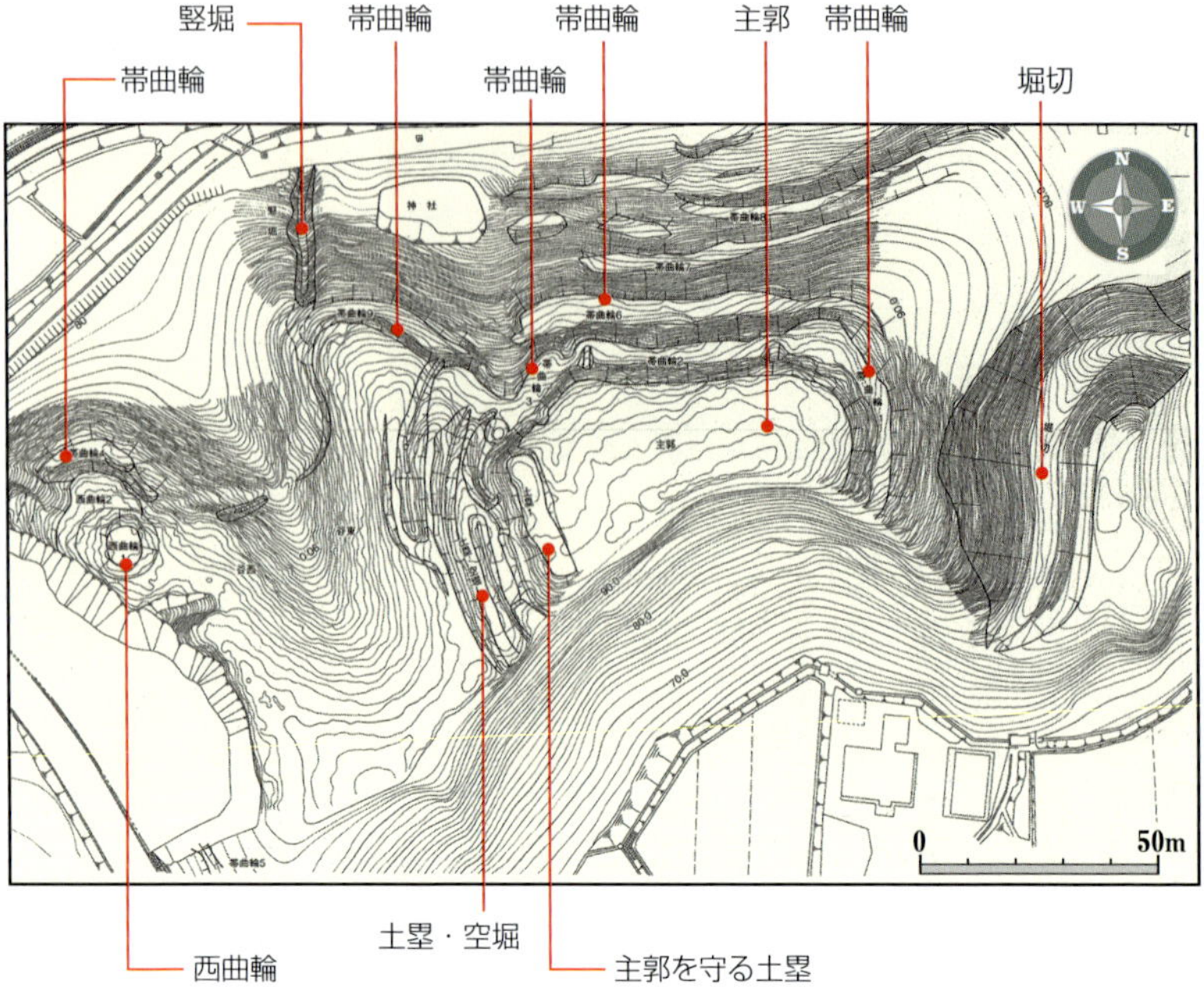

吉田住吉山遺跡遺構平面図（兵庫県三木市）
標高95メートル、比高35メートルの山城。南北朝期の山城の様相を知ることのできる貴重な遺跡で知られる。遺跡からは陶磁器の他、短刀、鉄鏃をはじめ甲冑の部品と考えられる飾金具などが多量に出土した。

斜に削り込む切岸こそが城郭たらしめる施設であったことを評価しなければならない。『太平記』では千劔破《ちはや》（千早）城の切岸について、「切岸《きりぎし》ノ下迄《したまで》ゾ攻《せめ》タリケル。サレ共岸高《どもきしたかく》シテ切立《きりたち》タレバ、矢長《やなが》ニ思《おも》ヘ共《ども》ノボリ得《え》ズ」「切岸《きりぎし》ノ上《うえ》ニ構《かま》ヘテ置《おい》タル大木十計切《たいぼくじゅうばかりきり》テ落《おと》シ懸《かかげ》タリケル間《あいだ》、将碁倒《しょうごた》ヲスル如《ごと》ク」などと記されており、その要害ぶりをうかがうことができる。実は戦国時代よりも『太平記』には切岸は頻繁に登場しており、あるいは南北朝時代の城郭のもっとも普遍的な防御施設であった可能性が高い。

　今ひとつ興味深い事例を紹介しておきたい。吉田住吉山《よしだすみよしやま》遺跡（兵庫県三木市志染町）は天正《てんしょう》六年（一五七八）の織田信長《おだのぶなが》による三木《みき》城攻めの陣城《じんしろ》跡と

吉田住吉山遺跡
（兵庫県三木市／兵庫県立考古博物館提供）
吉田住吉山遺跡は平成14年から2年間にわたって行われた発掘調査によって発見された南北朝時代の城跡。城の東側に大堀切、堀切や土塁などが検出された。

考えられていた。ところが発掘調査の結果、南北朝時代の城跡であることが明らかとなった。丘陵先端を楕円形の横堀《よこぼり》で区画し、後方尾根筋に対しては三重の土塁と横堀を交互に巡らせる複雑な構造となっている。これまでまったく知られていない城跡であるが、『太平記』には「金谷治部大輔経氏《かなやじぶたゆうつねうじ》、播磨《はりま》ノ東條《とうじょう》ヨリ打出《うちで》、吉河《こが》・高田《たかだ》ガ勢《ぜい》ヲ付《つ》ケテ、丹生《にぶ》ノ山陰《やまかげ》ニ城郭《じょうかく》ヲ構《かまえ》ヘ、山陰《やまかげ》ノ中道《なかみち》ヲ差塞《さしふせ》グ」とあり、金谷経氏が丹生山《にぶやま》（兵庫県神戸市北区山田町）に挙兵したことが記されている。丹生山には丹生寺という山岳寺院が存在しており、ここでもやはり山岳寺院が立て籠《こも》る施設となり、城郭が構えられたことがわかる。

この丹生山《たんじょうさん》城に対して北朝軍は建武《けんむ》三年（一三三六）より暦応《りやくおう》三年（一三四〇）にわたって攻撃を開始する。このとき赤松《あかまつ》氏などの北朝側が拠点とした「志染《しじみ》軍陣」（当時の文書に記される）で、吉田住吉山遺跡がこの陣所に比定できる。

発掘で明らかとなった吉田住吉山遺跡は丹生山の西側正面に位置しており、山上に横堀を巡らせて騎兵を遮断するという構造は南北朝時代の典型的な防御施設であり、特に後方の複雑な土塁と横堀の構造も馬の侵入を遮断するために築かれたものであろう。

このように南北朝時代は、日本の城郭が山に上がるという大きな画期をもたらした。この画期は日本の合戦形態をも変えた、城郭史上の第一の画期といっても過言ではないだろう。

恒常化する戦い ―― 臨時的施設から常時維持管理される山城へ

南北朝時代の山城《やまじろ》は、立て籠ることを重視した城郭であり、恒常的なものではなく、極めて臨時的な施設であった。このため、合戦が終わると使われなくなる場合が多い。近江《おうみ》の観音寺城《かんのんじ》（滋賀県近江八幡市・東近江市）は近江守護佐々木六角氏頼《ろっかくうじより》が南下する北畠顕家《きたばたけあきいえ》を迎え討つために築いた、日本最大の曲輪数を誇る山城である。南北朝時代の山城の大半は、戦闘行為が終われば使われなくなる、極めて臨時的な施設であった。山城に居住する笠置山《かさぎやま》や東北の霊山《りょうぜん》などは反幕府の拠点として利用されているが、こうした城は異例であり、多くは合戦のために構えられた臨時的な施設であった。さらにその防御施設は、切岸《きりぎし》や堀《ほり》切《きり》などが構えられたとはいえ、最大の防御施設は自然地形そのものであった。

ところが、十五世紀中頃に勃発した応仁《おうにん》・文明《ぶんめい》の乱はこうした自然地形に依存する山城の構造を劇的に変化させた。恒常的な戦いは、それまでの臨時的な城郭を恒常的に維持するようになる。そのために人工的な防御施設が築かれるようになる。曲輪《くるわ》、土塁《どるい》、堀切《ほりきり》、切岸《きりぎし》といったもので、自然地形を利用しながらこうした施設を巧みに組み合わせることによって戦国時代の山城が誕生したのである。南北朝時代の山城の出現を城郭史における第一の画期として位置付けるならば、応仁・文明の乱による人工的防御施設をもつ山城の出現は城郭史上における第二の画期と言ってよいだろう。

騎兵《きへい》に対抗して出現した山城によって、戦国時代の用兵は歩兵へと変化する。もはや自然地形だけに依存できなくなった。押し寄せる歩兵に対して、人工的な防御施設が城郭を構成する重要な施設となったの

観音寺城の遠望（左）と石垣（右）（国史跡／滋賀県近江八幡市・東近江市）

である。

さらに南北朝時代には臨時的な施設であった城郭が、戦争の恒常化に伴い、常時維持管理されることとなる。屋敷の背後に詰としての山城が構えられたり、山地のないところでは屋敷の周囲に土塁や堀を構えることによって平城へと改修された。

残念ながら城郭は築城段階の構造をそのまま残すものはほとんどない。それ以後改修が加えられ、現在見ることのできる遺構は最後の年代を示しているにすぎない。そこでここでは主に文献に登場する十五世紀の城のあり方について見ておきたい。

『大乗院寺社雑事記《だいじょういんじしゃぞうじき》』には応仁・文明の乱段階の畿内の城の様子が記されている。そのなかで注目されるのが、「自焼没落《じやけぼつらく》」という言葉である。例えば『経覚私要鈔《きょうがくしようしょう》』康正《こうしょう》三年（一四五七）九月二十九日条に、「木津城《きづじょう》ヲ開《ひらい》テ逐電《ちくでん》云々《うんうん》自焼歟《じやけか》」、「狛下司今暁令自焼《じやけ》」と記されている。また、『大乗院寺社雑事記』文明九年（一四七七）十月十三日条には「木津《きづ》執行《しぎょう》自焼没落《じやけぼつらく》」、同じく十一月十二日条には「下狛以《い》下《か》山城《やましろ》之《の》大内方《おおうちがた》今朝《けさ》自焼没落《じやけぼつらく》了」と記されている。つまり敵に攻められた際に、籠城《ろうじょう》して城を枕に討死するといったことはなく、大軍が押し寄せてきたときには、城主自らが城に火を放ち、逃亡しているのである。軍事的な防御施設として築かれた城郭が、戦わずして自ら火をかけてしまうとはどういうことなのだろうか。城には防御力のキャパシティ（受容力）があり、そのキャパシティを越える敵が攻めて来た場合は、無駄な戦いをするのではなく、自らの城に火を放ち、敗北を認めるのである。つまり「自焼没落」は敗北の行為なのであった。

さらに「自焼没落」の後には「竹木伐採」と記される例が多いが、これは焼かれた城に入った攻城軍が、城に植えられている竹木を伐採したようである。竹木は繁栄の象徴であり、その象徴が刈り取られることによって、敗北を知らしめたのである。

また、南山城《みなみやましろ》地方（京都府南部）の十五世紀の城で注目される文書が、『鹿苑院日録《ろくおんいんにちろく》』の明応《めいおう》八年（一四九九）九月二十六日条で「今日沢蔵軒宗益《たくぞうけんそうえき》（赤沢朝経《あかざわともつね》）同内堀率山城衆、越宇治川而入山城、以攻城而破御厨子《みずし》之城《のしろ》、斬頭者夥矣《おびただし》、今夜城中之東南不挙烽、不鳴鐘矣、少康耳」と記されている。これは相国寺鹿苑院主の日記で、その日、細川政元《ほそかわまさもと》の命を受けた沢蔵軒宗益がその被官である内堀氏とともに山城衆を率いて宇治川を越えて山城に入り、当時政元と対立していた畠山尚順《はたけやまひさのぶ》方の城であった御厨子城を攻めたことがわかる。ここで城内に烽と鐘の存在したことが窺える。

こうした文書から、烽火という施設が特殊なものではなく、どこの城にも存在したことがわかる。御厨子城は、集落のほぼ中央に構えられた平城で、地籍図からの復元では単郭の単純な構造の平城である。十五世紀の平地城館としてはごく普遍的な規模、構造である。そうした城に烽火が存在したのである。さらに伝達手段として烽火だけではなく、鐘の存在も注目できる。敵の来襲に鐘が連打され、その音は鳴り響いたが、落城とともにその音も止んでしまった。鹿苑院主が、それを「少康耳」とようやく静まったことに安堵している様子がうかがえる。

戦国山城の魅力と楽しみ方

近年、お城を歩く人が増えている。それも近世の天守《てんしゅ》のある城だけではなく、戦国時代の山城《やまじろ》を巡る人が増えているのだそうだ。以前は山城のなかで突然出会ってもっとも怖いのは人であった。こんな山の中で、この人はいったい何をしているのだろうかと考えると、熊や鹿以上に怖かったのである。では、いったい山城のなにが魅力で訪ねるのだろうか。ここでは私流の山城歩きの魅力と楽しみ方を紹介したい。

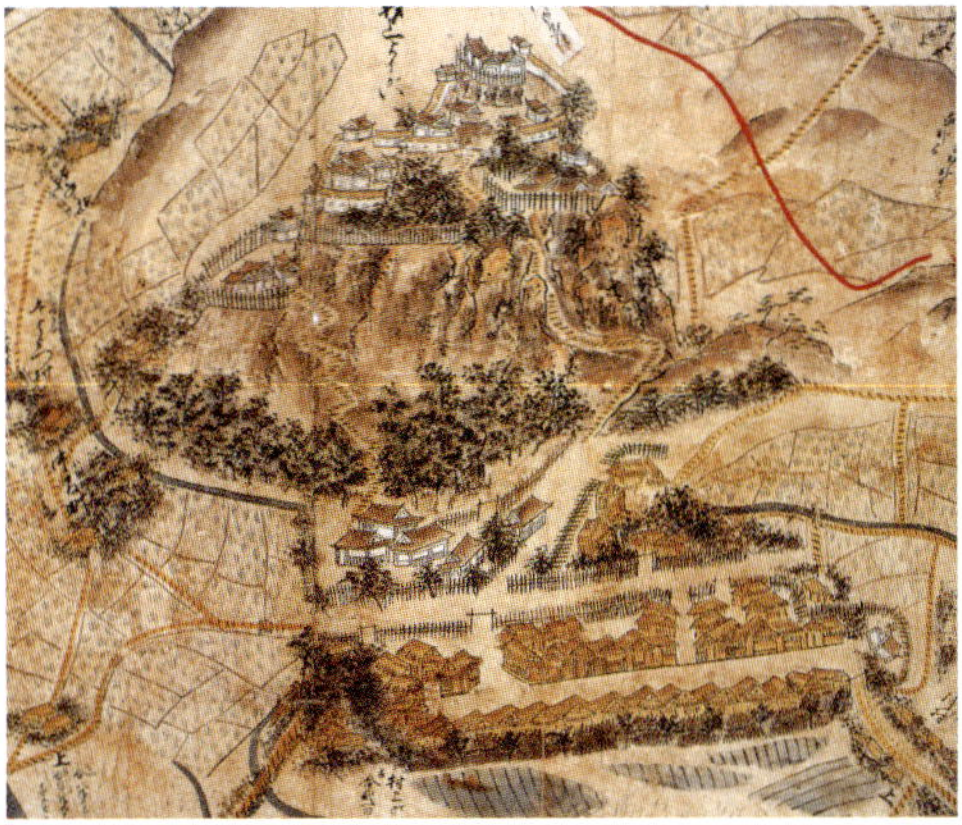

村上要害（東京大学史料編纂所蔵）
「越後国瀬谷郡絵図」。文禄年間（1592～96）の村上城を描いた絵図。

山城を歩くのはそう楽なことではない。私もどちらかというと山歩きは苦手である。こう話すと結構意外に思われるのだが、私は山歩きが好きなのではなく、山城歩きが好きなのである。しかし山城を歩くためにはどうしても山を登らなければならない。できれば登らずに山城へ行きたいのだが、それはできない。山を登るのは山城を見るためには避けることのできない関門なのである。

ところで、これまでの経験から一時間三十分以上の時間をかけて登らなければならない山城はまず存在しない。高い山城でも大半は山麓より一時間三十分以内で到着する。比高にして山

高い山城・一乗谷城
（国特別史跡／福井市）
高い山城の代表的な城。戦国時代に一乗谷城を中心に越前国を支配した戦国大名朝倉氏の遺跡。一乗谷城（山城）には曲輪、土塁、畝状竪堀群が残る。

低い山城・甲賀上野城
（滋賀県甲賀市）
比高30メートルの低い山城。遺構として曲輪、空堀、土塁が残る。

麓より約三〇〇メートルぐらいが高い山城である。こうした山城は南北朝時代の山城や、守護・戦国大名クラスの居城《きょじょう》に多い。例えば越前一乗《えちぜんいちじょう》谷《だに》の朝倉《あさくら》氏の居城である一乗谷城山城（福井市）、近江《おうみ》守護佐々木六角《ろっかく》氏の居城である観音《かんのん》寺《じ》城（滋賀県近江八幡市・東近江市）、同じく北近江の守護京極《きょうごく》氏の居城である上平寺《じょうへいじ》城（滋賀県米原市）、戦国大名浅井《あざい》氏の居城である小《お》谷《だに》城（滋賀県長浜市）、播磨《はりま》守護赤松《あかまつ》氏の居城である置塩《おきしお》城（兵庫県姫路市）、安芸《あき》の戦国大名毛利《もうり》氏の居城である吉田郡山《よしだこおりやま》城（広島県安芸高田市）、美濃《みの》守護土岐《とき》氏の居城である大桑《おおが》城（岐阜県山県市）、三好長慶《みよしながよし》の居城である飯盛《いいもり》城（大阪府大東市・四條畷市）などである。守護や戦国大名の居城は、領国内を見下ろすことのできる山、領民からは見上げられる山であることが重要だったのである。

これに対して国人《こくじん》・土豪《どごう》クラスの山城は案外

観音寺城山中の寺院
（滋賀県近江八幡市安土町）
桑実寺本堂（国重文）は南北朝時代に建立された５間×６間の単層入母屋造、檜皮葺きの建築物である。桑実寺本堂から徒歩20分ほどで観音寺城の本丸跡に着く。

低い。こちらは二〜三十分もあれば到着する。比高にして約一五〇メートルまでの山である。

特殊な事例としては甲賀《こうが》の山城は、高い山に築かれることはなく、村落背後の丘陵先端に選地している。山麓から徒歩五〜十分程度、比高にしてわずか二〇〜三〇メートルといった丘陵である。

つまり山城は決して高い山に築かれたのではない。むしろ低い山に築かれたのである。領国が見える、街道が見える、渡河点が見えるといったそれぞれの機能を果たすことができる高さのところに城を築けば良いのである。無謀な高い山に城は築かれていない。

ところで、従来山城をはじめ、城館《じょうかん》の構えられた選地については、軍事的に要害の地であるとか、交通の要衝であるといった軍事的な解釈のみで語られてきた。もちろん城郭は軍事的な防御施設であり、軍事的機能を抜きに語ることはできないが、一元的に見るのではなく、軍事とともにその山の持つ意味にも注意を払う必要があるだろう。例えば山城築城以前にその山に何があったのかを調べる必要がある。観音寺城や上平寺城では、城名が示すように、山岳寺院が存在した。また、修験などの信仰の山であったところも多い。そうした領民の信仰の対象であった山に居城を築くことによって、領民から守護や戦国大名として認められるとともに、そうした信仰の山に依存することによって城が守られるという精神的拠り所となったのだろう。

横山城からの眺望（滋賀県長浜市）

　今ひとつ山城の選地として重要なものが山容そのものである。山の形も重要だったのだと考えている。交通の要衝というが、その近辺には同じような高さの山がいくつも存在するのに、なぜその山になったのだろうか。山容の美しい山にこそ山城が築かれたのであろう。

　こうして山を登りきると、そこに山城が待っている。堀切《ほりきり》や曲輪《くるわ》の切岸《きりぎし》が見えれば、あと少しである。それまでの疲れはどこへやら、登る速度も速くなる。そして山頂にたどり着き、山上よりの眺望に疲れは一気に吹き飛んでしまう。この瞬間のために苦手な山歩きをしているようなものだ。

　戦国時代の山城の最大の魅力は何かと聞かれれば、私は山城からの眺望と答えている。なぜこの山が選ばれたのかがわかるからである。そうした眺望で、最も好きな城のひとつが横山《よこやま》城（滋賀県長浜市）である。元亀《げんき》元年（一五七〇）に織田信長《おだのぶなが》は浅井長政《あざいながまさ》の小谷城を攻めるためにこの城に木下藤吉郎秀吉《きのしたとうきちろうひでよし》を入れ置く。横山城の本丸《ほんまる》からは真北に攻めるべき小谷城を望むことができる。さらに山麓に走る越前道《えちぜんみち》（北国脇往還《ほっこくわきおうかん》）、北国《ほっこく》街道を望むことができ、また、小谷城との軍事的境界線となった姉《あね》川をも見渡すことができる。

もうひとつの魅力が戦国時代を体感できることだ。横山城からの眺望は元亀元年にタイムスリップしたような迫力がある。まさに戦国時代が体感できるのである。自分が秀吉になったつもりで、小谷城を眺めると、よりリアルに戦国時代を体感することができるだろう。

しかし、残念なことに、多くの無名の山城では山林の手入れができておらず、せっかく山頂に登っても植林された樹木が繁茂して、山麓を望むことができない。苦労して登りきって眺望が効かないときは疲れが倍増してしまう。

ところで、山城が機能していた段階で樹木はどうなっていたのだろうか。せっかく堀や切岸を設けても、樹木が繁茂していては、防御施設として機能しない。また、敵が隠れてしまう。おそらく城郭施設の部分の樹木は伐採されていたものと考えられる。一方で曲輪内部の樹木を伐採してしまうと、敵に城内の動向が見透かされてしまう。『築城記《ちくじょうき》』には、「城《しろ》の外《そと》に木《き》を植《う》えまじき也《なり》。土《ど》ゐ《い》の内《うち》ノ方《ほう》に木《き》を植《うえ》て可然也《しかるべきなり》」と記されており、城内の樹木は残せと言っている。おそらく戦国時代の村落の景観は、村落背後の山の頂には樹木がなく、山肌が露出し、堀切や土塁などが望めたと考えられる。今、山には樹木が生い茂り、どの山に山城が位置していたのかがまったくわからないが、戦国時代には山城の存在が山麓からも望めたのである。

さて、眺望で楽しんだ後は、城の構造そのものを楽しみたい。私が山城歩きをやめられないのは、山林に埋もれた城郭の構造を読み解くことの面白さである。一般的には山城を案内しても、「ただの山」「何もない」とよく言われるのだが、実は戦国時代の山城跡では遺構はほぼ完存していると言ってよい。戦国時

富田城石垣（国史跡／島根県安来市）
標高197メートルの月山にある山城。戦国の覇者尼子氏の居城を後に吉川広家や堀尾吉晴が改修をおこなった。

代の山城の基本は土から成る防御施設である。人工的に構えられた施設としては曲輪、堀切、土塁、切岸などがあるが、それらは山中でほぼ完存しているのである。それらの構造を把握し、戦国時代人の工夫や知恵を読み解く作業が楽しいのである。

もちろん単に楽しいだけではなく、そうした遺構は資料であり、新たな地域の戦国史を物語ってくれる。従来の城の見方は、その城の城主のなかでもっとも有名な大名や武将が築いたものとして語られてきた。しかし、現存する遺構はその城の最終年代しか示していない。

中国のほぼ全域を支配した尼子《あまこ》氏の居城として有名な月山《がっさん》富田《とだ》城は、尼子氏が築いた城そのものの遺構が残されていると思われているが、山腹に位置する山中御殿平《さんちゅうごてんなり》や千畳平《せんじょうなり》などに残る石垣は山城に残る石垣よりも新しい技法で築かれており、明らかに尼子氏以後のものである。富田城は永禄《えいろく》九年（一五六六）に毛利元就《もとなり》によって攻め落とされた後に、毛利氏や吉川広家《きっかわひろいえ》が入城しており、さらに慶長《けいちょう》五年（一六〇〇）の関ヶ原合戦後には堀尾吉晴《ほりおよしはる》が入城している。山中御殿平や千畳平の石垣は尼子氏以後に入城した吉川広家や堀尾吉晴の段階に築かれたものなのである。

土山《つちやま》城（滋賀県甲賀市）は典型的な甲賀《こうが》型の城郭で、一辺五〇メートル程度の方形タイプの単郭構造である。その歴史は詳らかではないが、戦国時代に甲賀郡中惣《ぐんちゅうそう》（郡内の甲賀五十三家と総称される地侍の組織）の一員であった土山氏によって築かれたものと伝えられていた。ところが現存する遺構を見ると方形城郭

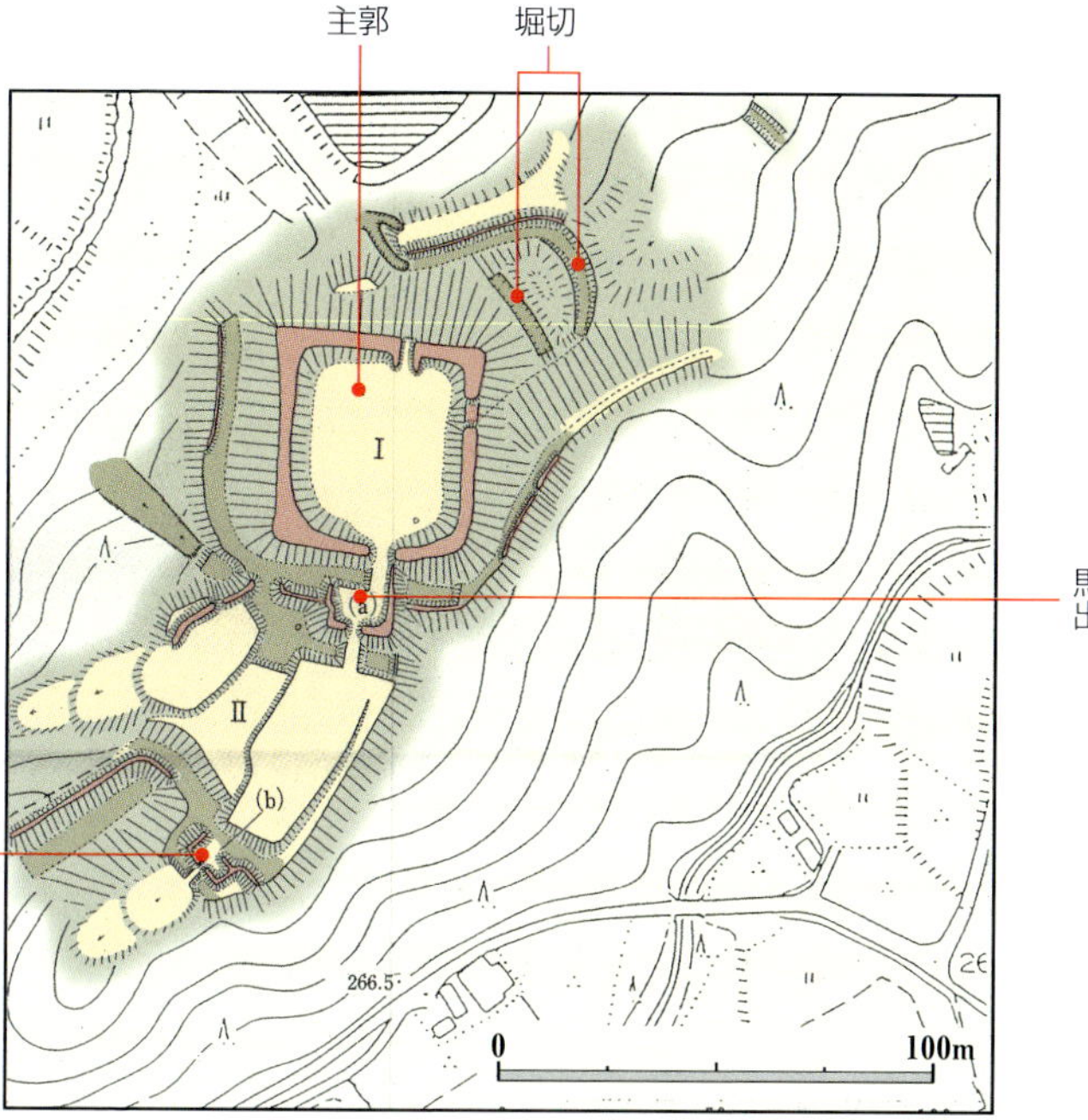

土山城図面　中井均作図（滋賀県甲賀市）
標高 280 メートル、比高 20 メートルの丘城。土山氏の居城を天正 12 年（1584）に羽柴秀吉が小牧・長久手合戦に際して改修している。遺構として曲輪、土塁、堀切、馬出が残る。
【城を歩く】 JR 草津線三雲駅下車、バスで近江土山下車、バス停から主郭まで徒歩約 15 分。

の虎口《こぐち》の前面に方形の小曲輪《しょうくるわ》が設けられていることがわかる。この小曲輪は角馬出《かくうまだし》と呼ばれる虎口前面の橋頭堡であり、郡中惣の土豪によって築けるものではない。

そこで近辺の軍事的緊張時期を調べてみると、天正《てんしょう》十二年（一五八四）の小牧《こまき》・長久手《ながくて》合戦に際して、羽柴秀吉が甲賀に陣所を構えたことが判明した。土山城は甲賀郡中惣によって築かれた後に、秀吉の陣所として角馬出を増築された構造を示している。このように山城の構造を分析することによって新たな歴史が見えてくるのである。山城に残された遺構から城の機能を読み解くことが楽しいのである。

戦国の城の調べ方・現地調査の方法

ここでは戦国時代の城の基本的な構造について調べてみよう。戦国時代の城は土からなる防御施設である。天守などの建物を伴わない土木施設であった。こうした土木を普請と呼んでいる。土木施設に対して建築物を作事と呼ぶ。近世の城郭が普請と作事の比重がほぼ同等であるのに対して、戦国時代の城は大半が普請だけで築かれている。まさに土から成るものであった。

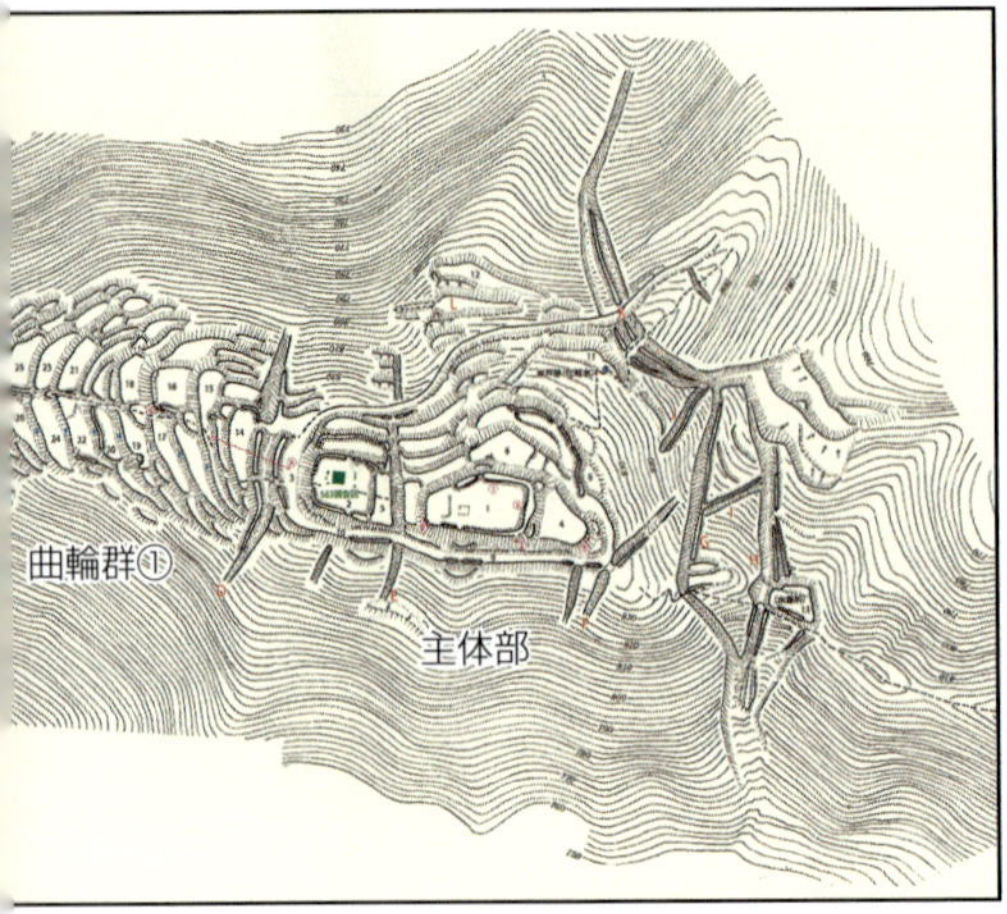

曲輪

山城《やまじろ》の場合、山を削平し、平坦面を確保するが、この平坦面を曲輪《くるわ》、郭《くるわ》と呼んでいる。兵の駐屯地的性格を有する施設で、山頂より階段状に配置される。近世の城ではこうした曲輪を本丸《ほんまる》、二之丸《にのまる》、三之丸《さんのまる》など、丸《まる》と呼んでいる。山城では尾根筋に曲輪を階段状に配置するが、そうした曲輪を腰曲輪《こしくるわ》と呼んでいる。一方、頂部の曲輪の周囲に巡る曲輪を帯曲輪《おびくるわ》と呼んでいる。こうした曲輪を巧みに配置して山城はできている。兵の駐屯地という機能としたが、小規模な腰曲輪や帯曲輪はとても駐屯地にはならない。規模の大きな曲輪は兵の駐屯地として機能していたものと考えられるが、小規模なものは階段状に配置することで、山頂部への敵の進撃を阻止する障壁としての役目があったものと考えられる。

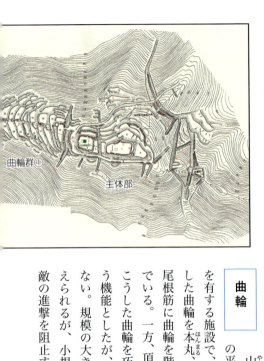

林大城縄張図　遠藤公洋氏作図（長野県松本市）
標高846メートル、比高220メートルの山城。長禄3年（1459）、信濃国守護の小笠原氏が築城。天文19年（1550）に武田信玄によって落城する。
【城を歩く】 JR篠ノ井線松本駅下車、徒歩60分で城跡入口。それより主郭まで徒歩30分。

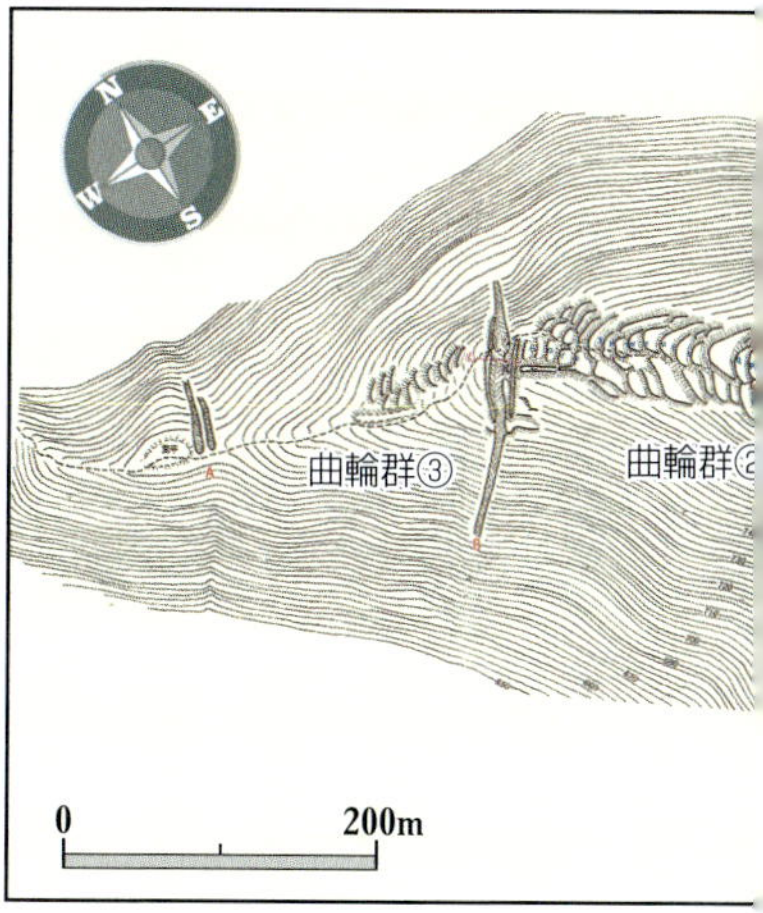

林大城曲輪群①（長野県松本市）

林大城周辺空撮（長野県松本市）

例えば林大城《はやしおおじょう》（長野県松本市）では、広大な主郭や副郭とは対照的に、山麓に伸びる尾根筋に延々と小規模な腰曲輪が連続して築かれている。さらに巨大な堀切によって遮断線を設けているが、その外方にはさらに小規模な腰曲輪が延々と設けられている。

同様に小規模な腰曲輪が連続して築かれた城として、鳥取城《とっとり》（鳥取市）を攻めた秀吉軍の諸将が構えた陣城《じんじろ》にも、陣城と陣城を結ぶ尾根筋に四畳半程度の小規模な腰曲輪が延々と築かれている。また、天正《てんしょう》十八年（一五九〇）の韮山城《にらやま》（静岡県伊豆の国市）攻めに築かれた秀吉軍側の陣城でも、陣城間に小規模な腰曲輪が延々と構えられている。こうした小曲輪にどのような機能があったのかは不明であるが、下から攻め上がる敵に対して、小曲輪は障壁となり、攻め手はひとつずつ落としていかなければならない。一見無意味に見える施設も実は強力な防御施設だったのである。

切岸

これまで城郭施設として紹介されるのは、曲輪《くるわ》、堀切《ほりきり》、土塁《どるい》の三つの施設であった。兵の駐屯地としての曲輪、遮断線としての堀切、防御壁としての土塁である。しかし、最も重要なものはこの三点のいずれでもない。実はこれまでほとんど評価されなかったのであるが、切岸《きりぎし》こそが山城にとって最大の防御施設なのである。切岸とはその名の通り、山を切って造られた岸のことである。曲輪周囲の斜面を人工的に急傾斜とした斜面である。現在でも山城の曲輪斜面を登るのは厳しい。廃城後、切岸には土砂が堆積し、緩傾斜となってしまっている。さらに樹木が繁茂している。築城当初は今以上に急傾斜であり、斜面には樹木はなかったはずである。山城の最大の防御は、いかに取り付かせないかということである。つまり登らせないことが最大の防御なのである。そのため曲輪斜面を出来る限り急斜面にすることが重要であった。

その究極の切岸が南九州の城に見られる。南九州の戦国時代の城の特徴は、シラス台地を切り刻んで造成された構造にある。島状の曲輪を点々と設けた構造は群郭式《ぐんかくしき》と呼ばれるものである。その曲輪の切岸は垂直に近く削り込まれており、まず登ることは不可能である。志布志城《しぶし》（鹿児島県志布志市）、知覧城《ちらん》（鹿児島県南九州市）、飫肥城《おび》（宮崎県日南市）などでは数十の曲輪が群在して城郭《じょうかく》を構成している。曲輪間の堀《ほり》底に立つと、両側に垂直の切岸が迫ってくる。登れないだけではなく、両側の曲輪からは頭上に攻撃が加えられる構造となっている。

知覧城（国史跡／鹿児島県南九州市）
曲輪群を取り巻くシラス台地特有の切り立った崖が知覧城の最大の防御となっている。

志布志城（国史跡／鹿児島県志布志市）
城は「内城」、「松尾城」、「高城」、「新城」という４つの城を総称して志布志城と呼ばれていた。

丸馬出《まるうまだし》で著名な諏訪原《すわはら》城（静岡県島田市）や高《たか》天神《てんじん》城（静岡県掛川市）は小笠礫層《おがされきそう》を削って切岸としているが、この礫層はコンクリートのように硬く、ほぼ垂直に削り込まれており、切岸を登ることは不可能である。

近世の絵図資料ではあるが、彦根《ひこね》城（滋賀県彦根市）の内堀内部を描いた『御城内御絵図《ごじょうないおんえず》』（一二〇～一二一頁参照）は、藩の普請《ふしん》方が作成した緻密な絵図である。描かれた彦根城の中心部は彦根山の頂上部に構えられているが、その彦根山の山裾の全周は茶色く描かれ、「山切岸」と記されている。山の裾部をすべて切岸として、敵の登城を防いでいるのである。その高さは最も高いところで、九間と記されており、一八メートルにわたって山裾が削られていたのである。

こうした山裾を削った切岸は、戦国時代の城では、関津《せきのつ》城（滋賀県大津市）の発掘調査でも確認されている。

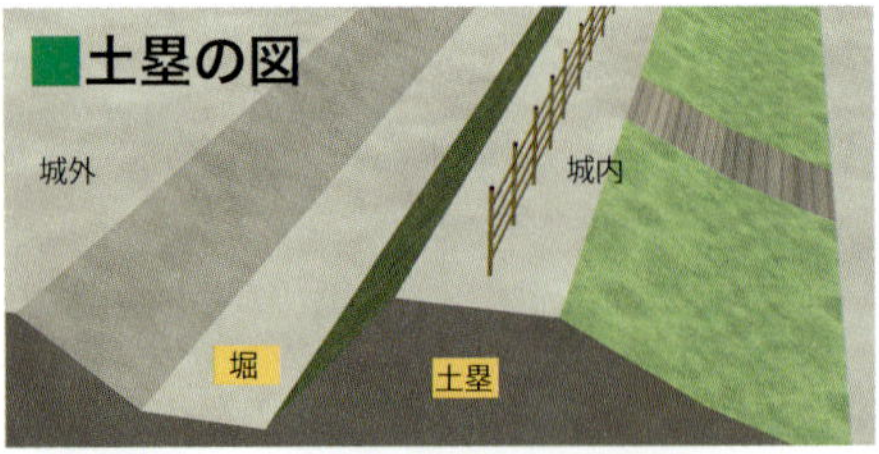

寺前・村雨城土塁（国史跡／滋賀県甲賀市）
寺前・村雨城は甲賀郡中惣の城館の一つ。

土塁

曲輪《くるわ》の縁辺部に土盛りをして防御壁とした施設を土塁《どるい》と呼んでいる。曲輪、堀切《ほりきり》とともに戦国時代の城の代表的な防御施設であるが、曲輪を全周したり、全曲輪に土塁を構えるものは極めて少なく、大半の城では部分的にしか構えられていない。

ところで、戦国時代の山城の復元イラストなどでは土塁の上部に柵列《さくれつ》が描かれているが、実際に発掘調査された土塁の上部から柵列の痕跡が検出された例はなく、土塁上には何も構えられていなかったようである。おそらく籠城《ろうじょう》の際にのみ楯などを立て掛けたのだろう。また、版築《はんちく》のように付き固めた堅固なものはなく、堀を掘ったり、曲輪を造成したときの土を盛り上げただけであった。こうした構造より掻き揚げ土塁などと呼ばれている。

土塁は曲輪の縁辺に、曲輪を防御するために構えられたのであるが、山麓から攻めてくる敵に対して側面より攻撃が加えられるように、土塁線を屈曲させて側射ができるように、また、門の脇でも側射ができるような横矢が掛けられるように工夫されていく。

近江《おうみ》の甲賀《こうが》郡では、郡中惣《ぐんちゅうそう》という土豪の惣的結合が組織され数多くの城館が構えられた。その数は甲賀一郡だけで、約三〇〇ヶ所におよんでいる。この甲賀郡の城は集落背後の丘陵先端上に構えられているが、その構造は一辺約三〇〜五〇メートル規模の方形単郭を特徴としている。従来は小規模な城館の典型として紹介されてきたが、城の周囲に方形に巡ら

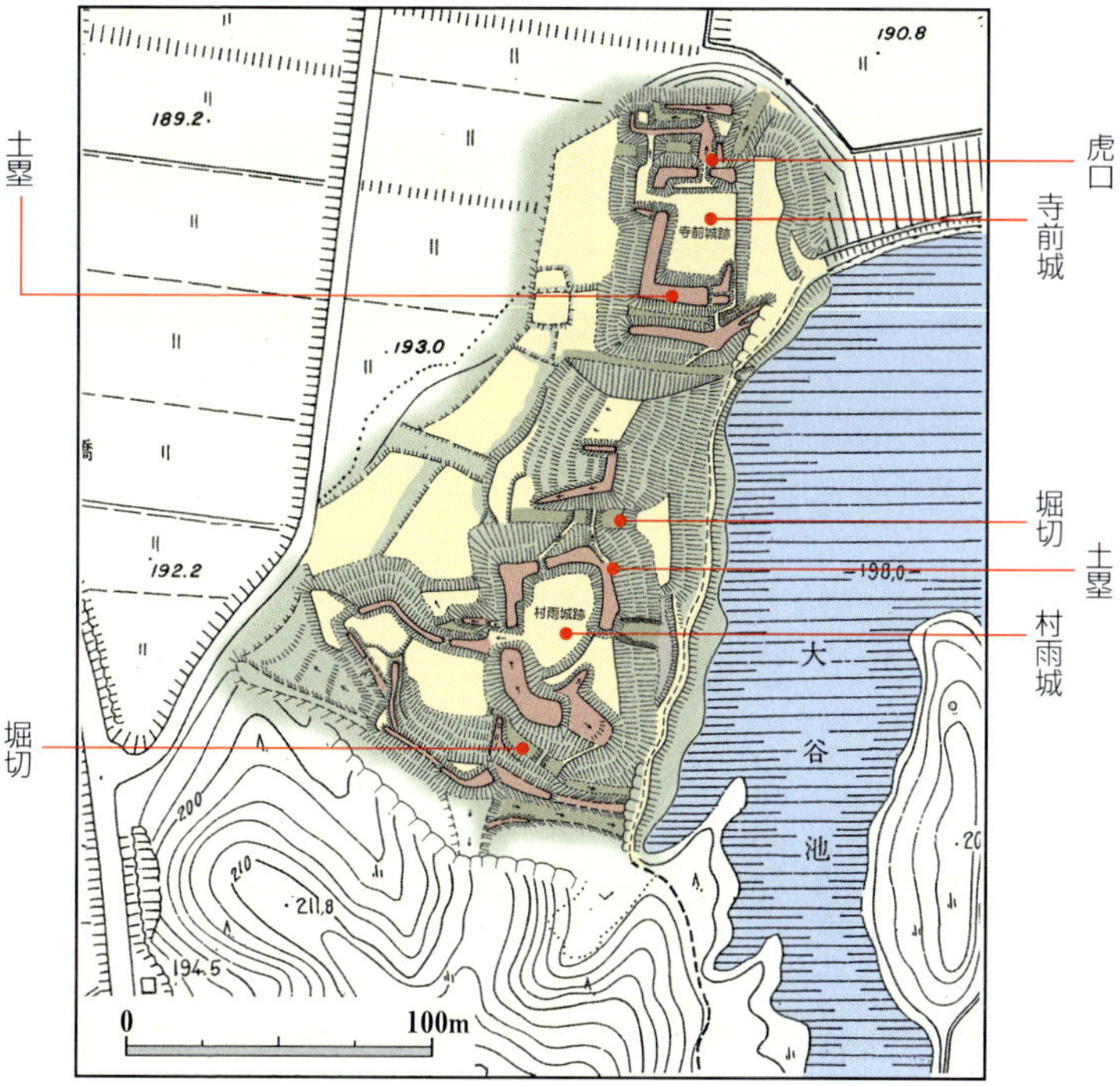

寺前・村雨城概要図　中井均作図（国史跡／滋賀県甲賀市）
寺前城は大谷池の西方の丘陵の北端に築かれて、丘陵の南方に村雨城がある。寺前城は方形区画の主郭に東側（池側）を除く三方に土塁が付く。東側にもかつては土塁があったという。村雨城に続く南尾根には二条の深い堀切を設けて遮断している。村雨城は四周を土塁で囲み西辺に虎口を構えている。土塁は南側が最も高く、その背後には巨大な堀切を設けて尾根筋を切断している。
【城を歩く】 JR 草津線甲南駅下車、徒歩 30 分。

された土塁の多くは基底幅一二メートル、高さ八メートルという巨大なもので、城内に立つとすり鉢の中にいるように感じる。甲賀の城館の大半にこの規模の土塁が巡らされており、決して小規模城館としてかたづけられるものではない。

一向宗《いっこうしゅう》の寺内町として文《ぶん》明《めい》十年（一四七八）に蓮如《れんにょ》によって建立された山科本《やましなほん》願寺《がんじ》は文書や絵図から、御本寺、内寺内、外寺内からなる三重構造で、それぞれに堀と土塁が構えられていた。『経厚法印日記《けいこうほういんにっき》』には「山科本願寺ノ城ヲワル

蛙ヶ鼻の土塁堤防（国史跡／岡山市）

山科本願寺の土塁（国史跡／京都市）

トテ」と記されており、その姿は城郭さながらであった。この三つの郭に巡らされた土塁の一部が残されているが、基底部幅八メートル、高さ三〜五メートルにおよぶ巨大なものであり、絵図では門に対して折がつけられ横矢が掛けられるようになっている。こうした構造より山科本願寺の最後の段階、天文《てんぶん》元年（一五三二）頃に築かれたものと考えられる。日本最大の土塁である。

土塁は曲輪の縁辺部に設けられるもの以外に、攻城戦で、攻める城の周囲を囲むように設けられるものがある。特に織田信長《おだのぶなが》、豊臣秀吉《とよとみひでよし》の城攻めで多用される。天正《てんしょう》六〜八年（一五七八〜八〇）の播磨三木《はりまみき》城（兵庫県三木市）攻めでは別所長治《べっしょながはる》の立て籠る三木城の南側で、明石《あかし》や魚住《うおずみ》に通じる道を封鎖するように二重に土塁が築かれた。また、天正八年の鳥取《とっとり》城（鳥取市）攻めでは、鳥取城を取り囲むように約一〇キロメートルにわたって陣城や土塁が構えられている。天正十年の備中高松《びっちゅうたかまつ》城（岡山市）攻めは水攻めとして著名であるが、これも高松城の周囲に土塁堤防を築いておこなわれたものである。堤防の南東端部の蛙ヶ鼻《かわずがはな》では発掘調査の結果、基底部幅二七メートル、残存高さ〇・九メートルの土塁が確認されている。なお、この堤防では土嚢《どのう》の痕跡が検出されており、堤防の盛土は土嚢積み上げ方式であったことも判明している。

一般的な城館《じょうかん》の土塁は山城では高さ一メートル程度であるが、平地の城館では高さ二〜三メートル程度のものが築かれている。

堀切・横堀

戦国時代の山城《やまじろ》で最も普遍的に用いられる防御施設が堀切《ほりきり》である。城が築かれた尾根筋をV字状に切断したもので、遮断線として用いられた。基本的には一本であるが、防御をより強固なものとするため二重、三重と多重に設けられる場合も少なくない。室町幕府の足利《あしかが》将軍の城である中尾山《なかおやま》城（京都市）のことを記した『萬松院穴太記《ばんしょういんあのうき》』には「尾さきをば三重に堀切て。二重に壁を付て。其間に石を入たり。是は鉄砲の用心也。」とあり、三重に切られた堀切の存在が知られる。また、鎌刃《かまは》城（滋賀県米原市）では城の背後に続く尾根筋が城よりも高くなるため、七重に堀切が設けられている。

防御の基本施設であり、曲輪《くるわ》を構えず、尾根筋を切断する堀切《ほりきり》のみを構えた山城も築かれている。山神《やまがみ》城（三重県度会郡玉城町）では発掘調査の結果、曲輪らしい平坦地は確認されなかったが、尾根を切断する堀切のみが、五本の尾根にわたって築かれていた。

堀切の断面はV字状の薬研堀《やげんぼり》となるものが大半であるが、なかには堀底が平坦となる箱堀《はこぼり》も認められる。藤倉《ふじくら》城（和歌山県勝浦町）で検出された堀切は岩盤を切り込んだもので、その形状は箱堀であった。

なお、堀切は尾根を切断するだけではなく、その両側を尾根斜面に沿って竪方向に続けて竪堀《たてぼり》とするものも多い。こうした竪堀は敵の斜面移動を封鎖するものであった。

ところで、戦国時代後半になると、尾根を遮断する点的な堀切だけではなく、曲輪を囲い込む線的な横堀《よこぼり》が発達する。横堀によって山城に防衛線が確立される。西国では織豊《しょくほう》時代くらいより横堀が発達し、信長や秀吉の城攻めに築かれた陣城《じんじろ》ではほとんどで横堀が構えられている。天正十一年（一五八三）の賤ヶ《しずが》岳《たけ》合戦に構えられた陣城では特に横堀が発達しており、その典型例が柴田勝家《しばたかついえ》の本陣となった内中尾《うちなかお》城（玄蕃尾《げんばお》城：滋賀県長浜市・福井県敦賀市）である。主郭の周囲には城内側の切岸が高く、城外側の切岸

の低い、高低差の顕著な幅一〇メートル、深さ六メートルの横堀が巡らされている。

一方、東国では後北条氏《ごほうじょう》によって築かれた城に横堀が多用されている。滝山城《たきやま》（東京都八王子市）、下田城《しもだ》（静岡県下田市）、韮山城《にらやま》（静岡県伊豆の国市）などである。滝山城では多摩川に面する北側はその崖面を壁として利用し、南面に横堀が巡らされている。この横堀は長大なため、横堀に面した曲輪では小さな突出部を設け、横堀に対して側射が効くようになっている。

こうした戦国時代後半に出現する横堀とは別に、甲賀《こうが》の城のように周囲を土塁《どるい》で囲い込んだ城では、その土塁の外周に横堀

藤倉城堀切（和歌山県勝浦町）

内中尾城横堀
（国史跡／滋賀県長浜市・福井県敦賀市）

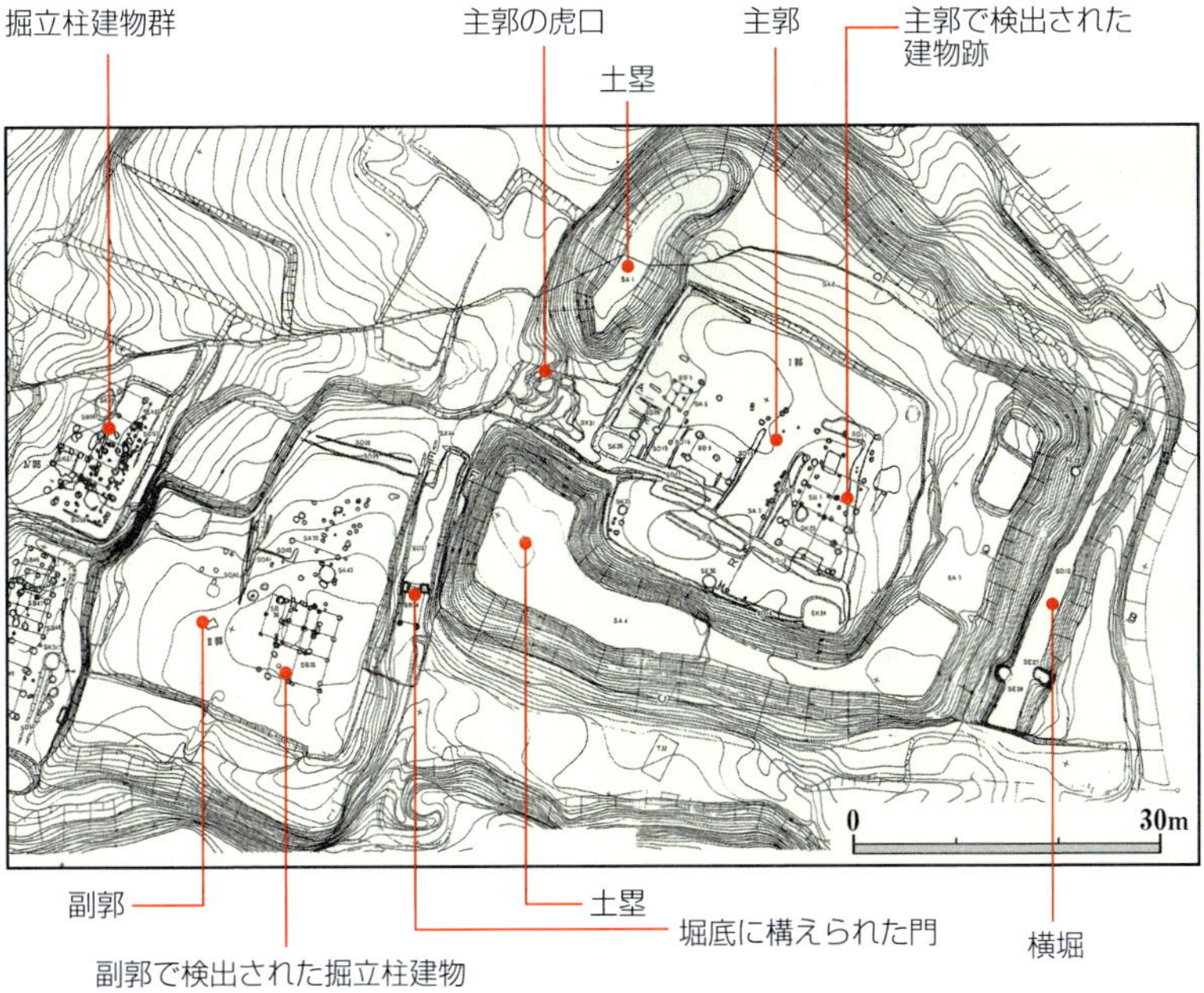

菊永氏館遺構平面図（三重県伊賀市）
標高200メートル、比高25メートルの山城。伊賀の方形タイプの典型的事例。
周囲を巡る横堀は堀底道としても利用されており、門まで構えられていた。

が巡る。この横堀は断面が箱型の箱堀《はこぼり》となる。巨大な土塁とセットとなり、強固な遮断線となっている。伊賀も惣国一揆によって甲賀の城館《じょうかん》と同じ様相を呈している。ただ、伊賀《いが》の場合は集落背後の丘陵ではなく、村落と同じ平野部に構えられている事例が多い。

昭和六十一年に発掘調査が実施された菊《きく》永《なが》氏館（三重県伊賀市）の主郭と副郭間に構えられた横堀の堀底からは、四つの柱穴が検出されており、堀底に門の構えられていることが判明した。横堀は堀底道としても利用されていた。その堀底を遮断するために門が構えられたのである。垂水《たるみ》城（三重県津市）では、堀底に土塁が構えられたり、堀底で段差を設けることによって、堀底移動を封鎖していることが発掘調査で確認されている。

竪堀・畝状竪堀群・畝堀・堀障子

竪堀《たてぼり》は曲輪《くるわ》の切岸《きりぎし》や斜面地に竪方向に構えた空堀《からぼり》のことで、敵の斜面移動を封鎖している。さらに斜面からの攻撃に対して、竪堀を連続して設けることによって防御する堀が出現する。こうした竪堀群は発見された当初は「畝《うね》状粗塞《じょうそさい》」などと呼ばれていたが、その形状から現在では畝状竪堀群《うねじょうたてぼりぐん》、畝状空堀群《うねじょうからぼりぐん》と呼ばれている。また、古くは篠脇《しのわき》城（岐阜県郡上市）で、「臼《うす》の目堀《めぼり》」、栖吉《すよし》城（新潟県長岡市）で、「連珠塞《れんじゅさい》」と呼ばれていた。発見されたときは極めて特殊な防御施設と考えられていたが、その後の各地の分布調査で確認され、現在では青森県から熊本県まで全国的に分布する普遍的な防御施設であることが確認されている。その規模は数本から百本におよぶものまである。

一乗谷朝倉氏《いちじょうだにあさくらし》遺跡（福井市）は越前《えちぜん》の戦国大名朝倉氏の居館《きょかん》と城下町の遺跡として有名であるが、その背後には詰城《つめじろ》として山城が構えられている。この山城には百本近い畝状竪堀群が構えられている。また、長野《ながの》城（福岡県北九州市）も城の周囲に百本を超える畝状竪堀群が構えられている。また、発掘調査によって平山《ひらやま》城（京都府綾部市）や牛の皮城（広島県尾道市）でも畝状竪堀群が検出されているが、まず斜面移動は不可能であり、直登も厳しい。堀底を登ったとしても、頭上からの攻撃に曝《さら》されて

竪堀の図

堀障子の図

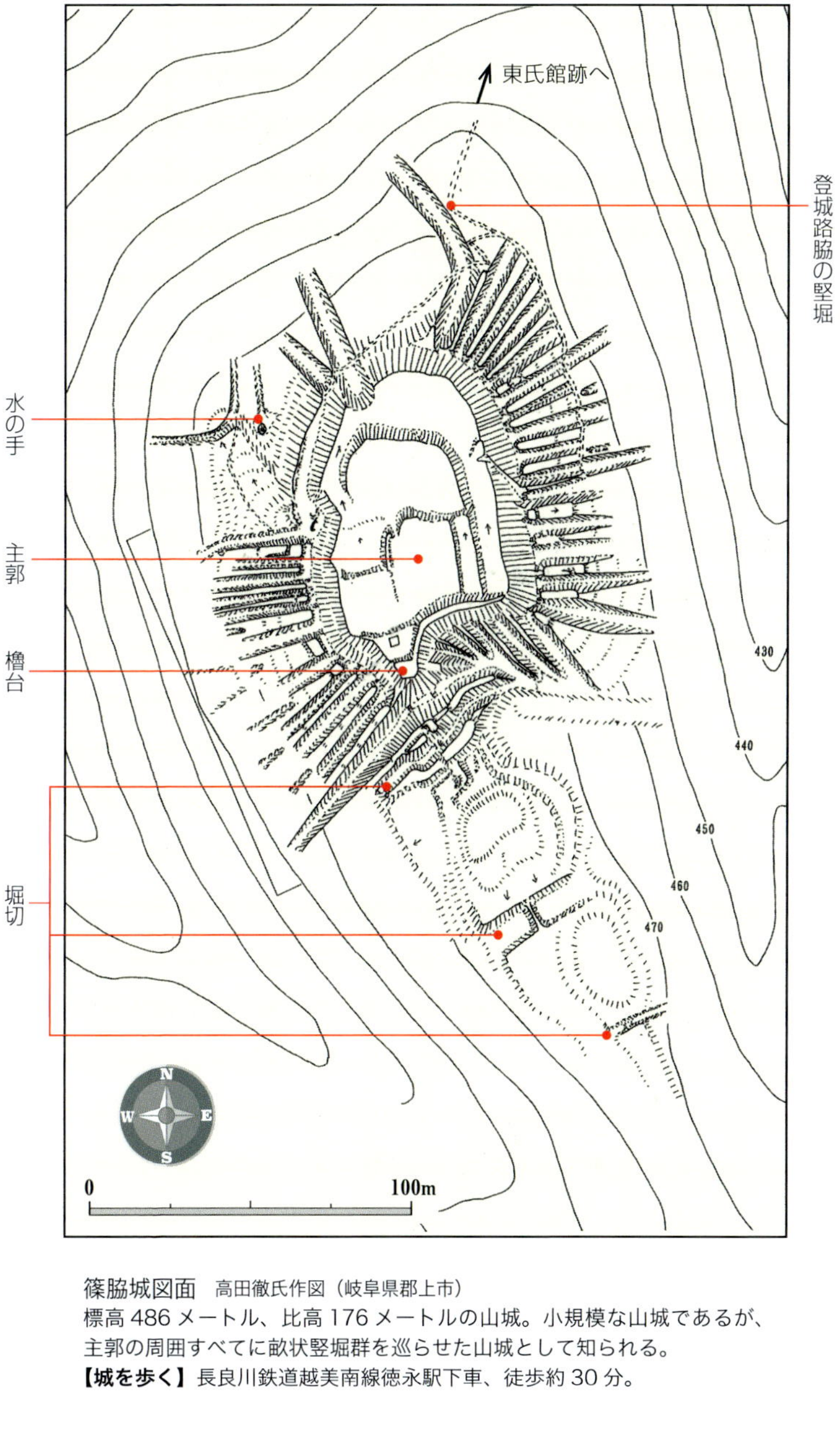

篠脇城図面　高田徹氏作図（岐阜県郡上市）
標高486メートル、比高176メートルの山城。小規模な山城であるが、主郭の周囲すべてに畝状竪堀群を巡らせた山城として知られる。
【城を歩く】長良川鉄道越美南線徳永駅下車、徒歩約30分。

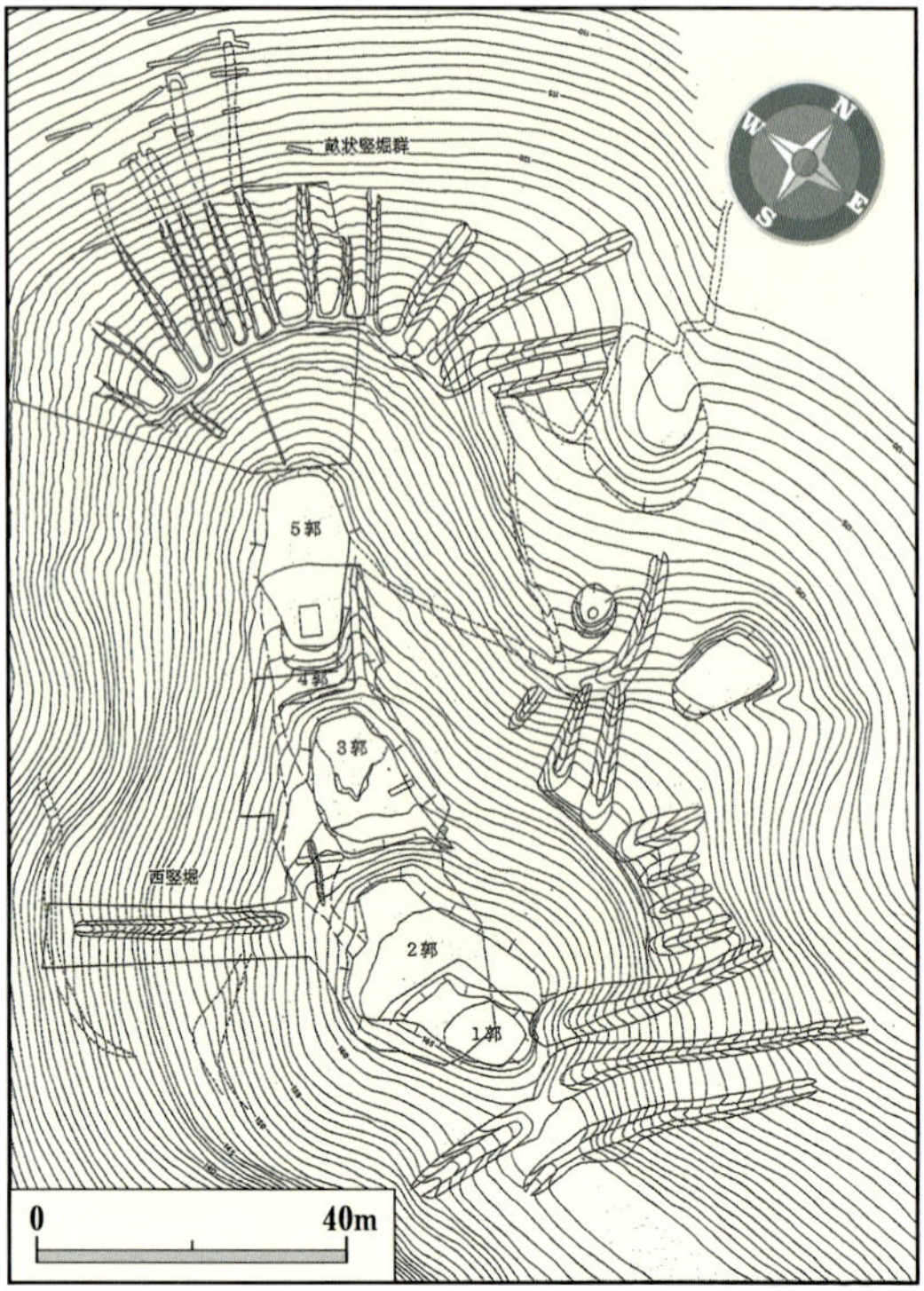

牛の皮城畝状竪堀群図面（広島県尾道市）　標高一六〇〜二三〇メートル、比高一一〇メートルの山城。北郭群と南郭群からなる別城一郭構造の城である。発掘調査によって、北郭群の畝状竪堀群の状況が明らかになった貴重な城跡である。

しまう。牛の皮城は丘陵先端部の頂部に南郭群が構えられ、それよりもやや下がった最先端部に北郭群が構えられるという、別城一郭構造の山城《やまじろ》である。その丘陵最先端部の北郭群に畝状竪堀群が構えられていた。注目したいのは、その畝状竪堀群が丘陵頂部に階段状に構えられた曲輪直下から設けられているのではなく、曲輪から切岸を経て一三メートルも下から掘り始められているという構造である。おそらく切岸部は曲輪より迎撃が可能な防御施設であり、さらに切岸を設けることのできなかった下部の斜面移動を封鎖する目的で設けられたのであろう。

岩屋《いわや》城（岡山県津山市）では斜面部の正方形の空間に一〇本の畝状竪堀群が規則正しく配置されており、防御施設ではあるが、敵にこの斜面地には畝状竪堀群のあること

山中城の畝堀
（国史跡／静岡県三島市）

山中城の堀障子
（国史跡／静岡県三島市）

を見せることによって威圧する機能もあったことをうかがわせる。発掘調査された牛の皮城の畝状竪堀群も山麓から見た姿は圧巻であり、同様にその姿を見せることにより、攻める気力を削ぐ役割もあったのだろう。

なお、山中《やまなか》城（静岡県三島市）の発掘調査で、堀底より巨大な土手が発掘された。これは横堀《よこぼり》内の移動を防ぐために設けられたもので畝堀《うねぼり》と呼ばれるものである。さらに山中城の横堀からは堀内の畝を細分化して攻城軍の堀内移動を封鎖する障子《しょうじ》の桟《さん》のような畝も出現する。これを堀障子《ほりしょうじ》と呼んでいる。こうした畝堀や堀障子は韮山《にらやま》城（静岡県伊豆の国市）、下田《しもだ》城（静岡県下田市）、小田原《おだわら》城（神奈川県小田原市）などでも築かれており、後北条《ごほうじょう》氏が多用した防御施設であった。

虎口

城の出入り口を虎口《こぐち》と呼んでいる。本来、城の出入り口は小さく構えたことから小口と呼ばれていた。城への進入を防ぐために虎口は城の防御施設のなかでもっとも発達する。最初は何の工夫もなく、直進できる平虎口《ひらこぐち》であったが、直進を阻止するために、虎口両脇の土塁《どるい》をずらせて喰い違うように築くようになる。これを喰違虎口《くいちがいこぐち》と呼んでいる。さらに門の前面や内面に土塁をL字状に構えて、直進させずに右折れ、左折れをさせて城内に入ることのできる桝形虎口《ますがたこぐち》が出現する。滝山《たきやま》城（東京都八王子市）主郭の東辺虎口は典型的な桝形虎口で、曳橋《ひきばし》を渡ると、右折れし、さらに左折れして主郭に入る構造となる。ここでは発掘調査によって桝形空間に河原石が敷き詰められていたことも判明している。滝山城の主郭には南辺にも桝形虎口が構えられている。

この桝形虎口は防御施設として構えられただけではない。鎌刃《かまは》城（滋賀県米原市）では北端の曲輪《くるわ》と主郭から桝形虎口が検出されている。この桝形はいずれも発掘調査の結果、桝形正面で門の礎石が検出されたことより、正面に門の構えられていることが判明した。しかし、門を入ると通常の桝形であれば左折れ

平虎口の図

喰違虎口の図

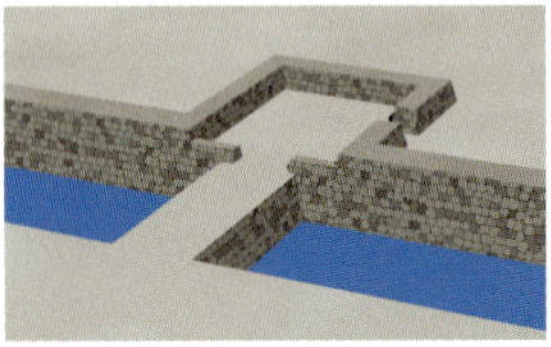
桝形虎口の図

滝山城の桝形虎口
(国史跡／東京都八王子市)

鎌刃城の桝形虎口
(国史跡／滋賀県米原市)

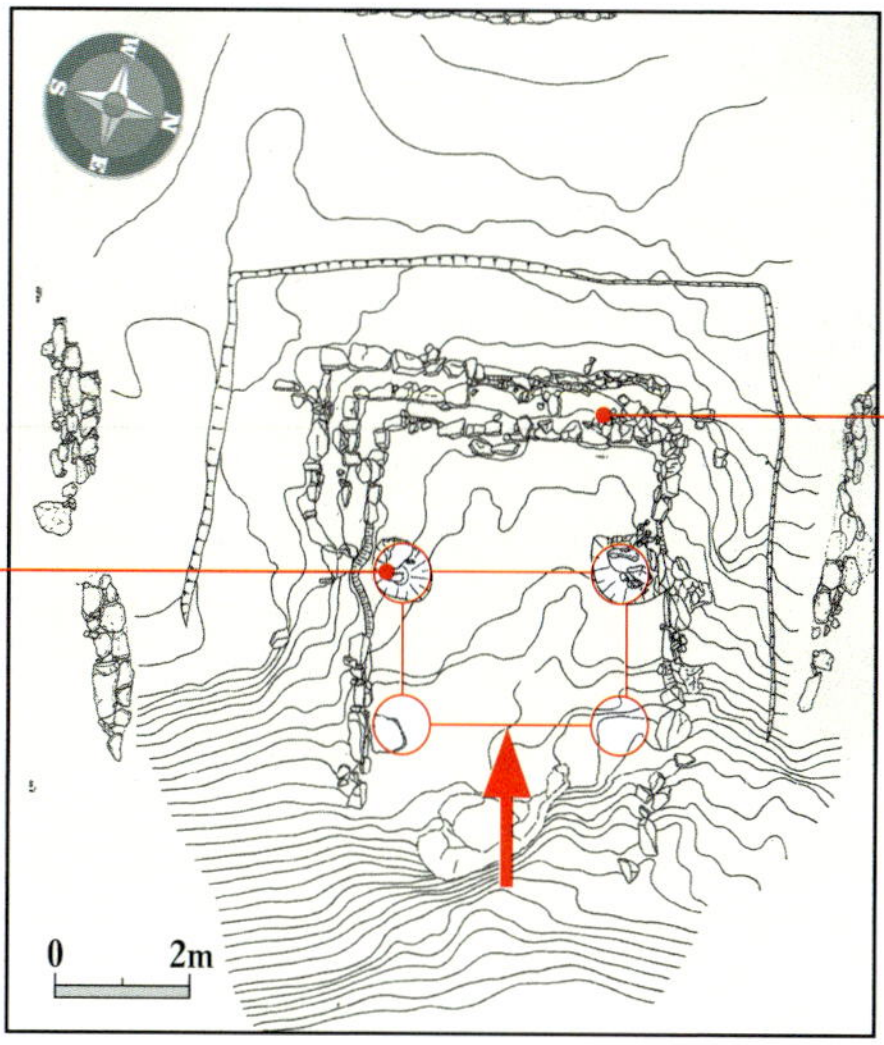

鎌刃城虎口図面（国史跡／滋賀県米原市）
鎌刃城では本丸と北端の曲輪から石垣によって構えられた桝形虎口が検出されている。いずれも桝形内部正面に石段を設けて直進する構造となっている。
【城を歩く】 JR 米原駅下車 30 分で城跡入口。そこから主郭まで徒歩約 45 分。

するか、右折れをして曲輪内に入るのだが、鎌刃城では門を入ると正面に石段が設けられており、真っ直ぐに曲輪へ入る平虎口となっている。つまり軍事目的で構えられた桝形ではなかったようだ。北端の曲輪には礎石《そせき》建物の存在が確認されており、主郭にも縁の廻る礎石建物が確認されている。いずれもそうした御殿《ごてん》への門として構えられた桝形である。ここでは御殿への正面に位置する儀礼的な門として、威儀を示すために正面に石段を構えたものと考えられる。桝形は軍事だけではなく、儀礼としても構えられたのである。小谷城《おだに》（滋賀県長浜市）の山王丸《さんのうまる》でもこうした正面から入る桝形が確認できる。

ところで虎口はどの城にも構えられていたように思われているが、明確な虎口を構えている城はそう多くはない。実際には虎口を構えない城の方が圧倒的に多い。小規模な城では発掘の結果、門の遺構すら検出されない。

高天神城の堀切（国史跡／静岡県掛川市）

土橋・木橋・曳橋

虎口《こぐち》前面の堀切《ほりきり》や横堀《よこぼり》には土橋《どばし》の架けられていることが多い。基本的には堀を削り残して土橋としているが、改修の結果、盛土によって架けられた土橋も存在する。鳥越《とりごえ》城（石川県白山市）では築城当初、主郭前面は堀切で完全に切断されていたが、その後の改修によって盛土をして土橋が架けられ、両側面のみ石垣の貼られていたことが発掘調査で確認されている。

木橋については残存する事例はもちろんないが、堀底より橋脚の柱穴の検出される場合がある。高天神《たかてんじん》城（静岡県掛川市）では西の丸の井楼曲輪《せいろうくるわ》と堂《どう》の尾曲輪《おくるわ》の間に巨大な堀切が構えられ、両曲輪を遮断している。回り込む城道もなく、おそらく木橋が架けられていたのであろうと推定されていたが、発掘調査の結果、堀底より巨大な柱穴が検出され、木橋の架かっていたことが立証された。山城を歩いていると、木橋が架かっていたのであろうと考えられる堀切や城道に遭遇することがある。丸《まり》子《こ》城（静岡市）では主郭と副郭の間に堀切が設けられている。土橋はなく、現在では堀底より斜めに両曲輪に登る道がついてしまっている。ところが副郭には木橋を構えた橋台と考えられる突出部があり、その対岸の主郭虎口前面に虎口受けが位置しており、ここも木橋の橋台と考えられ、両曲輪は木橋によって連絡されていたことがうかがえる。

豊田《とよだ》氏《し》館《やかた》（奈良県天理市）は内堀と外堀の二重の水堀によって囲まれている構造となる平城である。そのいずれの堀からも堀底で木橋の橋脚と考えられる柱痕が発掘調査によって検出されている。

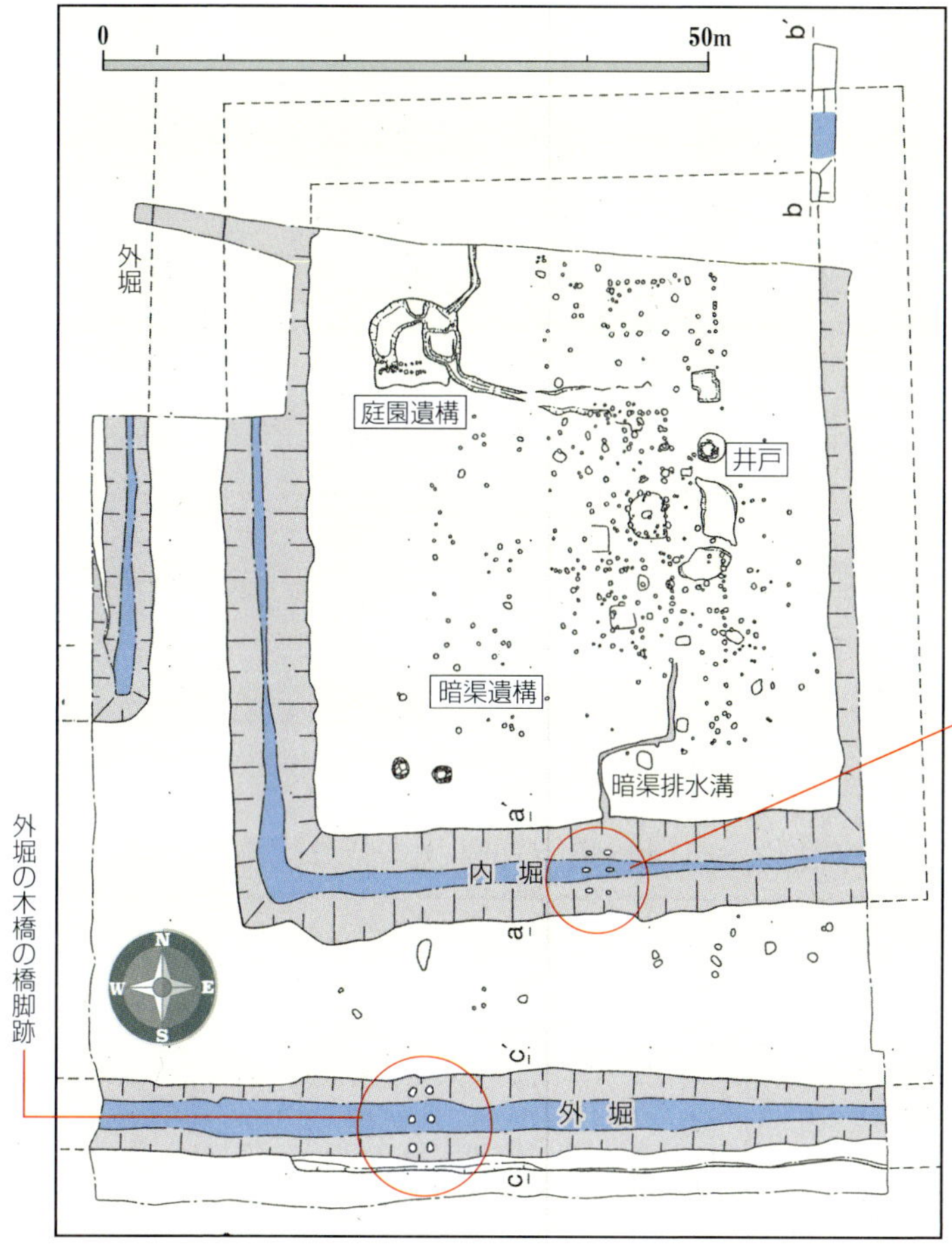

豊田氏館遺構平図面（奈良県天理市）
発掘調査によって、二重の堀を巡らす方形居館であることが明らかとなった。いずれの堀からも木橋の橋脚が検出されている。

滝山城の堀切（国史跡／東京都八王子市）

滝山城の横堀（国史跡／東京都八王子市）

ところで、堀切に架けられた木橋は、攻められた場合は敵の進入を容易にするデメリットともなる。このため敵が来た段階で、木橋を城内側に曳き込んで敵を渡らせないようにした曳橋《ひきばし》も存在したようである。滝山《たきやま》城（東京都八王子市）の主郭と副郭の間には深い堀切が構えられており、木橋の架かっていたことはまちがいない。地元ではこの橋を曳橋と呼んでいる。主郭の虎口は桝形となっており、橋の半分を曳いて収納する奥行きは十分に確保されており、曳橋であった公算が高い。

馬出

馬出《うまだし》とは、虎口《こぐち》の前面に設けられた堀《ほり》によって囲われた小曲輪《くるわ》で、その形状が半円状のものを丸馬出《まるうまだし》、方形のものを角馬出《かくうまだし》と呼んでいる。さらに虎口へは土橋《どばし》で結ばれるが、城外へは、馬出の両サイドに土橋が設けられていた。攻城軍が馬出を前に、両側へ散開して、攻め手を二分してしまうとか、攻城軍が片側に集中した場合は、もう一方の土橋より城内軍が打って出て、攻城軍の背後を突くなどと近世の軍学書には記されている。このように馬出は虎口前面を防御するとともに、城より打って出る、防御と攻撃の両面を持つ、橋頭堡《きょうとうほ》的な性格を持つ施設と評価されていた。こうした解釈は近世軍学によるものでしかなく、実用的解釈ではない。実際は虎口そのものを防御空間とする桝形とは異なり、虎口の前面で発達した防御施設であり、外枡形の一形態であったと考えられる。両サイドの土橋は、そこに押し寄せた攻城軍を城内から撃つために二ヶ所にわたって設けられたと考えられる。

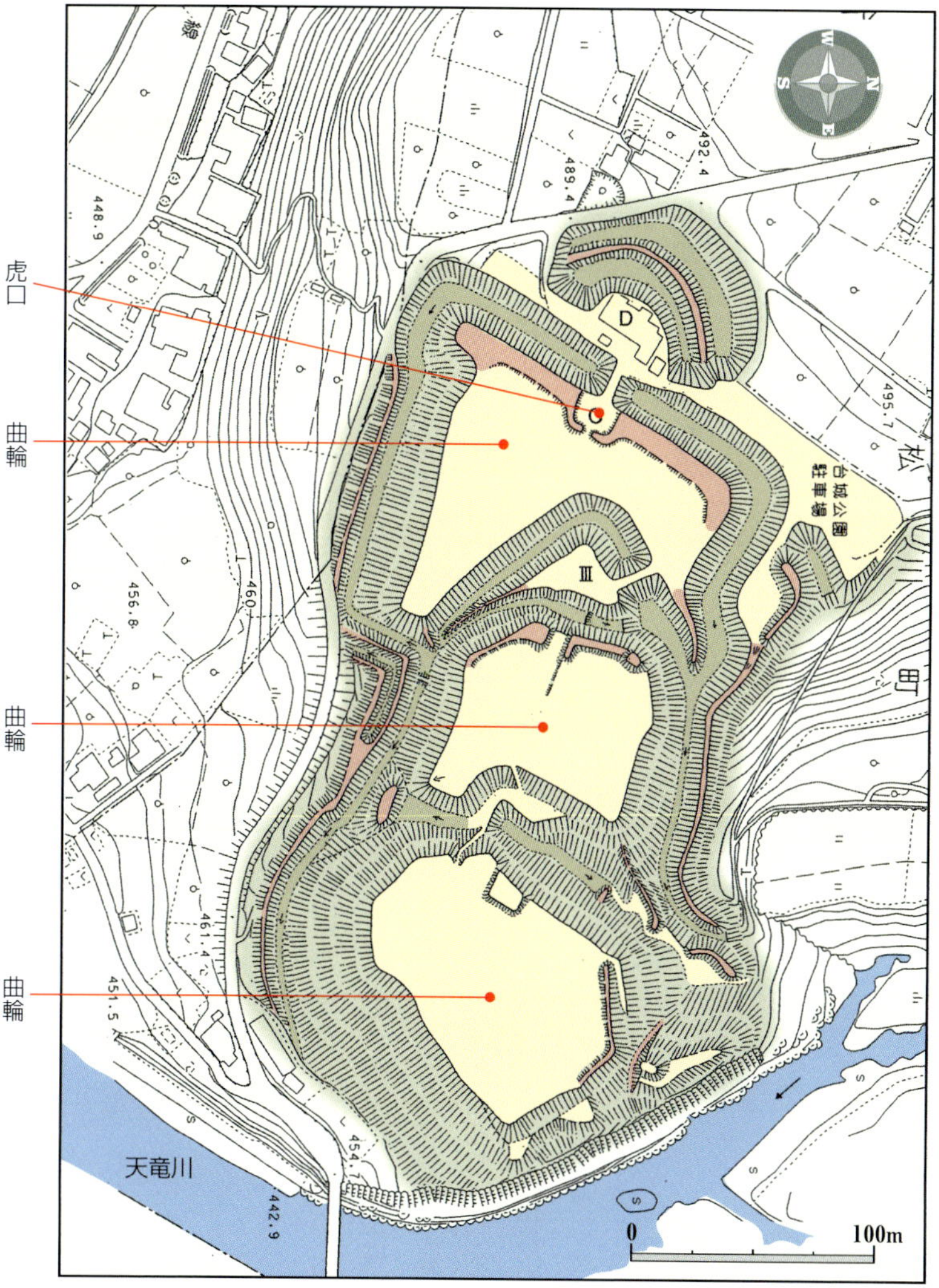

伊那大島城概要面　中井均作図（長野県松川町）
城の三方は天竜川によって守られ、台地続きの西方には堀を三重に構えている。その先端に三日月堀を二重に巡らせた丸馬出が配置されている。
【城を歩く】 JR 飯田線山吹駅下車徒歩 15 分。

諏訪原城の丸馬出（国史跡／静岡県島田市）

丸馬出は諏訪《すわ》原《はら》城（静岡県島田市）、丸子《まりこ》城（静岡市）、伊那大島《いなおおしま》城（長野県大島町）、小山《こやま》城（静岡県吉田町）など武田信玄《たけだしんげん》や勝頼《かつより》によって築かれた城に構えられていることより、武田氏築城の最大の特徴といわれてきた。しかし、諏訪原城の発掘では上下二面で整地面が検出されており、丸馬出は上層を築いたと考えられている徳川《とくがわ》家康《いえやす》によって構えられたもののようである。丸子城も天正《てんしょう》十年（一五八二）の徳川家康駿河《するが》領有時代に家康によって築かれた可能性が高い。丸馬出に伴う周囲の堀を三日月堀《みかづきぼり》と呼ぶが、伊那大島城や小山城ではその三日月堀が二重に取り巻いている。

一方、方形の角馬出は、小田原《おだわら》城（神奈川県小田原市）、滝山《たきやま》城（東京都八王子市）、鉢形《はちがた》城（埼玉県寄居町）などで用いられており、後北条氏《ごほうじょうし》築城の特徴といわれていた。しかし小幡《おばた》城（茨城県茨城町）、片野《かたの》城（茨城県石岡市）、小田《おだ》城（茨城県筑波町）、杉山《すぎやま》城（栃木県市貝町）、小山《おやま》城（栃木県小山市）など、後北条氏領を越えて広く分布しており、後北条氏独自の築城技術ではなく、広く北関東一円に分布するものであった。

縄張図の描き方

次ページの図1は、丸子《まりこ》城（静岡市）の測量図である。城の構造をおおよそ把握することはできるが、虎口《こぐち》の形状や土塁の折などがわかりにくい。一方、図2は丸子城の縄張《なわばり》図と呼ばれるものである。こちらは虎口の形状や土塁《どるい》の折などを非常に解り易く描いている。

縄張とは城の設計図そのもので、グランドプランとでもいうべきものである。その設計は土を切り盛りして実施されている。そして、その縄張を把握するために作成したものが縄張図とよばれている。戦前にこうした縄張図による城郭研究をおこなった代表として沼館《ぬまだて》愛三《あいぞう》氏を紹介しておきたい。沼館氏の著作である『津軽諸城の研究(草稿)』や『南部諸城の研究(草稿)』では見取図(縄張図)が多用されている。沼館氏は陸軍士官学校出身で、退役後に東京高等師範学校に入学し、静岡県立静岡中学で地歴の教師を務めていた。沼館氏が縄張図を描けたのは士官学校という軍隊での教育を受けたからに他ならない。同時代の郷土史家たちの城郭研究にはこうした縄張図による研究は認められない。

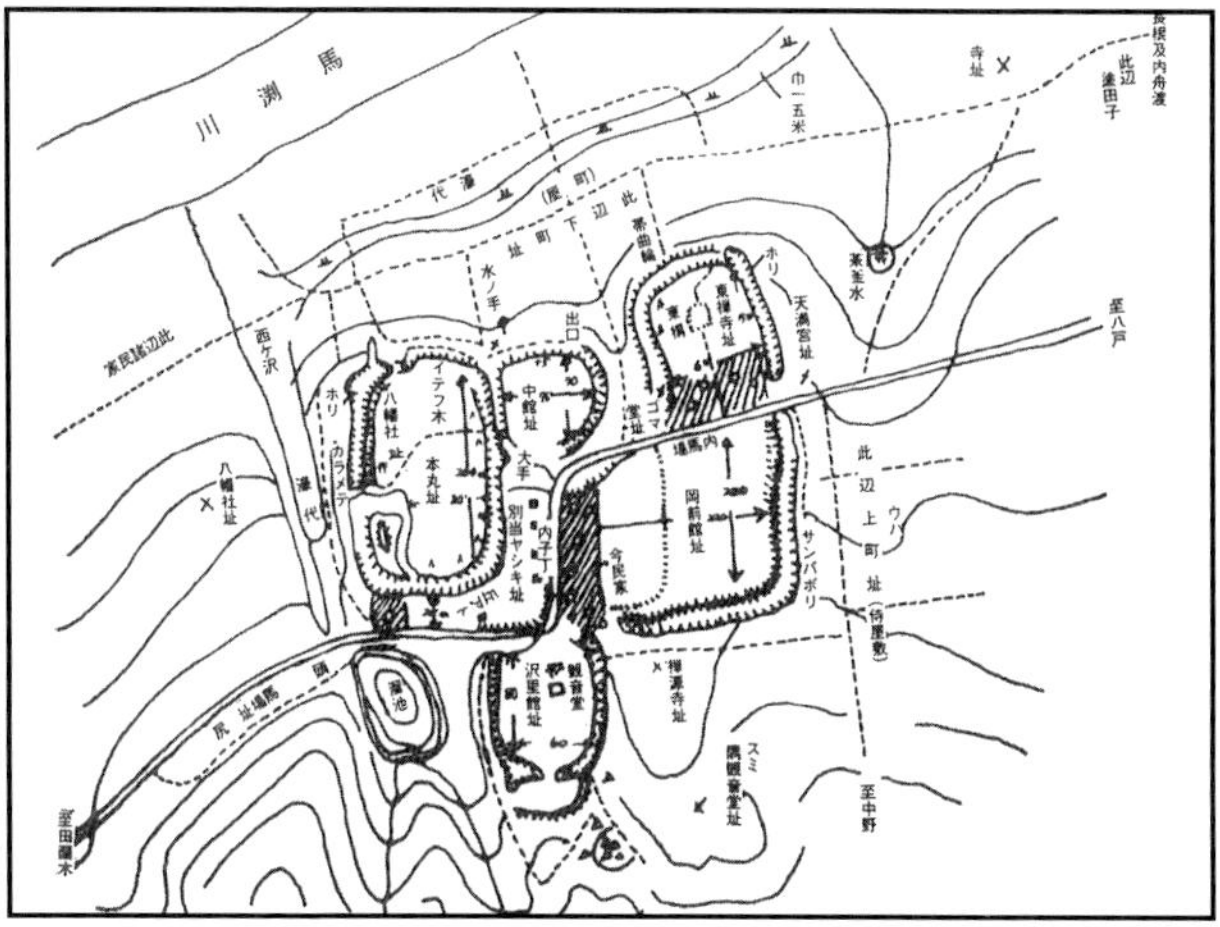

沼館愛三氏作図の八戸根城々址見取図(昭和4年作成)
(『南部諸城の研究(草稿)』より)

今ひとつ戦前の城郭研究で注目したいのは、陸軍による城郭研究である。陸軍による城郭研究は意外に早く、明治四十三年(一九一〇)には稿本『築城史料』が築城本部より刊行されている。昭和八年(一九三三)には、陸軍の築城本部内に、本邦築城史編纂委員会が設置され、日本の城郭史研究をおこなっている。その調査員には『日本城郭史』を著した鳥《と》羽《ば》正雄《まさお》博士も名を連ねていた。そして設立趣旨には「皇国伝統ノ築城史ヲ編纂シテ世界ニ誇ルヘキ特異性ヲ後世ニ残

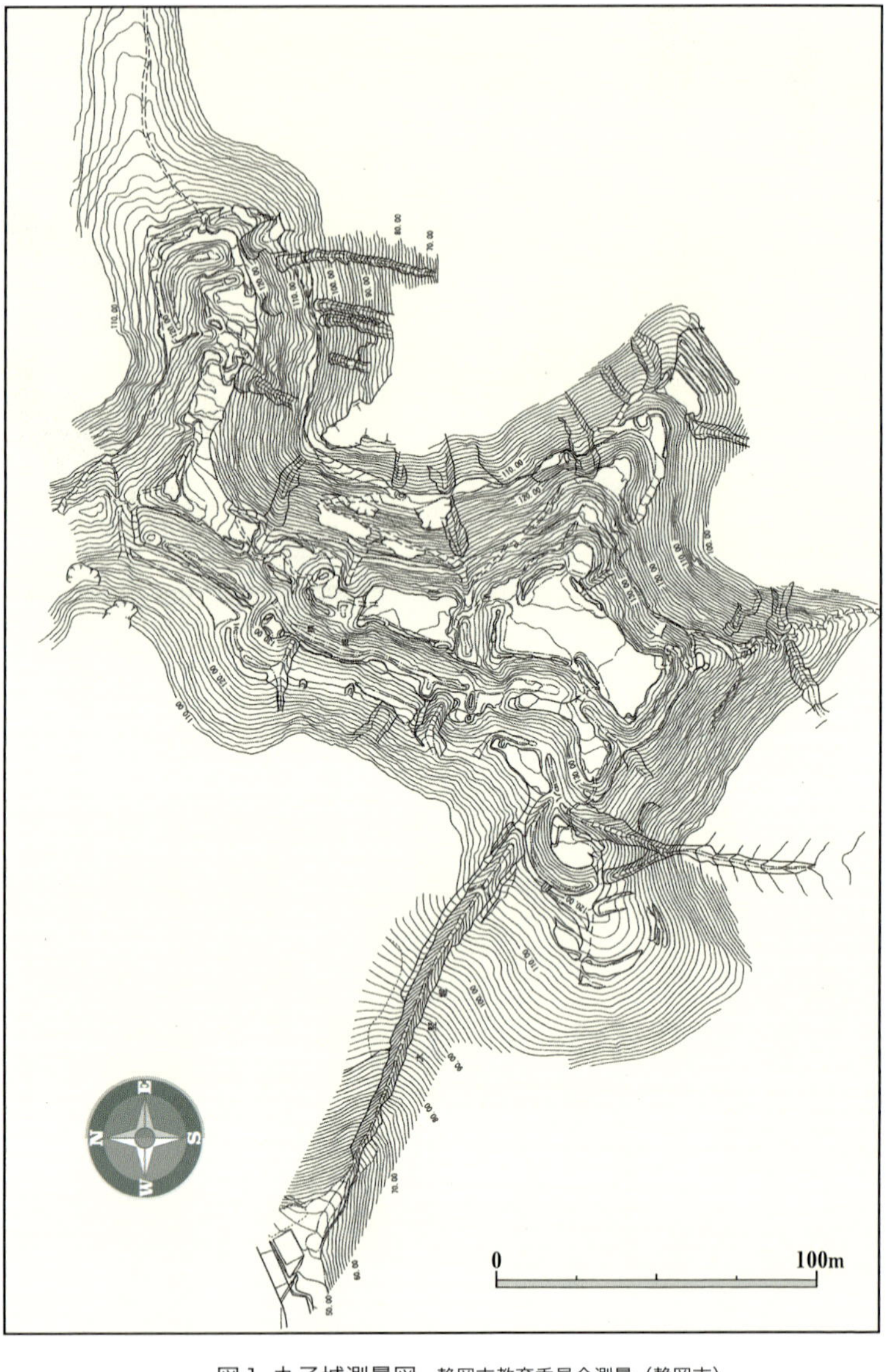

図１ 丸子城測量図 静岡市教育委員会測量（静岡市）

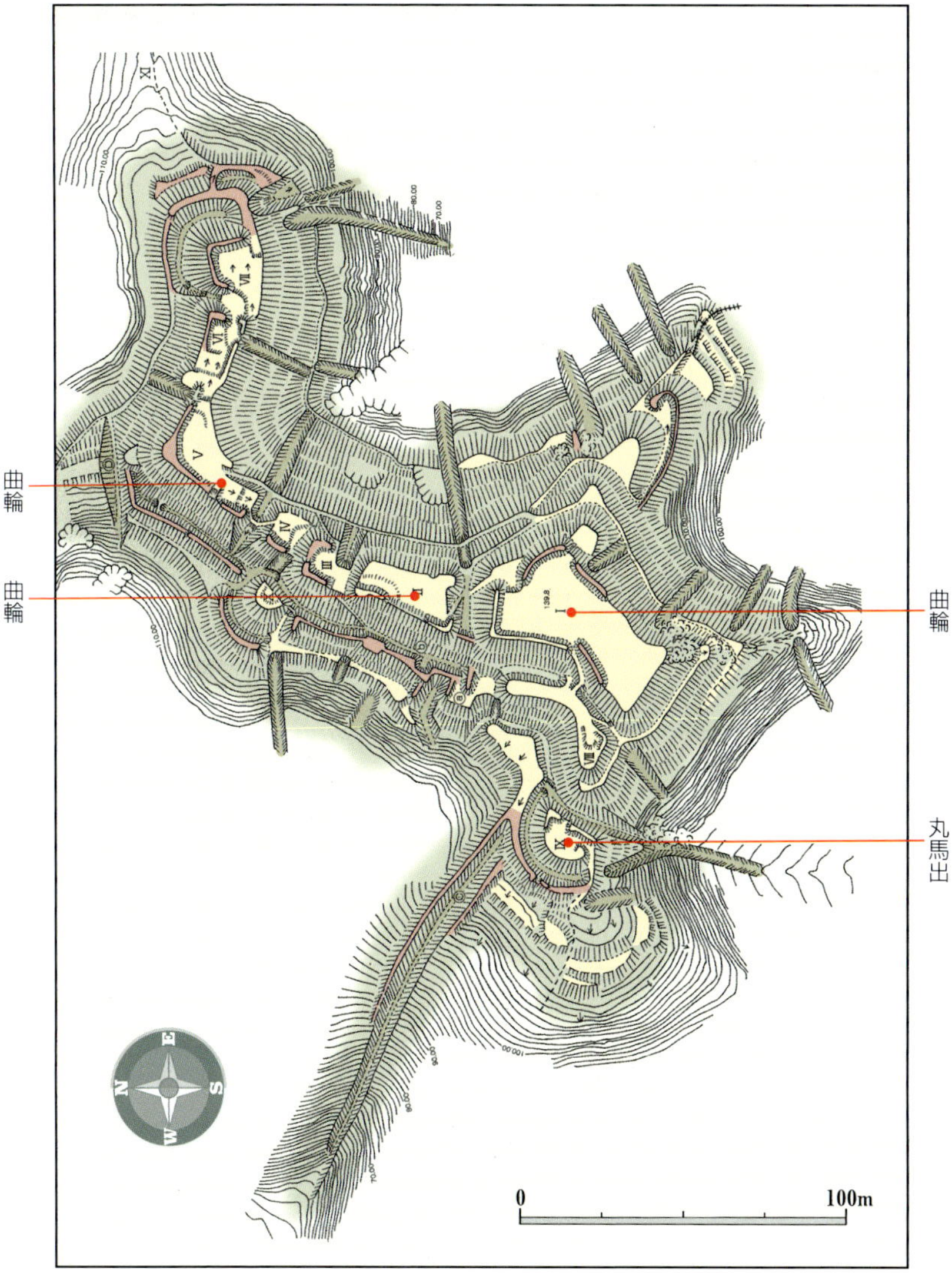

図2 丸子城縄張図　中井均作図（静岡市）
標高140メートル、比高100メートルの山城。曲輪直下に横堀を巡らせ、その両端部に丸馬出を構える構造は、山城の到達点をしめすものとして注目される。
【城を歩く】JR東海道線静岡駅下車、藤枝行きバスで吐月峰入口下車入口まで徒歩10分。そこから主郭まで徒歩約20分。

シ一ハ以テ将来築城ノ参考ニ資シ一ハ以テ国民ノ矜持ヲ深カラシメントスルニアリ」とあり、城郭研究が国威発揚であったことを記している。当初は十年計画で一冊千頁、計七冊を刊行することで編纂事業を終える予定であったが、戦局の悪化などから事業は進まなくなり、昭和二十年にようやくほぼ完成した原稿を空襲から避けるために疎開させたのであるが、疎開先の白百合女学校が空襲で焼失し、編纂事業の原稿は灰塵に帰した。しかし、この編纂事業に参加した調査員個人の手控え原稿が残されており、昭和三十三年にこの手控えが国立国会図書館に寄贈された。現在、この手控えは『日本城郭史資料』全四二冊として国会図書館に所蔵されている。この『日本城郭史資料』の根幹をなすのが近世城郭の測量図と、戦国時代城郭の縄張図である。この縄張図を現在の縄張図と比較してみよう。北海道の志苔館《しのりたて》跡で比較すると、ほとんど遜色のないことがわかる。さらに本邦築城史編纂委員会の作成した縄張図には断面図も作成されており、平面図である縄張図では表現のできない土塁の高さや、堀切の深さもよくわかる。本邦築城史編纂委員会で、この縄張図を数多く作成したのが、中山光久《なかやまみつひさ》氏であった。中山氏は編纂委員会当時、陸軍工兵少佐であり、やはり縄張図の素養は軍隊での教育を受けたからにほかならない。

戦後の縄張研究は山崎一《やまざきはじめ》氏の『群馬県古城塁史の研究』により飛躍的に発達する。山崎氏の縄張図は戦前の縄張図ではあまり関心の向けられなかった虎口や折など、縄張の生命線ともいうべき核心も見事に表現しており、非常に詳細かつ正確な図面が出現したのである。それは正確というだけでなく、実に美しい。その後の縄張研究に大きな影響を与えた。その刊行にあたって山崎氏は「終戦二年してジャワから帰ってみると、日本は全く変わっていた。日本人はとにもかくにも生きることに没頭し、生きるためには、何事も顧る余裕をもたなくなっていた。生きるとは創造することであるということなぞ、先人の創造したもの

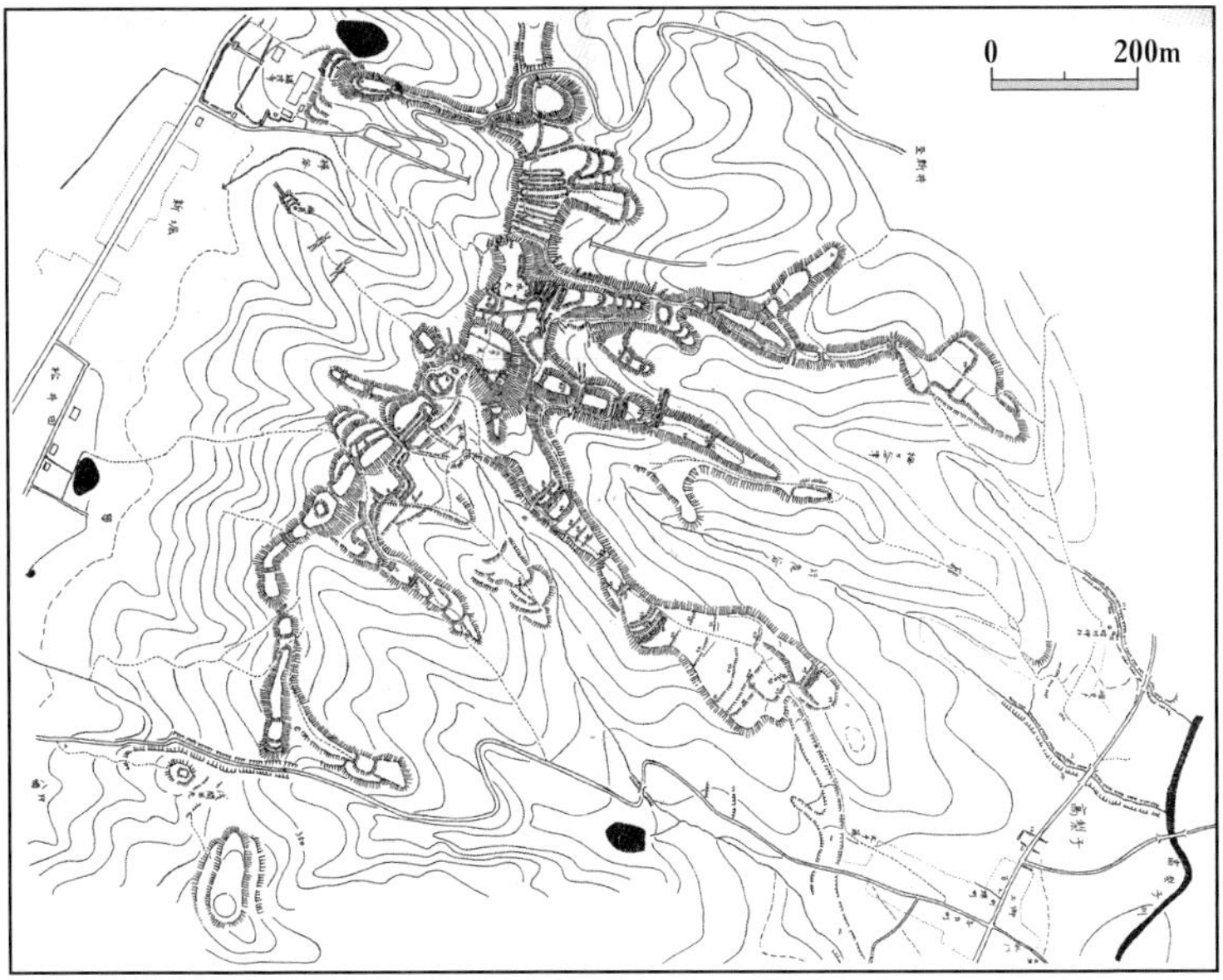

松井田城縄張図　山崎一氏作図（国史跡／群馬県安中市）

を尊重することであることなぞ、全く忘れ去ってしまったかに見えた。加うるに、強力な土木機械が作業に従事し、その能力は日毎に増大し、その数は月毎にふえ、日本全土は機械共のあくなき蹂躙にまかせられているありさまであった。もはや寸時も猶予すべきでなかった。私の出来るのはただ、ここにこうした遺蹟があったということを記録にのこすことよりほかにないのを知り全力を傾注し、あらゆる犠牲を払って実行をつづけたのである。」と記している。山崎氏は旧制中学校を卒業後、小学校の教員を経て陸軍に入隊し、その後特別志願将校となっている。さらに軍では司令部や参謀部に勤務しており、やはり縄張図作成の素養が、軍隊であったことがわかる。

私を含め、山崎一氏の縄張図に感化された世代が一九七〇年代より各地の城跡の縄張図を作成することになる。城を構造そのものから分析する時代が到来したのである。それまでの城の研究は、城の歴史

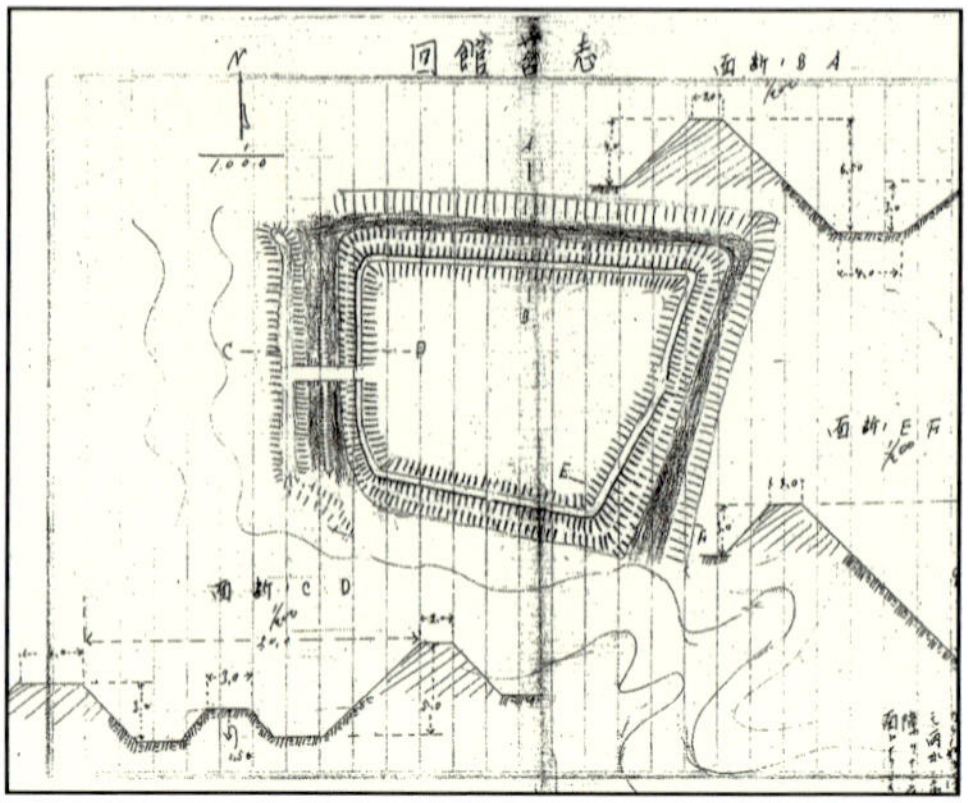

志苔館縄張図1

中山光久氏作図　標高二五メートル、比高一五メートルの山城。和人が北海道に築いた道南十二館のひとつ。館の周囲には高さ二〜四メートルにおよぶ土塁が巡る。館隣接地からは三七万四四余枚の渡来銭が出土していることで有名。

【城を歩く】 JR函館本線函館駅下車、下海岸線バスで志苔館下車、徒歩約五分。

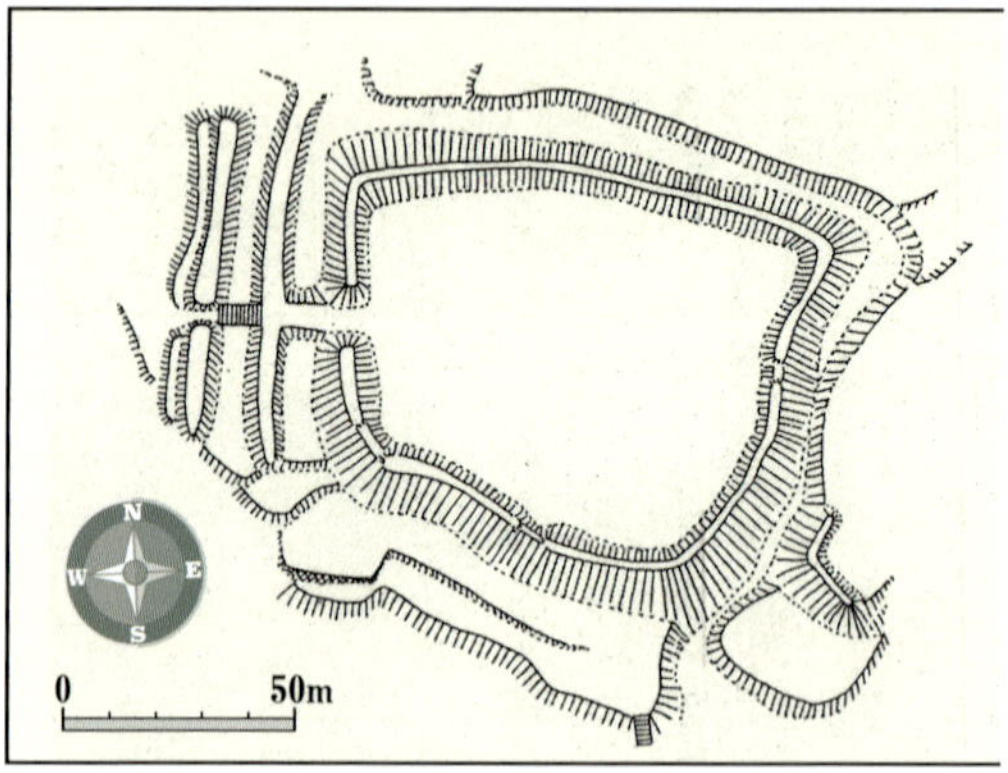

志苔館縄張図2

千田嘉博氏作図（小島道裕「戦国期城下町その四ー志苔館と勝山館ー」『日本史研究』三五四号所収）

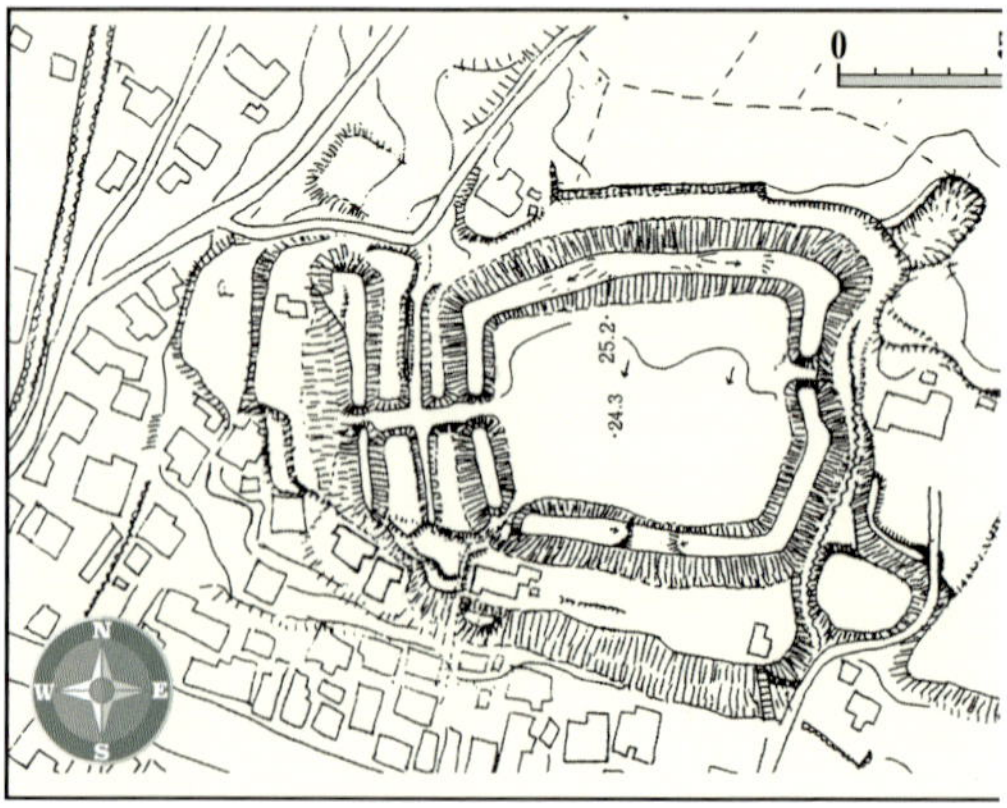

志苔館縄張図3

八巻孝夫氏作図（『図説中世城郭事典一』所収）

山城歩きに準備したい持ち物

のみに焦点が当てられ、構造を分析することなどなかった。しかし縄張図を作成し、全国規模の比較検討を経て、現存する城跡の構築年代がより正確に把握されるようになった。現存する城跡の遺構が決して有名な武将や大名によって築かれたものではないことがわかるようになったのである。現存する城跡の遺構は最後の段階を示すものであることを縄張図が明らかにしたのである。

ここで縄張図の書き方を少し述べておきたい。

縄張図の書き方

私はセクション一〇と呼ばれるクロッキー用のA3判のスケッチブックを用いている。非常に薄い用紙に一センチの方眼が薄く印刷されている。そのため地形図を下に敷くことができる。さらに一センチ方眼を五メートル、一〇メートルに設定して五〇〇分の一、一〇〇〇分の一などの縮尺図を作成することができる。このセクション一〇は紙なので雨天の踏査には用いることができない。そこで雨天の場合

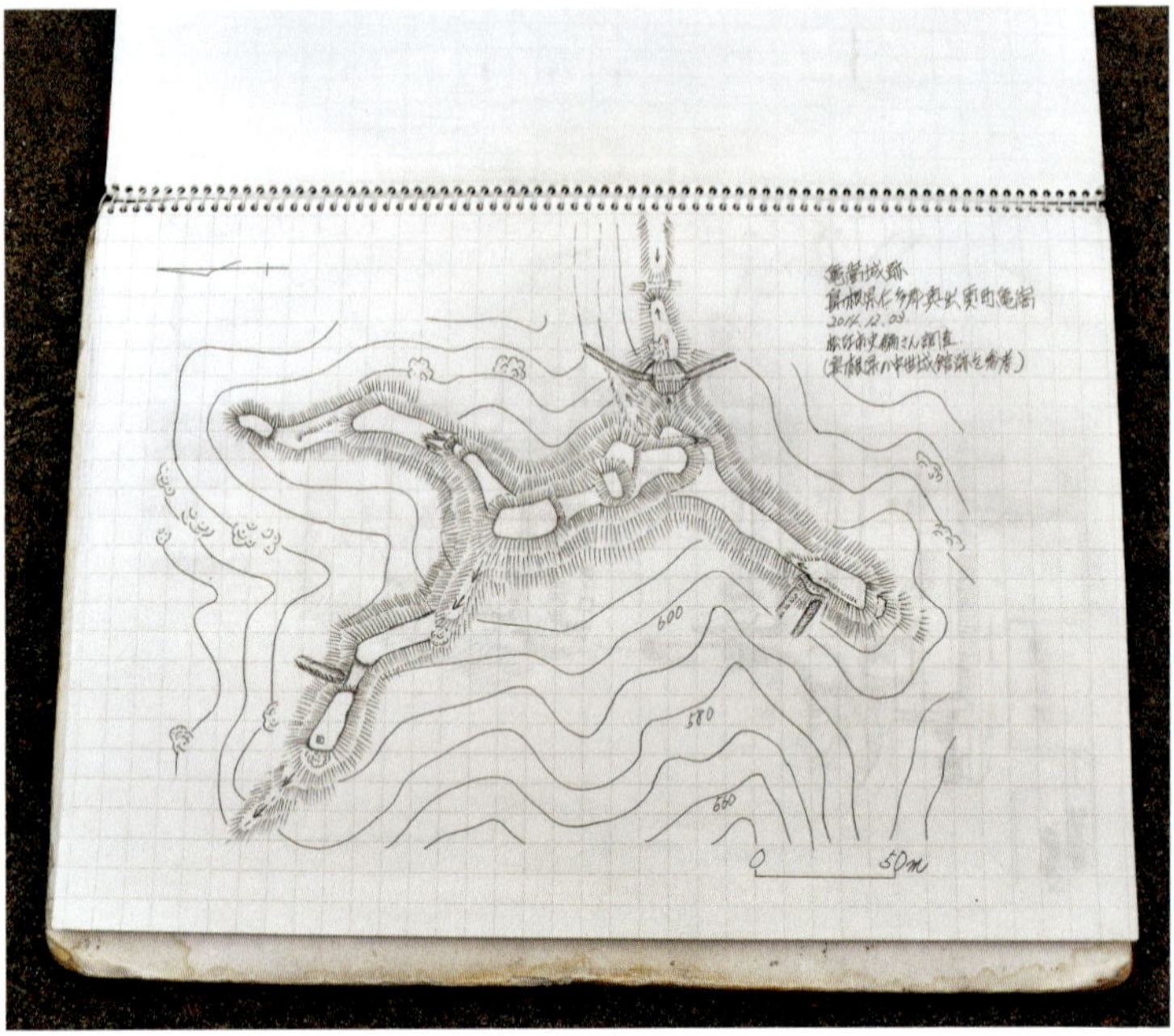

歩測で作成した縄張図

には破れないマイラー方眼紙をバインダーに挟んで用いる場合もある。

山城では樹木が繁茂しており、曲輪《くるわ》の長さや幅を巻尺で測ることはほとんどできない。そこで歩測によって距離を測る場合が多い。私は少し大股に歩き、一歩を一メートルとして測量することとしている。近年では簡易距離計を利用して距離を測定する人も多い。さらには衛星を利用したGPS（全地球測位システム）を使用した縄張図の作成も行われている。これは、人工衛星が発信する電波を利用し、受信機の緯度・経度・高度などを数センチから数メートルの誤差で割り出す方法である。

ここではアナログではあるが、歩測によるもっとも簡易な縄張図の作成について紹介しておきたい。山城の縄張図を作成するために、まず山頂の主郭を目指したい。縄張図は山麓から描くことはできない。高いところから低いとこ

ケバ式図法による縄張図の描き方

城の平面構造を縄張と呼ぶ。縄張は城にとって最も重要な設計であり、城の生命線と言っても過言ではない。特に中世城郭のように土を切り盛りして築く城ではこうした土木工事（普請）によって城の良し悪しが決まってしまう。現在も山中には土木の痕跡が残されており、それを図化したものを縄張図と呼んでいる。

　縄張を図化する際に用いるのが「ケバ式図法」である。高いところから低いところへケバ線と呼ぶ短い線を引くことによって高低差を現すのである。城の構造は等高線だけの地形図ではなかなか表現できないが、このケバ図法では非常にわかりやすくなる。城の構造を分析するのにはもちろんであるが、初めて訪れた山城を縄張図を見ながら見学するとその構造を理解しやすい。また、せっかく訪ねたのだから、自らもケバ式図による縄張図を作成してみてはいかがだろうか。

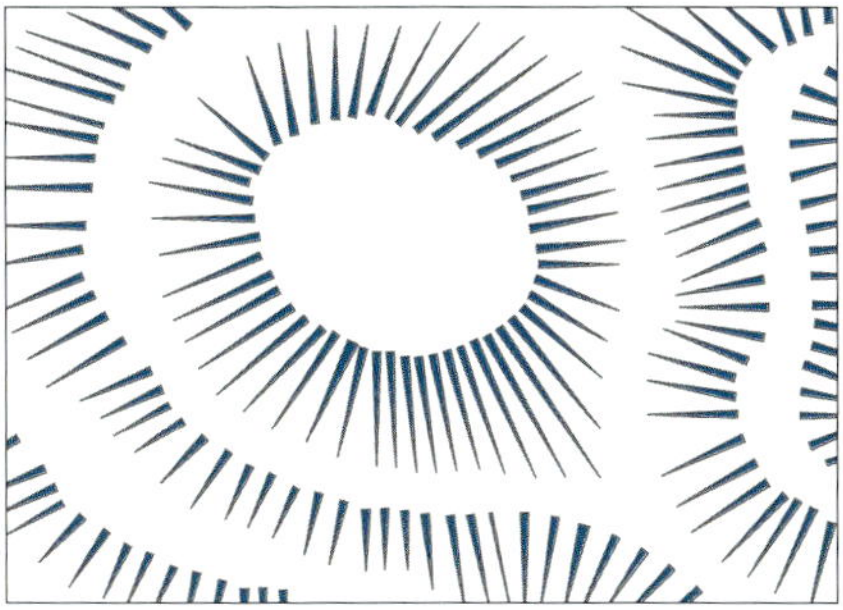

コンパス（方位磁石）

ろへ描くことしかできない。そこでスタートは主郭からということになる。主郭の隅に立ち、主郭の塁線をまず描く。方形なのか、楕円なのか、不定型なのかを把握し、主郭を描くのである。この際、塁線の屈曲が自然によるものか、人為的な折なのかを観察することも忘れてはならない。また、虎口《こぐち》がどこにあり、どのような構造なのかもしっかり把握しておきたい。

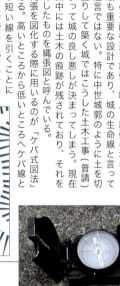

　主郭を描ければ、曲輪がどの方向に構えられているのかを観察し、曲輪を描いていくのであるが、この際、曲輪がどの方向に設けられているのかを正確に捉えるためにコンパス（方位磁石）が必携となる。基本的に曲輪は尾根筋に階段状に構えられているので、尾根筋を丹念に歩いて、曲輪の有無を確認しなくてはならない。
　さて、縄張調査でもっとも泣かされるのが竪《たて》堀《ぼり》である。斜面防御のために構えられた竪堀は山の斜面に竪方向に構えられた空堀《からぼり》である。ど

クマ除けの鈴
山城を踏査する場合、気をつけなければならないのがヘビや大型動物との遭遇である。とくにクマ除けのための鈴は必需品のひとつである。

こまで構えられているのかが重要となる。山麓まで構えられているのか、途中で終わっているのか、また途中で二股に別れてはいないかなどを調べなければならないのである。せっかく山頂まで登ったのに、竪堀を調査しているうちにまた山麓まで戻ってしまったことも多々ある。こうした竪堀が連続して構えられる畝状竪堀群や、山城のいたるところに設けられている場合は何度も登り降りを繰り返さなくてはならない。まさに城郭研究者泣かせの遺構である。

尾根筋からの敵の進入を阻止するために設けられたのが堀切である。この堀切は城の遺構がなくなったさらに前面に構えられる場合も少なくない。尾根筋の曲輪を描きながら、堀切に至ると、これで城域の最先端と認識する場合が多い。堀切の外側はまったく人工的に加工されておらず、自然地形となっている。しかし、その前方にさらに堀切を設けている場合も多い。山麓へ続く尾根では山麓まで下りるつもりで、さらに後方の高い山に続く尾根では登り切るつもりで踏査を続けることが大切である。

私の経験で、男鬼入谷城《おおりにゅうだに》（滋賀県彦根市）で縄張図を作成していたのであるが、この城は後方の尾根に対して三重の堀切を設けて、完全に遮断しており、ここが城域の先端部である可能性が高かった。堀切より外部に続く尾根が高くなる鞍部があったため、一応そこまで踏査をおこなったが人

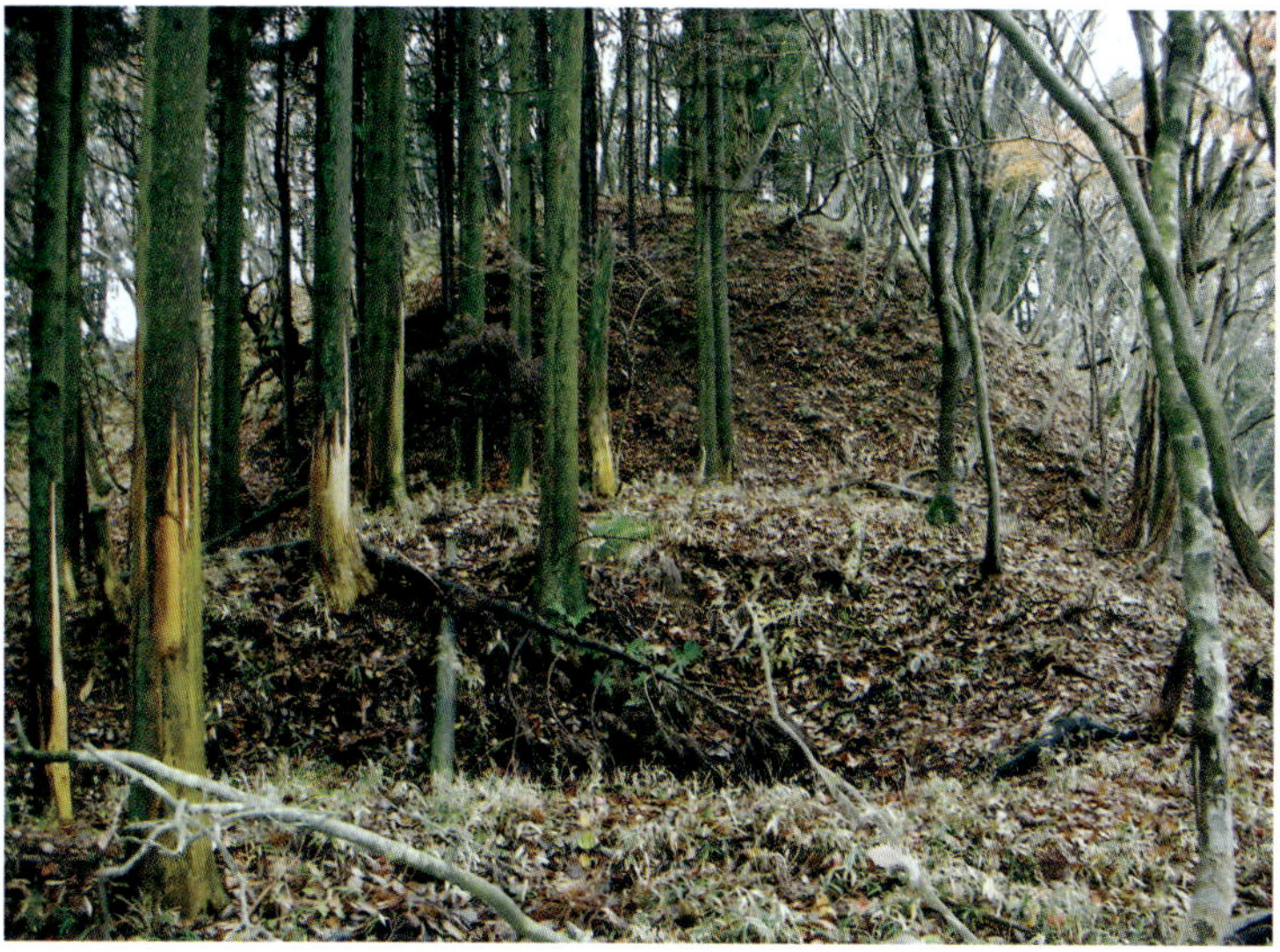
男鬼入谷城の三重の堀切（滋賀県彦根市）

工的な施設は認められなかった。しかし、後日もう一度踏査をおこなった際に、さらに城外の尾根筋が高所に取りついた場所まで足を延ばすと、そこに堀切が認められた。高所よりの敵の侵入に対して、高所で遮断線を設けていたわけである。

縄張図作成は城の構えられた山を舐めるように隙間なく調査することによってようやく精度の高いものができるのである。

ところで、近年の測量技術は非常に進化している。例えば空中よりレーザーを照射して作成されるレーザー図がある。レーザー図からは等高線図ではなく、デジタル画像に赤色の陰影をつけた赤色立体図が作成され、これまで見落とされていた小さな地形の変化も見逃さない。しかし、これは機械的に測量されたものであり、人工か自然かは判断できない。縄張という人工的な戦国時代の城郭構造を判断できるのはやはり人である。縄張図作成は地形測量図では決してないのである。いかに戦国時代人たちの工夫を読み取るかが大事である。

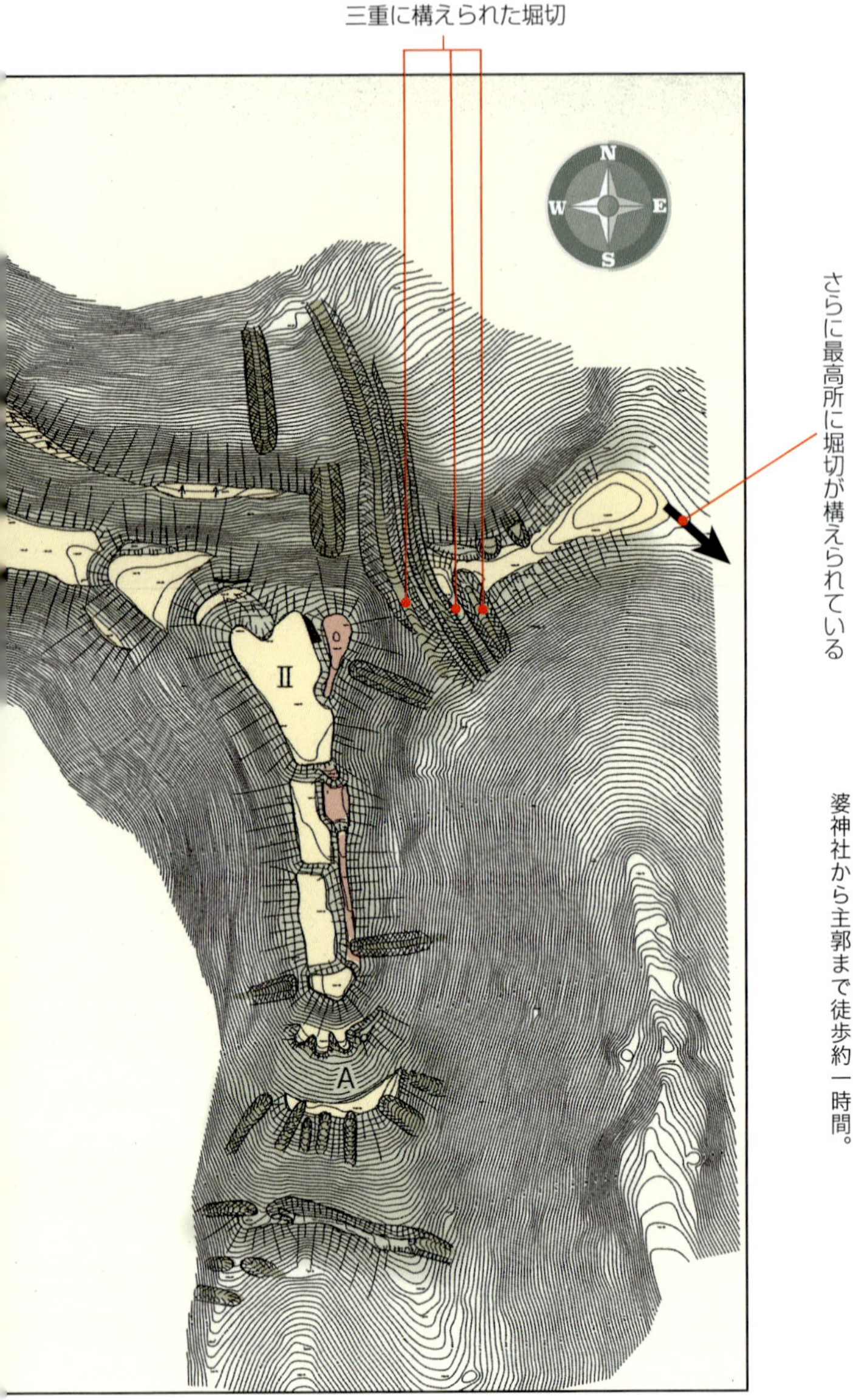

男鬼入谷城概要図　中井均作図（滋賀県彦根市）

標高六八五メートル、比高二五〇メートルの山城。近年発見された大規模な戦国時代の山城。高度に発達した構造が見どころ。

【城を歩く】近江鉄道多賀大社駅下車、車で三十分、男鬼の比婆神社から主郭まで徒歩約一時間。

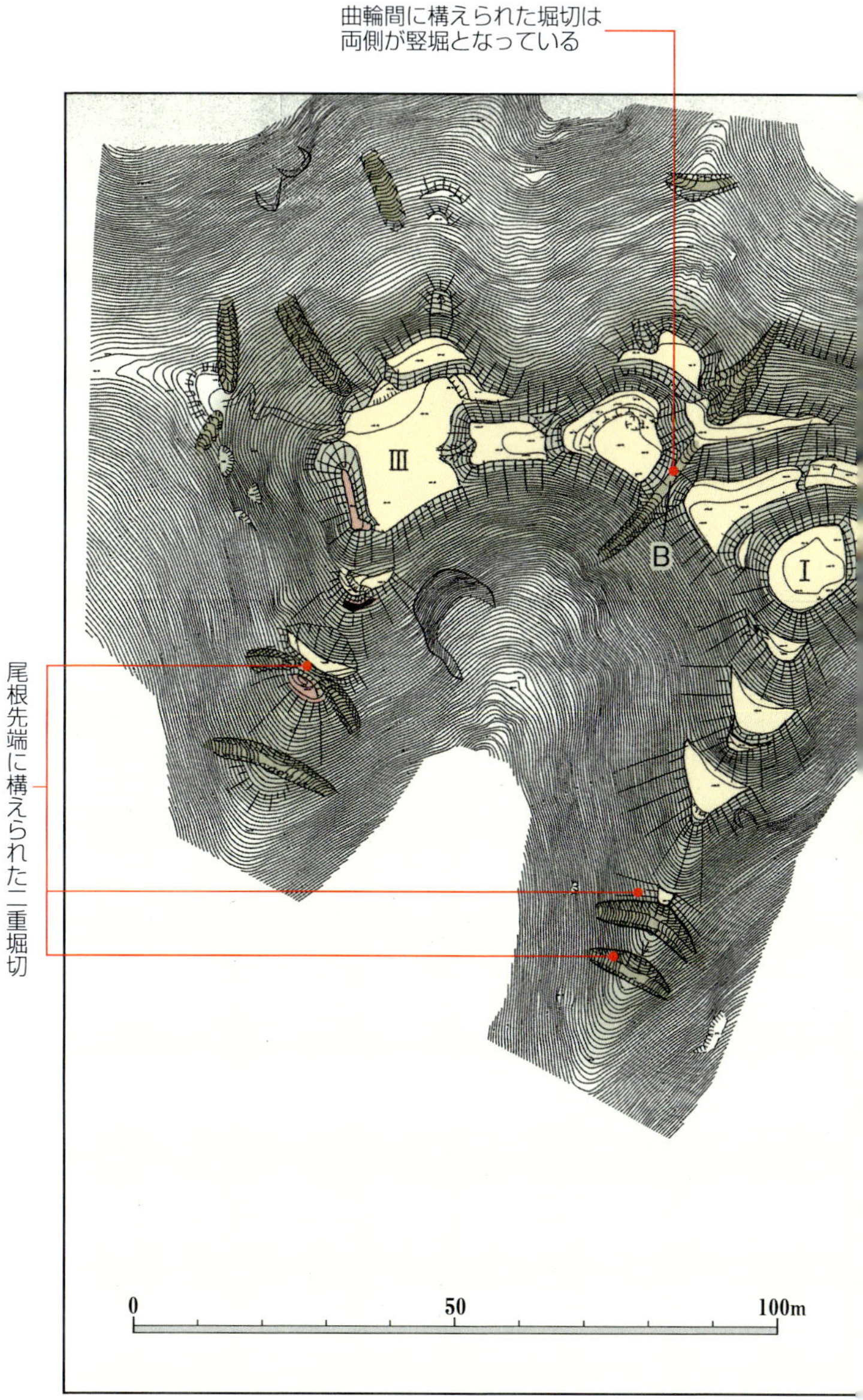
曲輪間に構えられた堀切は
両側が竪堀となっている
尾根先端に構えられた二重堀切
Ⅲ
B
Ⅰ
0
50
100m

地籍図から城館を調べる ―― 古い景観から城館を読み込む

水主城《みずし》（京都府城陽市）は、国人御厨子《みずし》氏の居城であった。しかし、応仁《おうにん》の乱が勃発すると西軍の畠山《はたけやま》義就《よしなり》、大内政弘《おおうちまさひろ》の南山城《みなみやましろ》進攻とともに、大内《おおうち》氏の代官杉十郎《すぎじゅうろう》の一族と考えられる杉右京が入城している。『東院年中行事記《とういんねんちゅうぎょうじき》』文明《ぶんめい》四年（一四七二）十月十六日条には「御厨子之大将杉右京以下之勢」とあり、水主城が大内氏の南山城における軍事拠点のひとつであったことがうかがえる。また、明応《めいおう》八年（一四九九）には細川政元《ほそかわまさもと》の命をうけた赤沢朝経《あかざわともつね》が、畠山尚順《ひさのぶ》方が立て籠る水主城を攻めたのは、第1章で記したとおりである（二六頁参照）。その模様は『鹿苑院日録《ろくおんいんにちろく》』に「今日沢蔵軒宗益同内堀率山城衆、越宇治川而入山城、以攻城而破御厨子之城、斬頭者夥矣、今夜城中之東南不挙烽、不鳴鐘矣、少康耳」と記されている。

このように応仁の乱や山城国一揆の主要城郭ともいえる水主城であるが、その位置はまったく不明であった。ところが小字《こあざ》を調べると、水主村のなかに、「シロノ丁」「シロノ内」と呼ばれる小字の存在がわかり、その小字部分が水主城であったと考えられる。このように小字と呼ばれる土地に付けられた地名が城の存在を明らかにすることがある。とりわけ現在地上に痕跡を残さない平城《ひらじろ》の場合に小字の調査は有効である。平城の規模や構造が小字から復元できるのである。

地籍図とは、明治六年（一八七三）に地券が発行された際に、その地券を現地で取り調べるために村（大字）ごとに作成された絵図で、田圃、畑地、藪、山地、宅地ごとに色分けされた絵図のことである。通常の村であれば四畳程度、大きな村にいたっては十数畳敷きの大絵図もある。驚くのは平地の土地割りの測

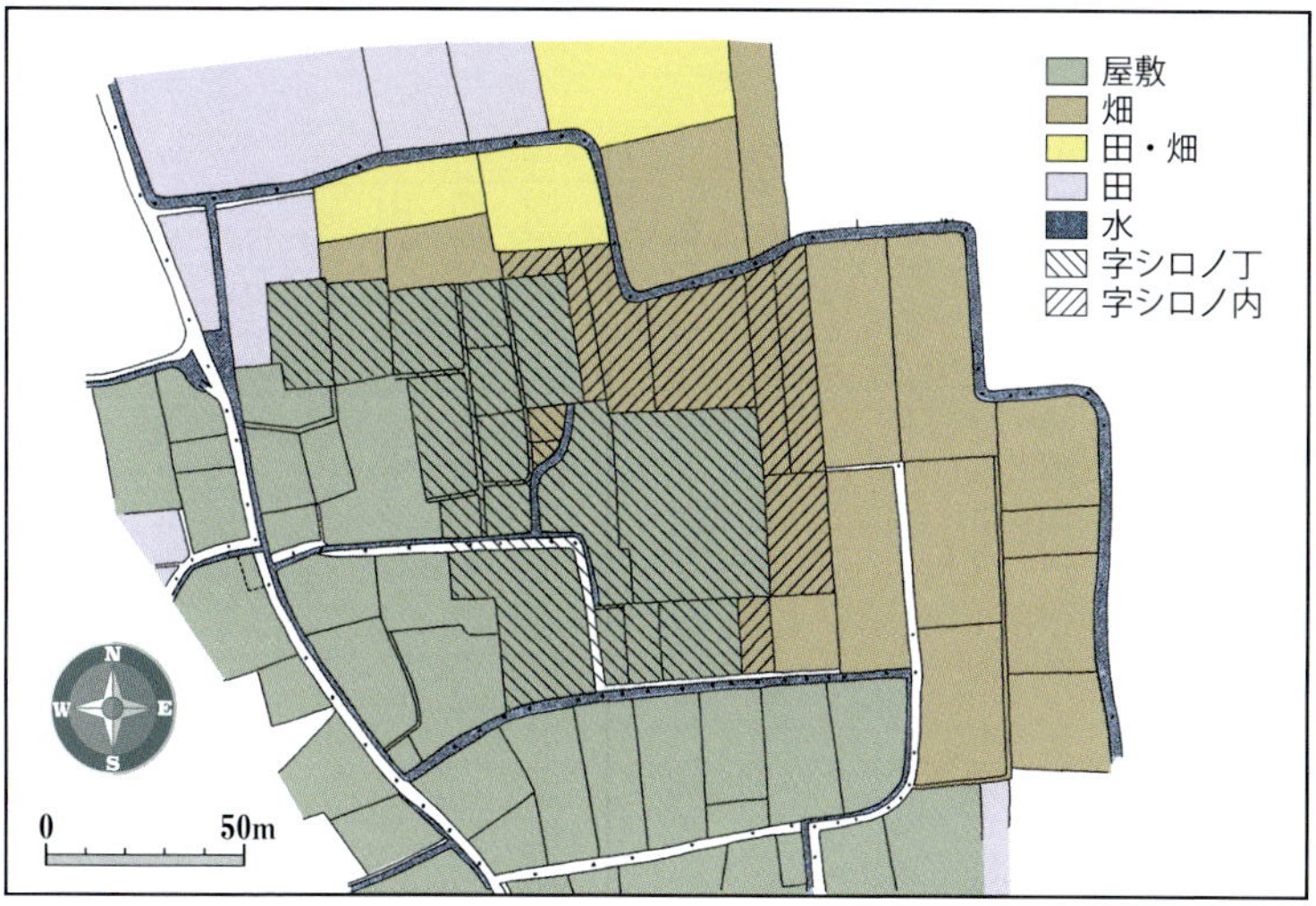

水主城地籍図　中井均作図（京都府城陽市）
標高 18 メートルの木津川右岸に築かれた平城。城跡の周囲がわずかに低く、堀の痕跡が認められるだけである。
【城を歩く】 近鉄京都線富野駅下車、徒歩 15 分。

量で、約六〇〇分の一の縮尺で正確に描かれていることである。この地籍図に描かれた地割はほぼ江戸時代の地割を伝えており、村の場合は戦国時代の地割をそのまま踏襲している可能性が高い。平地の城や館が廃城となった後も城館が存続していた時代の地割によって水田や畑地、宅地となっており、地上に遺構が残存していなくとも地籍図に描かれた地割によって城館《じょうかん》構造の復元が可能となる。さらに地割だけではなく、小字に城館が存続していた時代の地名が付けられている場合も多く、その小字地名から構造だけではなく、どのような施設が存在したかも推定することができるのである。このように地籍図は失われた平地城館の構造を復元するための重要な資料といえる。

山科本願寺《やましなほんがんじ》（京都市）は、本願寺八世蓮如《れんにょ》によって造営された寺院である。その構造は、寺内町を伴う堀《ほり》に囲まれた寺院であり、青蓮院門跡《しょうれんいんもんせき》坊官鳥居小《とりいこう》路経厚《じつねあつ》の日記『経厚法印日記《けいこうほういんにっき》』の天文《てんぶん》元年（一五三二）

九月三日条に「山科本願寺ノ城ヲワ（破）ルトテ、柳本衆罷向云々」とあり、その姿を城郭と記している。現在も巨大な土塁が残されていることは前述したとおりであるが、一部分であり、その全体像を知ることはできない。山科本願寺の構造を知るうえでの重要な資料として絵図が残されている。そのうちもっとも古いものが光照寺《こうしょうじ》所蔵の「野村本願寺古御屋敷之図」である。また、洛東高等学校所蔵の「山科古図」や、西宗寺所蔵の「山科村古図」も山科本願寺の姿を伝える絵図である。

山科本願寺でもっとも注目されるのは堀の塁線であろう。出入口に対して土塁線が屈曲して横矢が掛かる構造が随所で構えられている。特に外堀の東南面には凸状に土塁が突出した個所があり、塁線の両側に合横矢が掛かる、出枡《でます》と呼ばれる防御施設も認められる。出入口に対する横矢は御本寺と呼ばれる内堀や、外寺内と呼ばれる外堀にも設けられており、その構造は戦国時代後半の発達した城郭構造を示している。

ところで山科本願寺を描いた絵図は江戸時代に製作されたものであり、実のところどれほど本願寺の姿を正確に伝えているかは不明と言わざるを得ない。さらに山科本願寺の跡地は、近世以降の開発で、その痕跡をほとんど地上に残していない。つまり横矢や出枡の存在を立証することができないのである。

そこで大正十一年（一九二二）以前に作成されたと考えられる京都府法務局荒神口支所に所蔵されている旧公図を見てみよう。山科本願寺は破壊されたが、地割は水田や畑地となっても残されており、横矢や出枡も見事に地籍に認めることができる。土塁や堀が失われても地割は残されていくわけである。こうした地籍の痕跡より絵図は江戸時代の製作であるが、極めて正確に描かれた絵図であることがわかった。

地籍図はこうした巨大な城郭にだけ適応できるものではない。村絵図である地籍図には村の土豪の館跡も描かれている。村の中心に方形の畑地があり、その周囲には細い水田が巡るといった地割を認めること

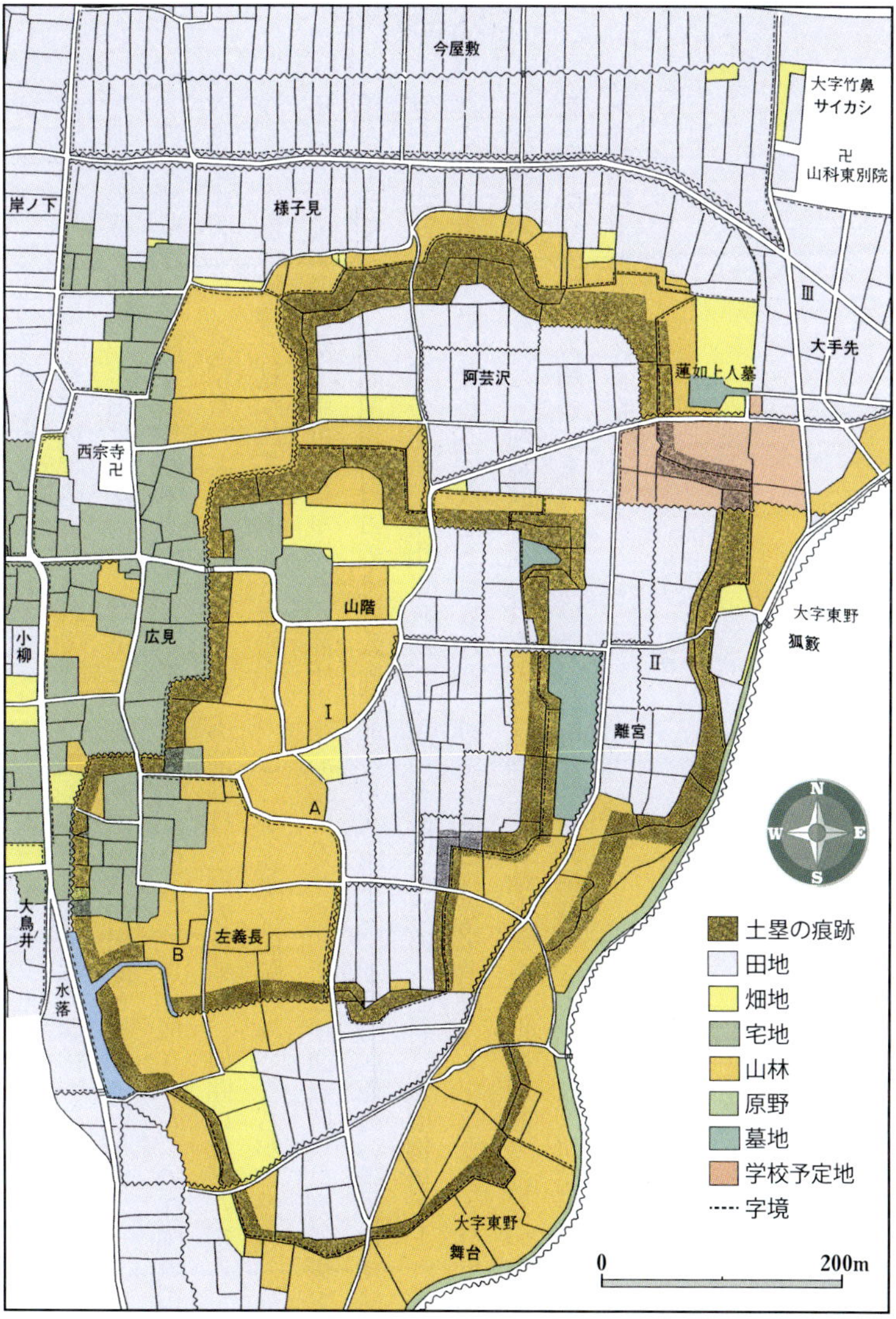

山科本願寺地籍図　福島克彦氏作成（国史跡／京都市山科区）

標高 45 メートルの平地に構えられた一向宗寺院の寺内町。巨大な土塁と堀によって御本寺、内寺内、外寺内に区画されていたその痕跡は地籍図にみごとに描かれている。

【城を歩く】 ＪＲ琵琶湖線山科駅下車、徒歩約 20 分。

ができる。これが戦国時代の土豪の館跡である。さらにその畑地の小字には、「殿屋敷」「殿垣内」「殿城」「城内」「城畑」「堀内」などの地名も残されている。細く巡る水田には「堀田」の地名が残る。こうした地割と地名の残る畑地や水田はほぼ一〇〇パーセント、戦国時代の居館と見てよい。

例えば殿屋敷《とのやしき》遺跡（滋賀県米原市）は、明治六年（一八七三）に作成された「近江国坂田郡番場村地券取調総絵図」に「殿屋敷」と記されている。その地割は方形の畑地で、周囲には藪が巡る。これは堀ではなく、土塁の痕跡と見られる。地名と地籍より、ここが土豪の館跡とみてまちがいない。番場《ばんば》は中山道《なかせんどう》番場宿として有名だが、中世には皇室領箕浦《みのうら》庄の中心地であった。そこに鎌倉時代に西遷御家人として土肥《どい》氏がやってくる。殿屋敷遺跡はこの土肥氏の居館と考えられる。加えて居館跡の隣接地で発掘調査が実施され、十四〜十五世紀の遺跡が検出された。中国の青磁をはじめ、温石、木製物指など一般的な集落ではなく、土豪の居館に関わる屋敷地と見られる。殿屋敷遺跡は従来遺跡としては認識されておらず、地元にも居館伝承はなかった。地籍図に描かれた方形区画とその地名から中世の居館ではないかと推定され、文献史料から土肥氏に関わるものではないかと分析され、発掘調査によってほぼ居館であることが立証できた貴重な事例といえよう。

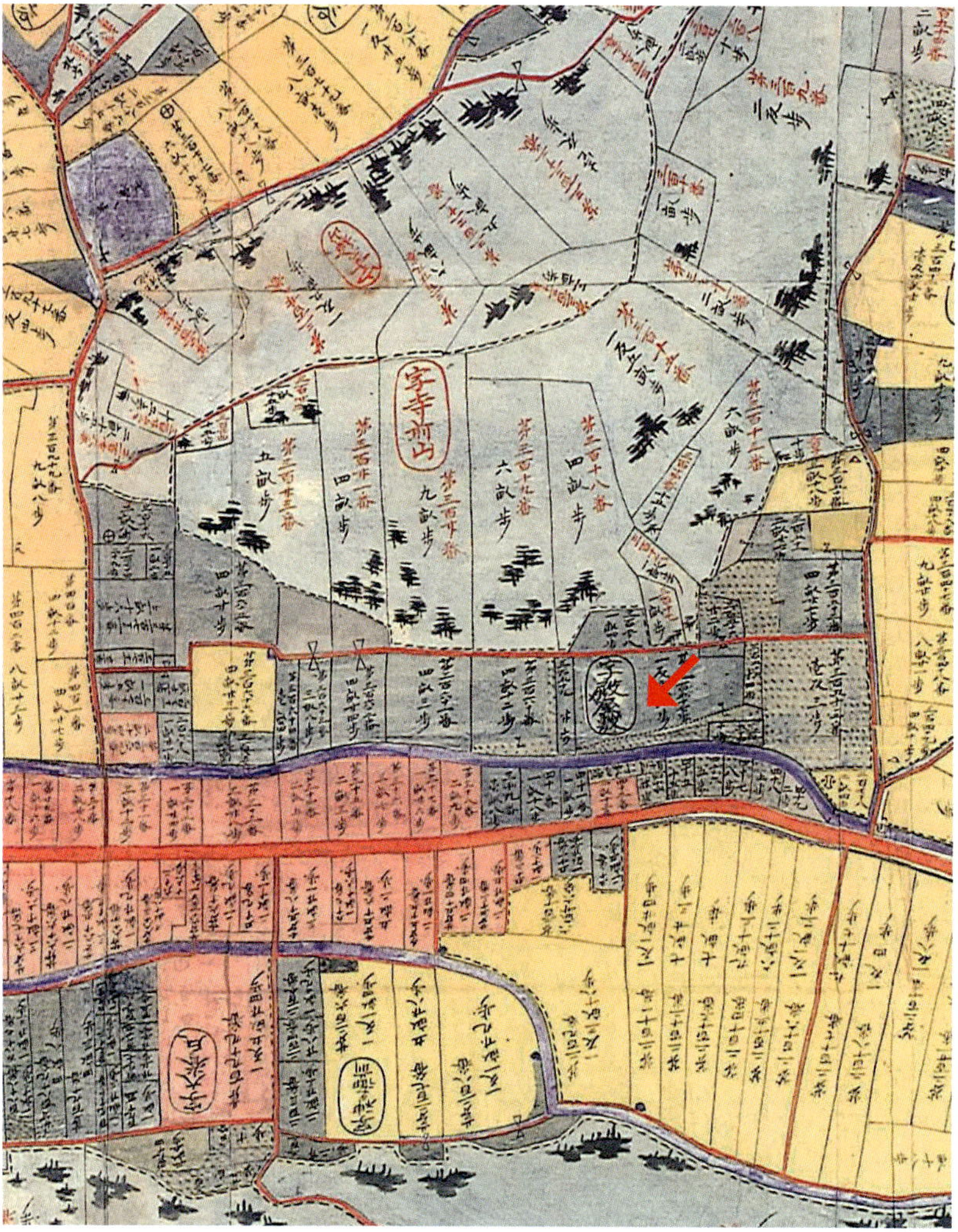

近江国坂田郡番場村地券取調総絵図（米原市教育委員会蔵）
方形（←）に区画された畑地は字殿屋敷と記されている。周囲に巡る細長い畑地と水田は土塁の痕跡を示している。

発掘調査から城館を探る――検出された防御施設と、出土した様々な遺物

大類伸《おおるいのぶる》、鳥羽正雄《とばまさお》博士の古典的名著である『日本城郭史』は昭和十一年（一九三六）に刊行された。このなかで、「城址として今日残存してゐるものゝ大部分はその壘《るい》と堀とだけが残つてゐるもので、建築物の完備したものなどは殆んどない。中にはたゞ山地丘陵に削平地《さくへいち》のみが認められる様なものさへ甚《はなは》だ多い。しかし此等《これら》も研究上それ相當《そうとう》の意義を有する捨て難い資料である。此等は考古學的研究法によつて研究せらるべきであり、」と、城郭研究に考古学調査による有効性を述べられている。

地上に痕跡を残さない戦国時代の城館跡の研究に発掘調査の重要性を述べたのであるが、戦前における城館《じょうかん》跡の発掘調査は東北の古代城柵と、北部九州の古代山城《さんじょう》に限られ、戦国時代の城館跡ではほとんど認められない。唯一の事例としては、昭和十六〜十七年にかけて実施された安土《あづち》城（滋賀県近江八幡市安土町）の天守台と本丸御殿の発掘調査があるに過ぎない。戦後も長らく中世の城館跡が調査されることはなかった。それが一九七〇年代から日本列島改造論に伴う高速道路、宅地造成、工場開発など、山をも呑み込む開発がおこなわれるようになり、山城跡の発掘調査が実施されることになった。考古学はどうしても縄文時代や弥生時代といった古い時代を究明する学問だと思われているが、決してそうではない。考古学はモノ（遺構や遺物）を分析して歴史を究明する学問であり、決して時代を限るものではない。そこで開発にともない城跡も発掘調査の対象となったのである。

はじめて発掘というメスを入れられた山城からは、貿易陶磁や国産陶器が出土し、考古学から改めて注

目されることになったのである。ここでは発掘された中世城館跡より検出された遺構と遺物について紹介したい。

建物

戦国時代の城館《じょうかん》の構造としては、山城《やまじろ》は防御空間として、戦争の時に立て籠もる施設で、普段は山麓《さんろく》の根小屋《ねごや》と呼ばれる居住空間に住むという、二元的構造と考えられていた。ところが小谷城《おだにじょう》（滋賀県長浜市）の山上部に構えられた大広間、本丸、桜馬場《さくらばば》から礎石《そせき》建物が検出された。特に大広間からは壮大な礎石建物が検出され、さらには陶磁器類が三万七千点も出土しており、この建物が居住施設であることが判明した。さらに驚くべきことに焼土がまったく検出されておらず、天正《てんしょう》元年（一五七三）の落城に炎上していないことも判明した。実は発掘調査された山城で焼失した痕跡が検出される事例は非常に少ない。落城イコール焼失はイメージに過ぎないのである。

このように山城で礎石建物という恒久的な建物が検出された事例としては、観音寺城《かんのんじじょう》（滋賀県近江八幡市・東近江市）がある。観音寺城では本丸、平井丸、池田丸で礎石建物が検出されており、なかでも池田丸では巨大な礎石建物が検出されている。おそらく居館の主殿に相当する建物と見られる。小谷城や観音寺城では山麓にも居館が存在することより、山麓と山上の居館に機能差の存在が考えられる。

置塩城《おきしおじょう》（兵庫県姫路市）では山上部に広大な曲輪《くるわ》が群郭式《ぐんかくしき》に配置されており、そのいずれからも礎石建物が検出されている。城主赤松《あかまつ》氏の居住空間であり、さらには饗応《きょうおう》の場としての礎石建物、被官の屋敷としての礎石建物であったと考えられる。

このように戦国期後半になると守護、戦国大名クラスの城主は山上にも居住施設として礎石建物を構えて、山上部と山麓部の施設を機能によって使い分けていたようである。私は山上の礎石建物は城主のプラ

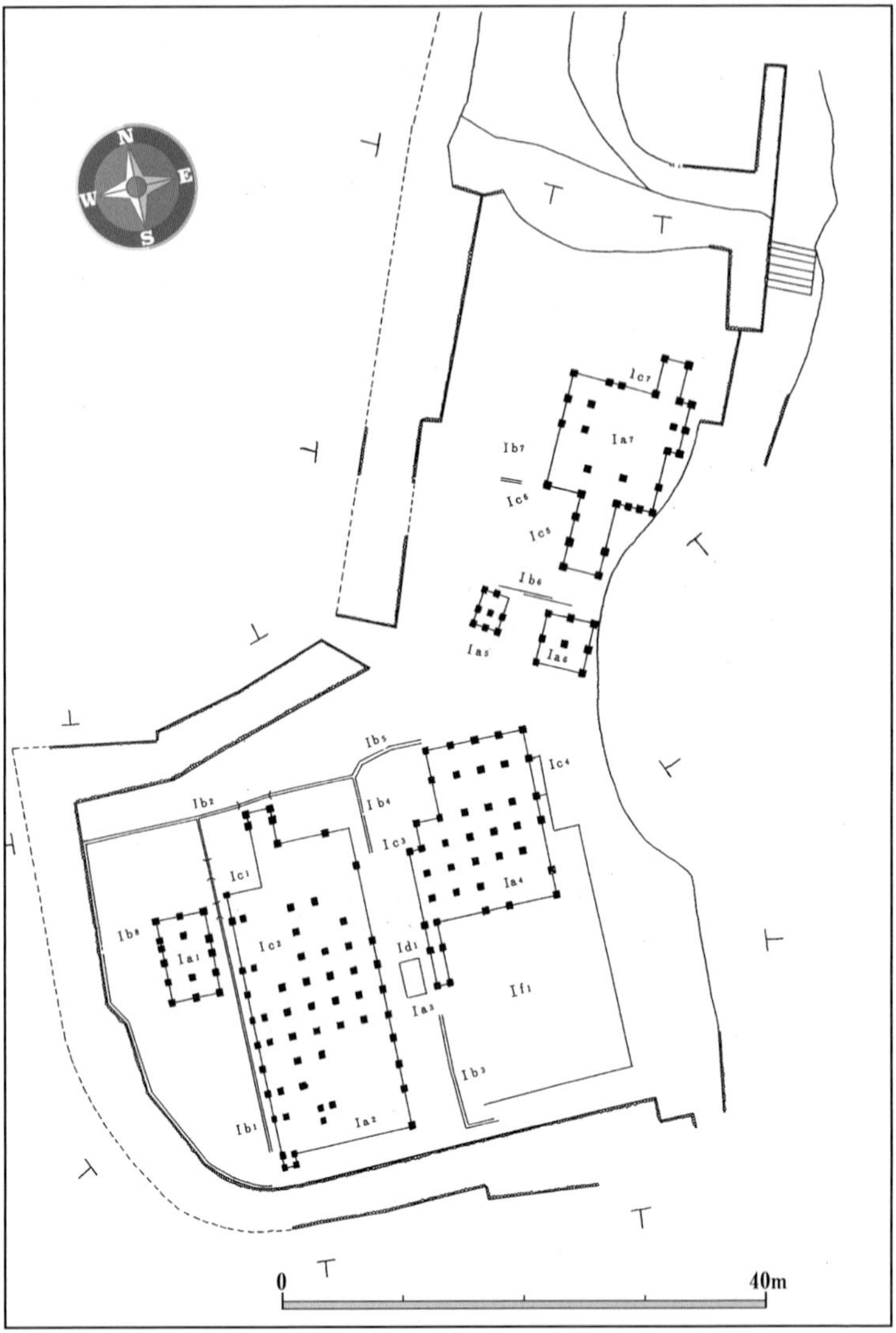

観音寺城池田丸検出礎石建物平面図（国史跡／滋賀県近江八幡市・東近江市）
標高 433 メートル、比高 330 メートルの山城。全国最大級の規模を誇る山城で、発掘調査の結果、山上部からも礎石建物が数多く検出された。
【城を歩く】 JR 琵琶湖線安土駅下車、徒歩約 20 分で桑実寺参道入口、そこから主郭まで徒歩約 1 時間。

イベートな空間と考えている。女性や子供たちといった身内の人々の居住空間である。戦国期後半の軍事的緊張からこうした身内の人々を山麓の居館ではなく、本来防御空間であった山城エリアに居住施設を設けて、安全に住まわせていたものと考えられる。

　こうした守護・戦国大名クラスの巨大な山城ではなく、土豪クラスの山城では検出される建物は一間×一間、二間×二間といった小規模なものが大半である。構造も礎石建物より簡易な掘立柱《ほったてばしら》建物の方が圧倒的に多い。これらは居住施設ではなく、倉庫などであったと考えられる。

関津城の土蔵跡（滋賀県大津市）

　恵下山《えげやま》城（広島市）は小規模な山城で、発掘調査によって城がまるごと調査された。主郭《しゅかく》では中心部で二間×二間と、三間×一間の掘立柱建物が検出されており、倉庫であった可能性が高い。またそれらより少し距離を隔てた場所からは二間×二間の礎石建物が検出されている。この建物は曲輪の縁辺部《えんぺんぶ》に位置し、礎石を据えていることより、あるいは焔硝《えんしょう》などの火薬を貯蔵していた倉庫の可能性が高い。平山城《ひらやまじょう》（京都府綾部市）では、猛烈な火災痕を残す礫敷《れきじき》の礎石建物が曲輪端部の土塁《どるい》上から検出されており、焔硝《えんしょう》蔵の可能性が高い。こうした小規模な礎石建物は薬師《やくし》城（広島県東広島市）からも検出されている。

　建物がどのように利用されていたかがわかる事例も少なからず存在する。関津《せきのつ》城（滋賀県大津市）も城域のほぼ全域が発掘調査された小規模な山城である。主郭からは土塁に接するように礎石建物が検出されており、

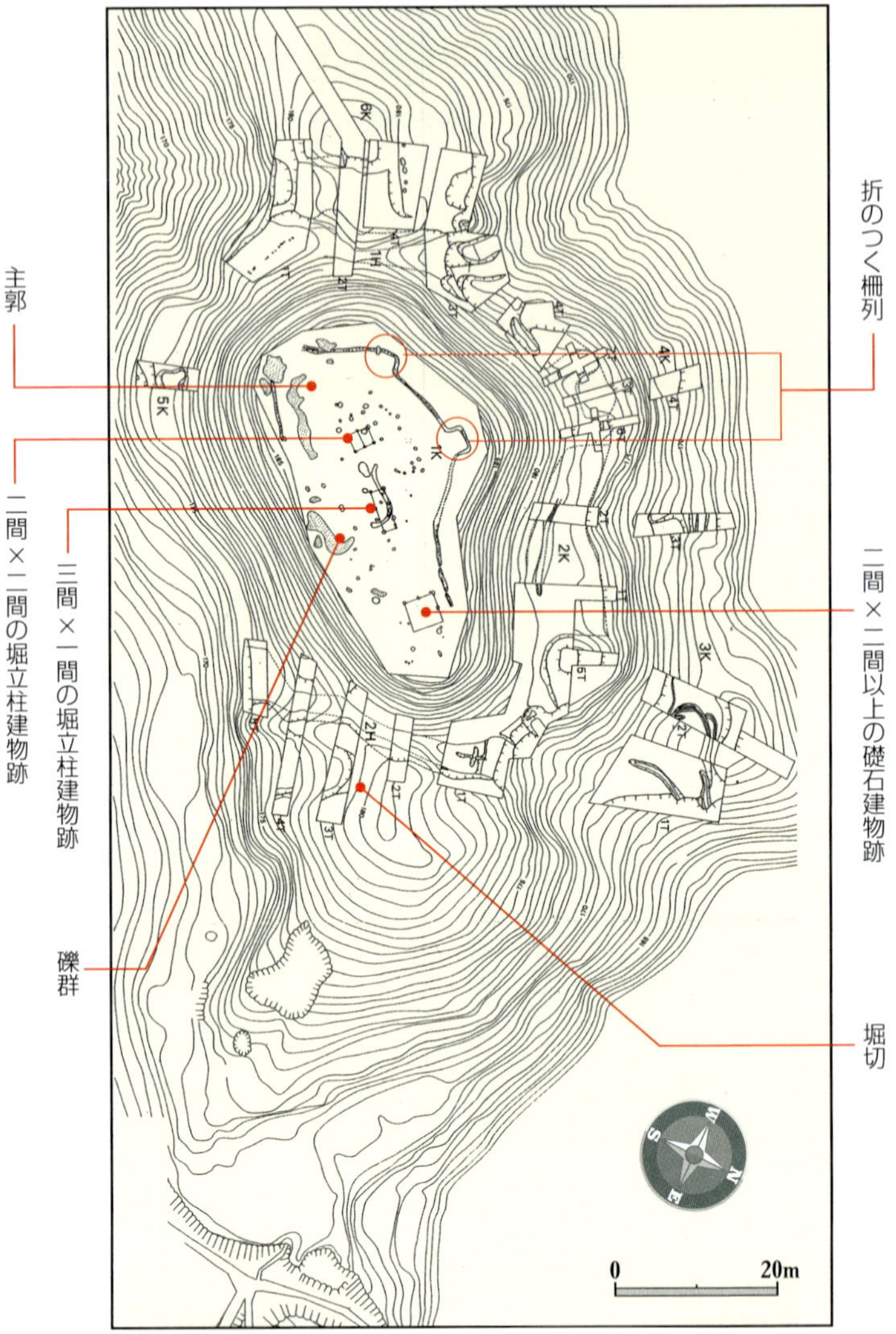

恵下山城遺構平面図（広島市）
標高188メートル、比高55メートルの山城。小規模な山城の様相を知ることのできる貴重な発掘調査事例である。

諏訪原城の門跡（国史跡／静岡県島田市）

桟敷《さじき》構造であった可能性も考えられる。注目されるのは山麓居館部と山城の中間で検出された一間×一間の礫敷《れきじき》礎石《そせき》建物である。内部は猛烈に火を受け、炭化した大量の穀物が出土しており、米蔵であった可能性が高い。また、山麓の二棟の礎石建物のうち、一棟からは青銅製の亀を模《かたど》った燭台《しょくだい》や、屏風の金具が出土しており、家財道具を収納していた蔵だと考えられる。

また建物の周囲に塼《せん》と呼ばれる瓦製のタイルを貼り付けた建物が検出されるが、これは堺などの都市遺跡で検出される土蔵の基礎である。感状山《かんじょうさん》城（兵庫県相生市）、高屋《たかや》城（大阪府羽曳野市）、置塩《おきしお》城（兵庫県姫路市）などで検出されている。端谷《はしたに》城（兵庫県神戸市）ではこの塼貼《せんはり》建物の内部から甲冑《かっちゅう》が数領出土しており、武具蔵であったことがわかっている。

戦国時代の土の城であっても門は礎石で構えられる場合が多い。伊坂《いさか》城（三重県四日市市）では虎口部分から巨大な礎石建物が検出されており、櫓門が想定されている。上津田部《こうづたべ》城（三重県津市）や高根《たかね》城（静岡県浜松市）で検出された礎石は薬医門《やくいもん》構造であったと見られる。こうした礎石の門跡は数多く検出されており、門は防御施設であるとともに、儀礼的な権威を表徴する施設であったと見られる。もちろん高根城や芳原《よしはら》城（高知市）や、御飯ノ山《おいのやま》城（福岡市）などからは掘立柱《ほったてばしら》構造の門も検出されている。

城としての軍事的な防御施設として、櫓《やぐら》の遺構も検出されている。礎石建物として構えられた櫓は鳥越《とりごえ》城（石川県白山市）で検出されている。掘立柱の櫓は高根城《たかね》（静岡県浜松市）で、二間×二間規模の建物が主郭のほぼ中央で検出されている。田中《たなか》城（熊本県玉名郡和水町）では主郭南方の尾根筋に堀切によって切断された対岸に構えられた曲輪の先端で一間×一間の櫓と見られる掘立柱建物が検出されている。天正十五年（一五八七）に起こった肥後《ひご》国人一揆に対して、この田中城を攻めた豊臣軍の仕寄図「辺春・和仁仕寄陣取図」（毛利家文書）には掘立柱建物が検出された場所に、井楼組《せいろうくみ》の櫓が描かれており、検出された建物が櫓であった可能性は非常に高い。

田中城跡遠望（国史跡／熊本県玉名郡和水町）

田中城跡（国史跡／熊本県玉名郡和水町）

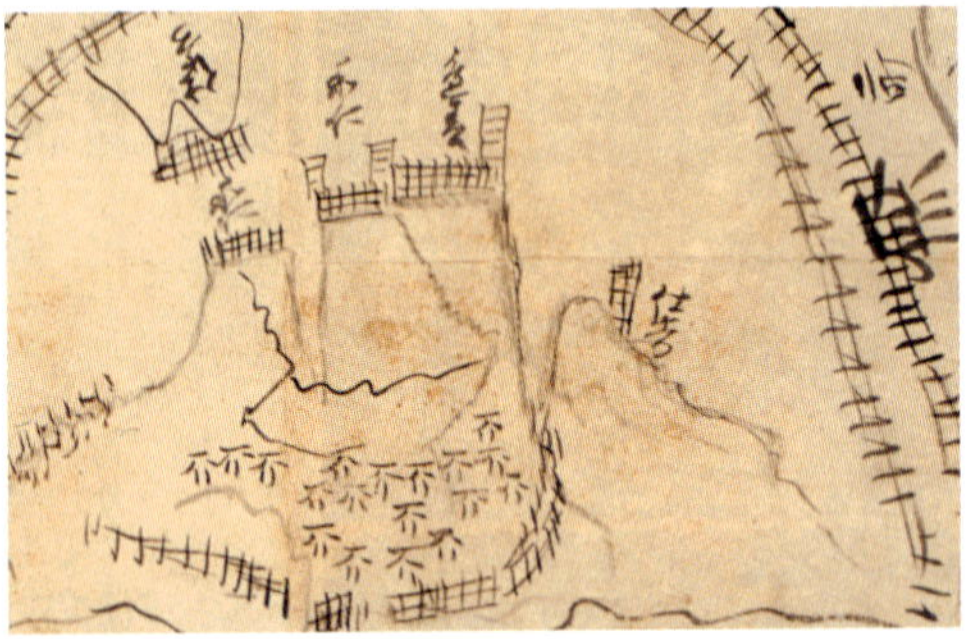
「辺春・和仁仕寄陣取図」（山口県文書館蔵）

標高 100 メートル、比高 60 メートルの丘城。肥後の国人一揆が立て籠った田中城を豊臣方の諸将が周囲に柵を巡らせ布陣している様子を描いた絵図。

【城を歩く】 九州自動車道南関インターチェンジより県道４号線を車で約 15 分。

竪穴

竪穴《たてあな》というと縄文時代や弥生時代の住居であるが、同様のプランを有する施設が中世の城館からも検出されている。根《ね》城（青森県八戸市）、浪岡《なみおか》城（青森県弘前市）では主郭という城の中心部からも検出されている。竪穴からはほとんど遺物が出土しないが、なかには鉄屑やフイゴの羽口といった小鍛冶に特有の遺物が出土する場合がある。竪穴は下人と呼ばれる使用人の住居であったり、刀や甲冑の生産や修理に従事する小鍛冶の工房であった可能性が高い。こうした武器に関わる職人集団たちは本丸などの城の主要部に住まわされていたものと考えられる。

金井《かない》城（長野県佐久市）からは実に六〇〇棟におよぶ竪穴が検出された。竪穴内には壊れて投棄された石臼なども出土しているが、ほとんどの竪穴からは遺物は出土しておらず、極めて限られた日数で使用されていたようである。佐久へ進攻する武田信玄《たけだしんげん》軍の将兵がベースキャンプとして用いたものか、あるいは周辺の村びとたちが戦いを避けて逃げ込んだ際に構えた避難小屋のいずれかではなかったかと考えられる。こうした竪穴は現在のところ中部地方以北の城館跡からしか検出されていない。住居と考えた場合、保温のために寒冷地の城館で設けられたのであろう。

西国では周《す》匝《さい》茶臼《ちゃうす》山《やま》城（岡山県赤磐市）の主郭のほぼ中央から長辺径約九メートル、短辺径約七メートル、深さ約四・五メートルという巨大な竪穴が検出されている。竪穴の周囲には柱穴も検出されていることより、この竪穴には屋根が載っていたことも判明している。貯蔵庫として設けられた竪穴と見られる。

根城の復元竪穴（鍛冶工房）（国史跡／青森県八戸市）
張り出し部を有する竪穴で小札や古銭が出土していることより鍛冶工房であったと考えられる。

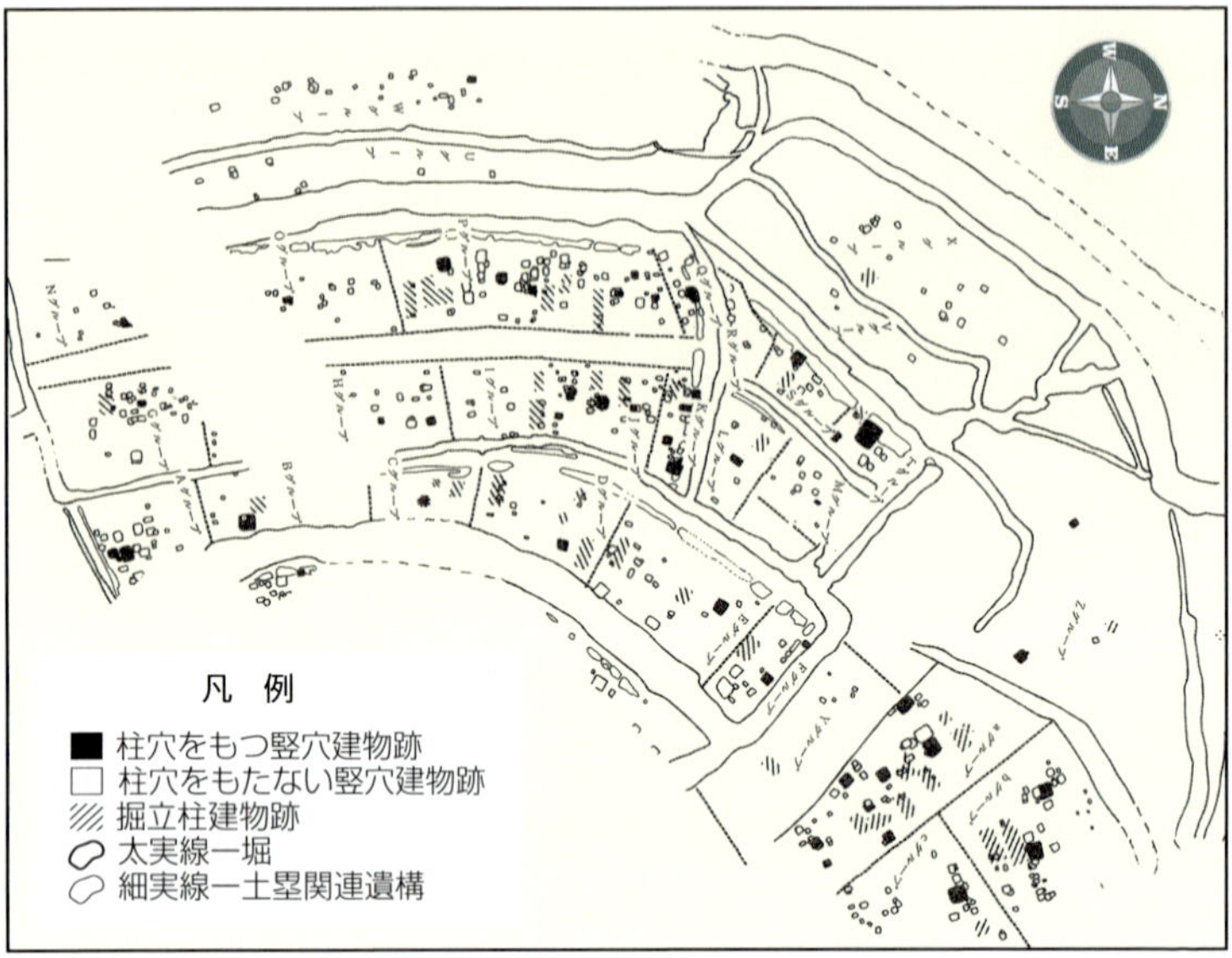

金井城平面図（長野県佐久市）
標高750メートル、比高30メートル。佐久地方特有の「田切り」地形の台地上を利用した城の典型例である。

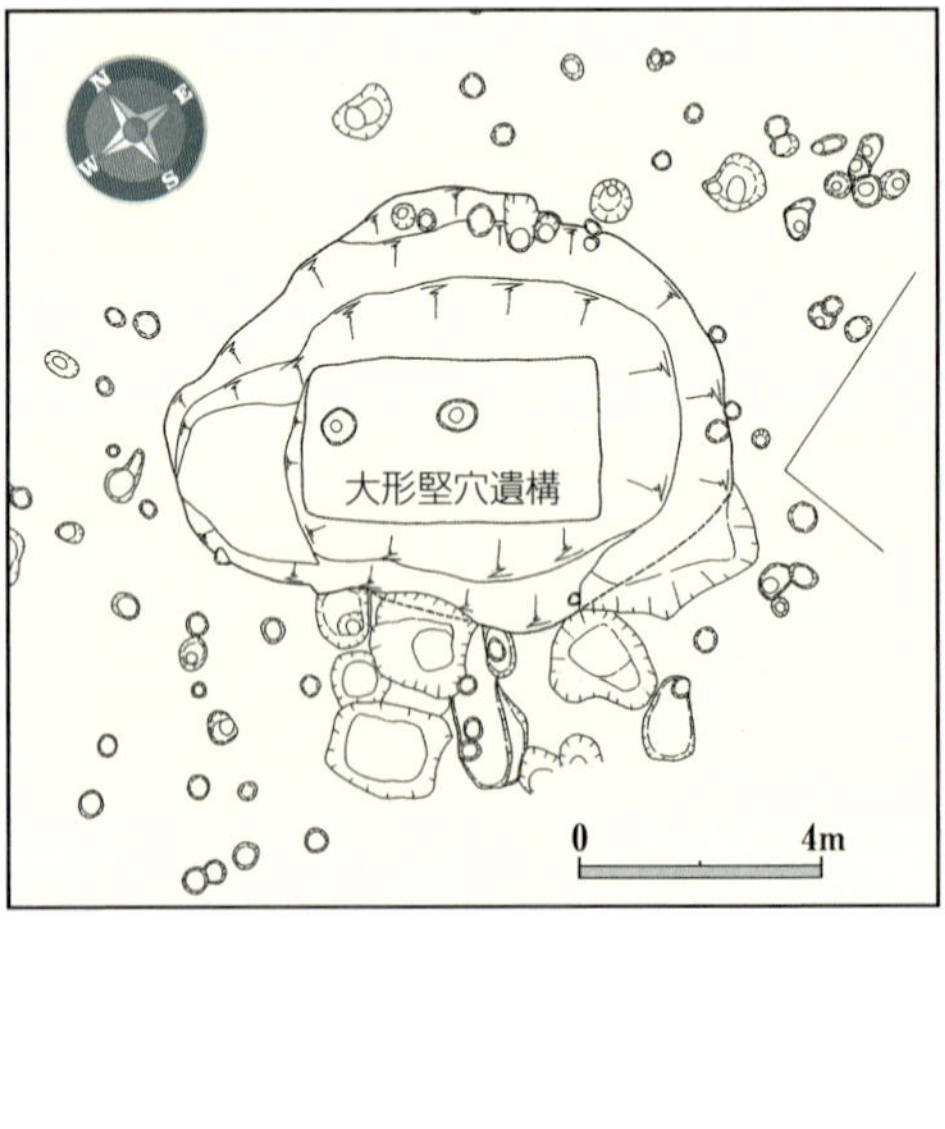

周匝茶臼山城の竪穴平図面
（岡山県赤磐市）
標高170メートル、比高100メートルの山城。茶臼山城と大仙山城からなる、別城一郭タイプで茶臼山城本丸の中心で巨大な竪穴が検出された。
【城を歩く】 JR山陽本線和気駅下車、バスで周匝下車、徒歩約30分。

土坑

地面に掘られた穴のことを考古学では土坑《どこう》と呼んでいる。その性格としては柱穴や柵列などが考えられるが、三ツ《みつ》城（広島県東広島市）の主郭からは直径約一・八メートル、深さ約一・二メートルの土坑が検出されている。土坑は炭、土、炭の順番で埋まっており、壁面は焼けていた。こうした状況より狼煙ではないかと考えられている。

また、三木《みき》城（兵庫県三木市）や感状山《かんじょうさん》城（兵庫県相生市）、山科本願寺（京都市）などからは、巨大な備前焼の甕を九〜一二個並列して埋めた土坑が見つかっている。三木城の場合は甕内部から穀物が見つかっており、穀物の貯蔵施設であった。一方、感状山城では甕内部に残っていた脂肪酸を分析した結果、塩漬けにした猪肉を貯蔵していたことが判明しており、いずれも食糧を貯蔵していた施設であることがわかっている。

あるいは方形の土坑の壁面を石積みにした施設が、小谷《おだに》城（滋賀県長浜市）、観音寺《かんのんじ》城（滋賀県近江八幡市・東近江市）、勝沼《かつぬま》氏《し》館《やかた》（山梨県甲州市）などから検出されている。これは溜枡《ためます》、枡《ます》と呼ばれる施設で、貯水槽であったと考えられている。

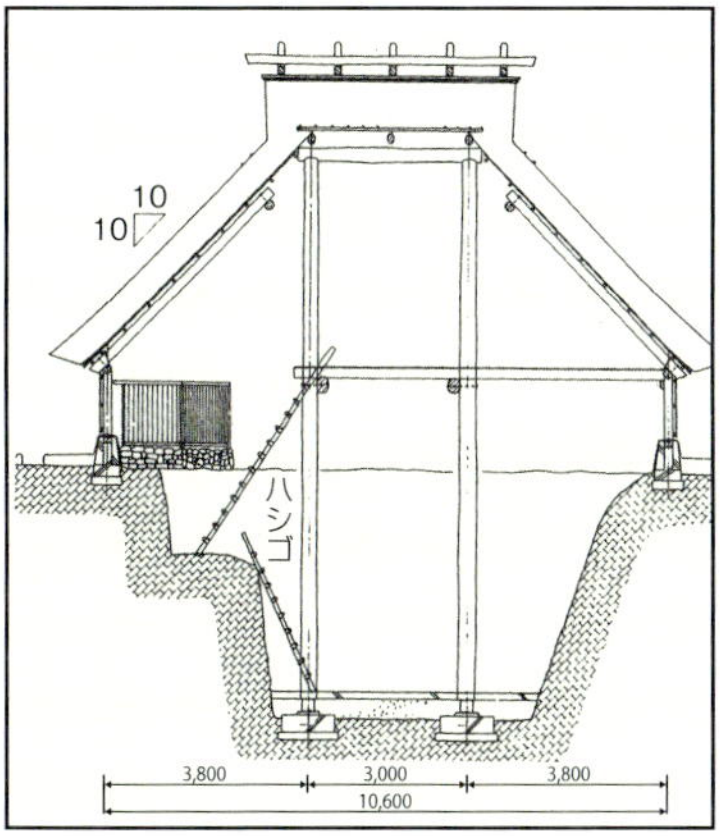

周匝茶臼山城竪穴復元断面図
（岡山県赤磐市）

小谷城の土坑（国史跡／滋賀県長浜市）
壁面を石積みとした土坑

陶磁器

城館《じょうかん》跡から出土する遺物のなかで圧倒的に多いのは陶磁器《とうじき》である。山城《やまじろ》からも天目茶碗《てんもくちゃわん》や茶入《ちゃいれ》など、茶の湯に関する陶磁器が出土する。戦国大名や守護大名の居城からは中国製の天目が出土するが、大半の山城では瀬戸《せと》・美濃《みの》で焼かれた国産陶器の茶碗であり、陶磁器によって階層差が現れる。とりわけ威信財《いしんざい》と呼ばれる権威の象徴としての貿易陶磁は、中国宋、元代のものが用いられている。梅瓶《めいぴん》、酒会壺《しゅかいこ》、花生、香炉などは床を飾る威信財であった。

国産の陶器では備前《びぜん》焼や越前《えちぜん》焼の大甕が出土しているが、これらは水甕として利用されていたものと考えられる。実際、籠城《ろうじょう》戦は数日おこなわれる程度であり、その際に必要な水を貯蔵するために大甕が用いられていたのであろう。

城館跡から出土する陶磁器で最も注目されるものが「かわらけ」と呼ばれる素焼きの小形の皿である。直径一二〜一五センチの小皿で、口縁部にタールの付着しているものは灯明皿として用いられたものであるが、タール痕を残さないものは飲酒に用いられたものである。小谷《おだに》城（滋賀県長浜市）の大広間からは約三万七千点におよぶ遺物が出土しているが、そのうちの三万六千点以上はこのかわらけであった。山上部に生活空間があり、様々な饗宴が催されていたことを示している。

かわらけは室町時代、京都の足利将軍邸の饗宴にも用いられていたが、そこで用いられていたかわらけは手づくね技法で製作されたものであった。中世のかわらけはすでにロクロを用いて生産されていたが、京都では古代以来の手で捏ねる工法で生産されていた。地方の守護や戦国大名、国人たちは武家の儀礼として、将軍邸での饗宴を模倣することとなり、各地で京都系の手づくねのかわらけが用いられた。八王子《はちおうじ》城（東京都八王子市）では発掘調査によって、御主殿と呼ばれる城主の居住空間からこの手づくねのかわらけが出土している。ところが城下の武家屋敷地区、町人地区のいずれからも手づくねのかわらけは出土せず、ロクロで整形し、糸切によって底部を切り離す在地の技術で製作されたかわらけしか出土しない。つまり八王子城では小田原北条の一門である北条氏照《ほうじょううじてる》の居館のみで京都文化の象徴である手づくねのかわらけが用いられており、館の外側では在地のかわらけしか用いることが許されなかったのである。

座敷飾り（福井県立一乗谷朝倉氏遺跡資料館蔵／福井市）

中国製陶磁器（福井県立一乗谷朝倉氏遺跡資料館蔵／福井市）

茶器類（福井県立一乗谷朝倉氏遺跡資料館蔵／福井市）

武具・武器

城の発掘調査では武具や武器が出土すると思われているが、実はそう多くは出土していない。むしろ武具・武器が出土した城館跡ははなはだ少ない。実際に山城《やまじろ》が戦場となったことはほとんどなく、平和な段階に廃城が決まれば武具、武器は山麓へ降ろされるであろうし、戦いによって廃城となった場合でも、きれいに後片付けがおこなわれ、武具や武器が出土することはない。

そうした状況にあって東北、北海道の城館《じょうかん》からは甲冑《かっちゅう》の部品となる小札《こざね》と呼ばれる鉄板が数多く出土している。上之国勝山館《かみのくにかつやまだて》跡（北海道上ノ国町）、根《ね》城（青森県八戸市）、浪岡《なみおか》城（青森市）、七戸《しちのへ》城（青森県七戸町）、姉帯《あねたい》城（岩手県一戸町）など、小札の出土した城館跡は枚挙に暇がない。小札が出土する城館跡からは竪穴が検出される場合が多く、竪穴が小鍛冶と考えると、こうした小札は補修用にストックされていたものと見られる。

端谷《はしたに》城（兵庫県神戸市）では主郭の塼貼《せんはり》建物から八領にのぼる甲冑が出土している。いずれも胴丸《どうまる》と呼ばれる鎧《よろい》である。城主が八領もの鎧を山城の倉庫に収めていたとは考えられず、戦いの際に貸与するための甲冑を収めていたものと見られる。

吉田住吉山《よしだすみよしやま》遺跡（兵庫県三木市）は南北朝時代に南朝軍の立て籠る丹生山《たんじょうさん》城を攻めるために築かれた志《し》染《じみ》陣と考えられる遺跡であるが、ここからは甲冑の飾金具、刀装具といった武具や、短刀、小刀、鑿形《のみがた》鏃《ぞく》、腸抉《わたくり》鏃、雁又《かりまた》鏃などの武器が出土しており、極めて長い対陣のための陣所として用いられていたことがうかがえる。

戦国時代の城館跡でもっとも多く出土する武器としては鉄砲玉がある。山中《やまなか》城（静岡県三島市）、諏訪《すわ》原《はら》城（静岡県島田市）、筒井《つつい》城（奈良県大和郡山市）、原《はら》城（長崎県南島原市）など数多くの城館跡で出土している。鉄砲玉の場合、使用したものは土造りの城の場合、土塁に突き刺さってしまい、後片付けの際にも片付けられず、発掘調査によって出土する事例が多い。出土した鉄砲玉は近年の科学的な分析により、原材料の鉛がカンボジア産のものであることが判明している。戦国時代の鉄砲玉生産は国内の鉛だけでは間に合わず、遠く東南アジアやヨーロッパから輸入して生産されていたのである。なお、城館跡から出土する東南アジア産の陶器壺は威信財としての陶磁器ではなく、火薬の原材料である硝石を輸入した容器としての壺である。

山中城（静岡県三島市）は、天正《てんしょう》十八年（一五九〇）の豊臣秀吉《とよとみひでよし》による小田原《おだわら》城攻めに際して、小田原北条軍が築いた最前線の城である。ここからはこれまでの発掘調査で鉄砲（大）三個、鉄弾（小）一九個、銅弾一五一個、鉛弾二七個もの鉄砲玉が出土しており、実戦を経験した城の姿を物語っている。

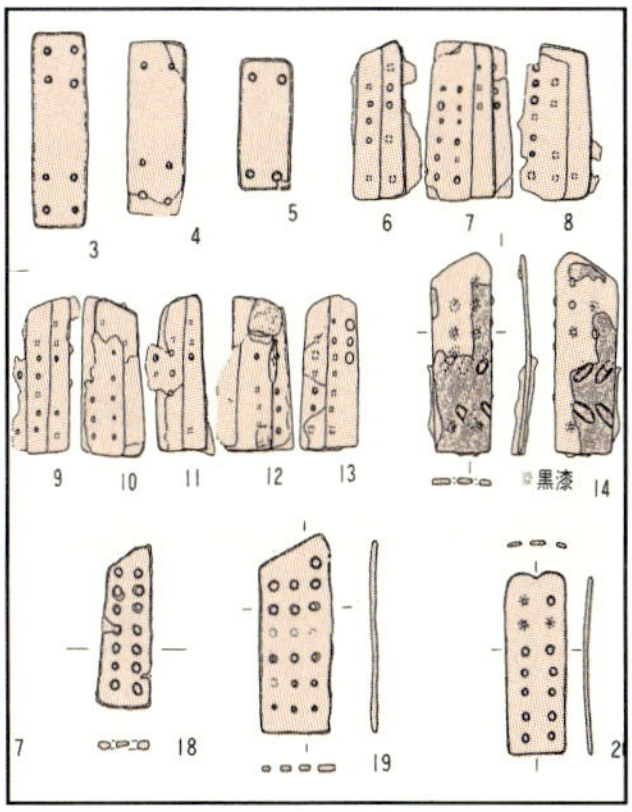

根城から出土した小札
根城をはじめ東北の城跡からは多くの小札が出土している。これらは補修用の部品と見られる。

根城で復元された野鍛冶場（国史跡／青森県八戸市）
根城の本丸からは簡易な小鍛冶をおこなった野鍛冶場が見つかっている。

城館の整備・保存——発掘調査によって明らかとなった構造を見てみよう

発掘調査された城館《じょうかん》跡の大半は開発を前提とした緊急調査であり、調査終了後は高速道路になったり、宅地に変貌してしまい、城を再び見ることはできない。

一方で一九八〇年代より、国史跡に指定された中世の城館跡で整備事業がはじまった。その嚆矢となったのが、越前の戦国大名朝倉《あさくら》氏の居館であり、城下町であった、一乗谷《いちじょうだに》朝倉氏遺跡である。昭和四十年に朝倉氏の居館跡が発掘調査され、戦国時代の建物や庭園がほぼそのままの状態で埋没していることが明らかとなった。さらに館跡の周辺には戦国時代の城下町も埋没していることが判明し、福井県は一乗谷朝倉氏遺跡調査研究所を設立して、継続的に調査するとともに、保存整備を行なってきた。この一乗谷朝倉氏遺跡の整備はその後のわが国の中世城館跡整備に大きな影響を与えた。ここでは現在各地で行われている整備を紹介しておこう。

堀越城で検出された門と櫓の礎石
（国史跡／青森県弘前市）

堀越《ほりこし》城（青森県弘前市）は、津軽為信《つがるためのぶ》によって築かれた城である。根《ね》城や浪《なみ》岡《おか》城と同じく東北の城の特徴である群郭式《ぐんかくしき》の構造となる。為信はすでに西国の豊臣系の城郭を知っており、新たに築いた堀越城もそうした豊臣城郭化を図ったものであった。本丸からは居住空間である礎石建物の御殿が検出されており、整備では盛土して同じ位置に礎石を露天で展示している。御殿の外観については、設置された解説板にイラストで紹介されている。この堀越城の最大の見ど

一乗谷朝倉義景館の礎石建物と庭園（国特別史跡／福井市）

ころは、主郭正面に構えられた礎石建物の門である。両脇に櫓、もしくは番所が付属した梁間《はりま》一四間×桁行《けたゆき》三間の巨大な門で、曲輪の規模からは不釣り合いな門である。東北の城の近世化は西国のように石垣、瓦、礎石建物ではなく、作事としての建物のみで近世化を図ったことを如実に示している。正面に巨大な櫓門を配置することによって近世城郭化したのである。この門遺構も露天展示されており、その外観についてはやはり解説板にイラストによって紹介されている。

ところで、為信の息子信枚《のぶひら》が築いた弘前城も本丸東面の石垣以外は土塁造りの城である。その土塁に巨大な櫓門が構えられており、そうした構造は堀越城の延長線上に位置するものとして評価できる。

根城（青森県八戸市）は南部氏の居城である。昭和五十八年より十一年にわたって発掘調査が実施され、平成六年には主殿が復元された。復元された主殿の広間には正月十一日に執り行われた南部氏の儀式の模様が展示されている。また、中馬屋、鍛冶工房、板倉、納屋、東門も復元されている。常御殿と奥御殿については掘立柱建物の柱間のわかる露天展示をおこなっている。

こうした復元は江馬《えま》氏城館跡の下館跡《しもやかた》（岐阜県飛騨市）でも行われている。庭園に面した会所は復元されているが、主殿や常御殿の建物復元は行われず、縁のみが建てられている。八王子城《はちおうじ》（東京都八王子市）の御主殿でも縁のみが舞台のように建てられ、そこでどのような間取りの御殿であったのかがわかり、縁に座って庭園を鑑賞することもできる。

高根城《たかね》（静岡県浜松市）は信濃《しなの》から遠江《とおとうみ》へ抜ける山間部に位置する山城である。過疎の地であり、少子高齢化率も高い。そこで町おこしの一環として高根城を復元しようということとなった。もちろんこの段階での復元は天守閣を建てるというものであった。当時水窪町指定史跡であったが、国指定のように強力な縛りはなかった。そこで復元にあたって静岡県教育委員会に打診したところ、中世の山城に天守など存在しないといわれ、さらに発掘調査をしない限り、上部に建物を建てることはできないと指示を受けた。そこでまず発掘調査を実施して実際にどのような施設が建っていたのかを確認することになる。

私事で恐縮であるが、私はこの高根城の発掘調査に毎年夏に参加させていただいた。高根城は南北朝時代に奥山氏によって築かれたと伝えられていたが、調査の結果、南北朝に遡る遺物はなく、十五世紀段階に築かれたことが明らかとなった。

さらに十六世紀後半の遺物を伴う遺構が検出された。これは武田信玄《たけだしんげん》が遠江進攻の中継点として改修し

根城の復元された主殿（国史跡／青森県八戸市）
根城の本丸の中心に建てられた御主殿。本丸にはその他に会所や常御殿も検出されている。

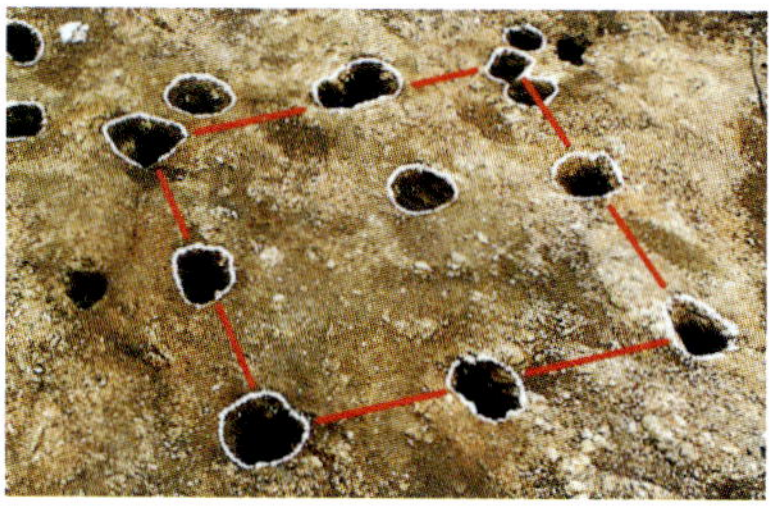

発掘調査で検出された高根城の櫓跡（静岡県浜松市）

高根城発掘調査前の景観（静岡県浜松市）

高根城の本丸から見た景観（静岡県浜松市）

復元された高根城の本丸（静岡県浜松市）

た高根城と考えられる。調査の成果は天守閣復元を推進していた人たちに伝えられ、当時戦国時代の山城を復元した事例がなかったので、まがいもののの天守閣よりも、発掘によって検出されたほんものの戦国時代の城を復元してはどうかと話し合いを重ねた結果、本物を復元しようという方向に向いた。そこで主郭中央で検出された一間×一間の井楼櫓《せいろうやぐら》や、門脇の番所《ばんしょ》などとともに、曲輪《くるわ》周縁の柵列《さくれつ》や板塀《いたべい》を復元することができた。本丸《ほんまる》の中心に位置していた神社についても社殿を中世の御殿風としてもらうこととなり、景観としては戦国期の山城として整備することができた。国指定史跡ではない戦国時代の山城の整備活用の方向を示したといえよう。

富田《とだ》城（島根県安来市）は、戦国時代の中国地方の覇者尼子《あまこ》氏の居城として有名である。昭和九年に国の史跡に指定され、昭和五十年度からは整備事業が実施された。石垣については積み直され

大正時代末期の春日山城跡頂上
(国史跡／新潟県上越市)

大正時代末期の春日山城跡遠望
(国史跡／新潟県上越市)

たが、従来の石垣と新たに積み上げた石垣の間に鉛板を打ち込み、どこからがオリジナルかを示している。また、建物については山中御殿平《さんちゅうごてんなり》に関しては柱間を露天表示する展示を行い、花ノ壇では復原的建物が建てられている。また、土塁の断面についてはアクリル板を貼り、土層の観察ができるようになっている。しかし、いずれも老朽化が進むとともに、新たな整備に向けての検討がおこなわれている。そこでは建物復元をおこなわない方向での整備が検討されている。昭和九年の史跡指定に伴い撮影された写真には千畳平《せんじょうなり》や、山中御殿の石垣が写し出されているのであるが、今後の整備では繁茂した樹木の伐採をおこない、昭和九年当時のように石垣が見える景観を取り戻そうとしているのである。いずれの城跡も戦後の植林により、樹木が繁茂することとなってしまった。その後一切剪定されることなく現在に至っている。

山城の魅力のひとつに、山頂からの眺望がある。城がなぜそこに築かれたのかは、山からの眺望でよくわかる。ところが現在では山頂に樹木が繁茂して、眺望を阻害している場合が多い。建物復元ではなく、こうした樹木を間伐することで建物復元以上の整備になることはまちがいない。

上杉謙信《うえすぎけんしん》の居城として著名な春日山《かすがやま》城（新潟県上越市）も大正時代の写真を見ると、針葉樹はほとんど生えておらず、階段状に削平された曲輪群が見事に写されている。上越市では今後、大正時代の景観に戻すようである。

湯築城（国史跡／愛媛県松山市）
標高71.4メートルの山頂に構えられた山城と、内堀の外方に構えられた武家屋敷などが検出された。屋敷は復元。

湯築城空撮（国史跡／愛媛県松山市）

湯築城《ゆづき》（愛媛県松山市）は伊予《いよ》守護河野《こうの》氏の居城である。道後温泉に隣接することから、日本庭園などの施設を作り、新たな観光地にしようとする事業が計画され、それに伴う事前の発掘調査が実施された。その結果、武家屋敷が良好な状態で残されていることをはじめ、守護所であった湯築城の遺構の残されていることが判明した。にもかかわらず、日本庭園の造営計画は中止されず、遺構が破壊されるという危機に直面した。そこで研究者が立ち上がり保存運動を展開した結果、ついに日本庭園の計画は断念され、発掘調査の成果を活かした整備がおこなわれることとなった。さらにその遺跡の重要性から平成十四年には国の史跡に指定された。山城部分は現状のまま整備され、山麓の内堀と外堀に挟まれた曲輪に関しては重臣の屋敷地と推定され、一部復元的建物が建てられている。また、外堀に面した巨大な土塁では断ち割りがおこなわれ、どのように土を積んだのかがわかるようにアクリル板越しに見学できる施設も設けられている。

さらに湯築城ではガイダンス施設となる資料館が併設されており、湯築城の歴史や、発掘調査の成果を見学することができる。城館跡から遠く隔てたところではなく、隣接地に資料の展示できるスペースが位置していることは、城の歴史を事前に知ることができ非常に便利な施設となっている。

九州では知覧《ちらん》城跡（鹿児島県南九州市）で整備事業が実施されている。南九州独特のシラス台地を利用して築かれた群郭式構造の代表的な城跡として平成五年に国史跡に指定されるとともに、継続的な発掘調査が実施され、その成果をもとに整備がおこなわれている。曲輪で発掘された建物跡については柱列のみを露天展示している。やや距離を隔ててミュージアム知覧があり、知覧城の模型や出土遺物が展示されている。このように戦国時代の城館跡は地域に残された歴史遺産として保存や整備が各地でおこなわれている。国史跡に指定された城館跡では単に建物復元をおこなうのではなく、土の城を見せる工夫が考えられ、併設されたガイダンス施設で復元イラストやCGなどで推定される城郭の構造を見せてくれる。現在もこうした戦国時代の城館跡では整備事業が進行中であり、今後はさらに新たな整備も進められるだろう。大いに期待したい。

知覧城の掘立柱建物（奥）と解説板（手前）（国史跡／鹿児島県南九州市）

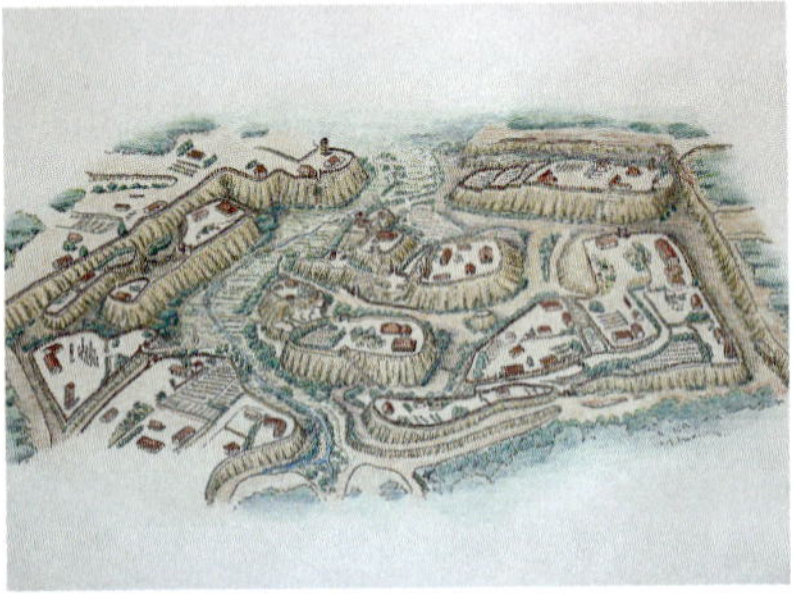

知覧城復元イラスト図
（南九州市・ミュージアム知覧蔵）

第2章

戦国の城を実体験しよう

身近な山城を歩く——烏帽子形城（大阪府）を事例として

全国には約三〜四万もの城館《じょうかん》跡が存在するといわれており、その正確な実数は不明である。おそらくその半数近くは山城《やまじろ》と呼ばれる山頂部に築かれた城である。山城歩きは慣れてくると、曲輪《くるわ》、土塁《どるい》、堀切《ほりきり》といった防御施設が見えてくるのだが、初めて行っても単なる山にしか見えない。そこで本節では身近な山城の事例として烏帽子形《えぼしがた》城（大阪府河内長野市）を例として山城の見方を述べておこう。

烏帽子形城は石川《いしかわ》と天見川《あまみがわ》の合流点に突出する標高一八二メートルの丘陵頂部に選地している。ここは山麓《さんろく》に東高野《ひがしこうや》街道が通り、河内《かわち》と紀伊《きい》を結ぶ交通の要衝にあたる。城跡からは石川や東高野街道を眼下に望むことができる。

烏帽子形城最高所（国史跡／大阪府河内長野市）

文正《ぶんしょう》元年（一四六六）に河内奪還をもくろむ畠山義就《はたけやまよしなり》は、河内金胎寺《こんたいじ》城に出陣し、「押子形城」に兵を向けた。この押子形城こそが烏帽子形城のことであると考えられ、合戦が始まって三日目の夜に落城している。以後、烏帽子形城は河内の要衝として、畠山義就方と、畠山政長《まさなが》方が争奪戦を繰り広げている。

永禄《えいろく》五年（一五六二）に畠山高政《たかまさ》は三好長慶《みよしながよし》軍と河内教興寺《きょうこうじ》での戦いに敗れると烏帽子形城まで退却し、さらには堺《さかい》へ逃亡すると、烏帽子形城は三好方の城となる。長慶が死去すると、三好三人衆の立て籠もる烏帽子形城は畠

烏帽子形城空撮
（国史跡／大阪府河内長野市）

烏帽子形城横堀
（国史跡／大阪府河内長野市）

山高政に味方する根来衆《ねごろしゅう》によって攻められたが、落城には至らなかった。しかし、織田信長《おだのぶなが》が上洛すると、三好三人衆は阿波《あわ》へ追われ、畠山秋高《あきたか》は河内半国の支配を認められ、高屋《たかや》城（大阪府羽曳野市）に入城する。おそらく三人衆の手中にあった烏帽子形城も再び畠山氏の支配下になったようである。

烏帽子形城跡を歩く

烏帽子形城跡は里山であり、町からも非常に近いところにありながら、その遺構をほぼ残しており、見学しやすい。さらに山麓《さんろく》から登り易く、山城の構造を知るための初級編としてはうってつけの山城である。

ここでは次ページの図にしたがっ

て、その構造を見てみよう。左図のAが主郭である。ただこのAは東西一五メートル、南北六〇メートルと非常に細長い。発掘調査の結果、この曲輪からは礎石建物が検出されている。建物は二棟で、ＳＢ1は二間×七間以上、ＳＢ2は一間×四間以上と、桁行の長い建物であった。近世城郭の多門櫓《たもんやぐら》のような長屋を想定することができる。こうした建物の建つAは、主郭というよりも、むしろBの背面を防御するための櫓を設けた土塁と評価することもできる。

そうであれば烏帽子形城の主郭はBとなる。Bは東西一五メートル、南北七〇メートルで、烏帽子形城で最も広い曲輪となる。

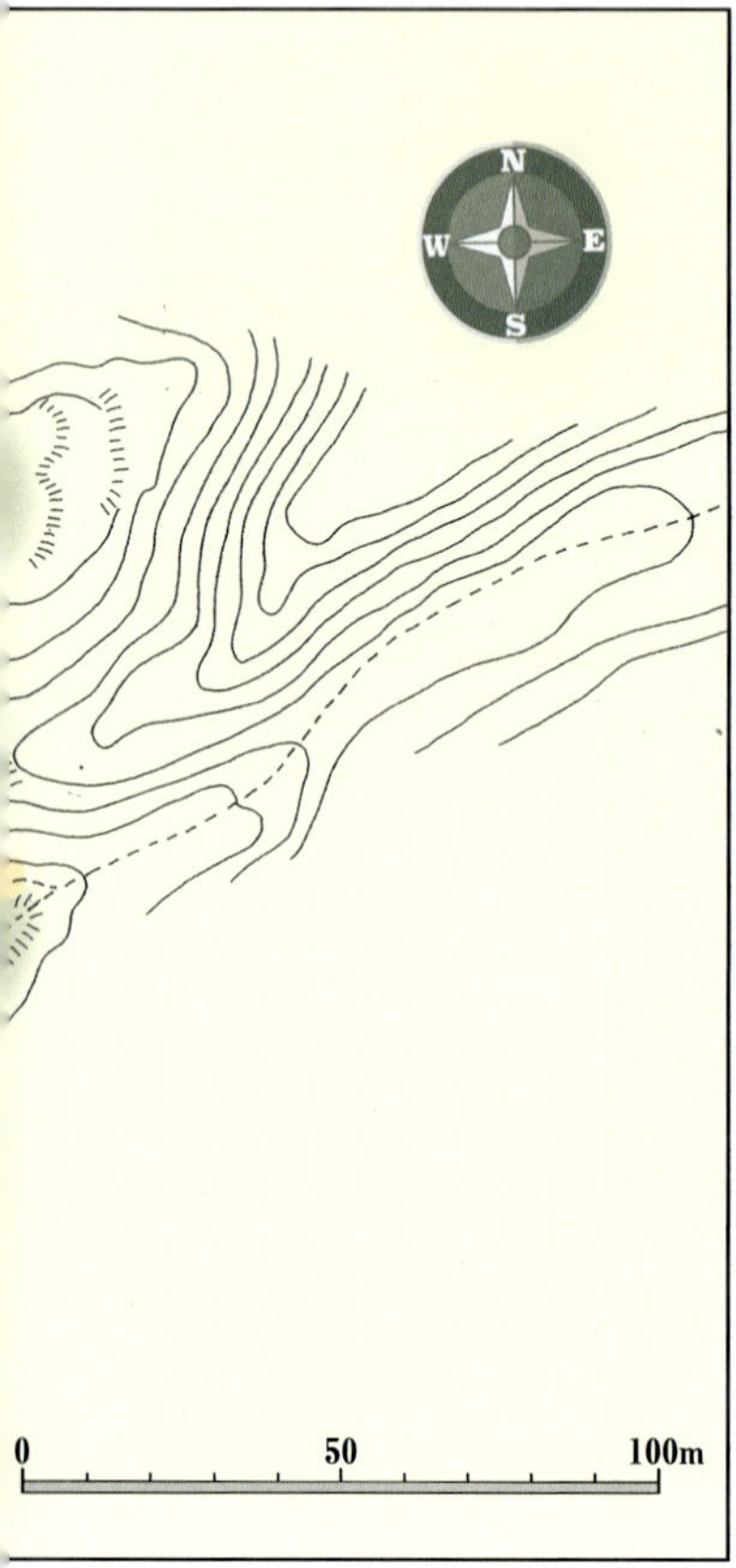

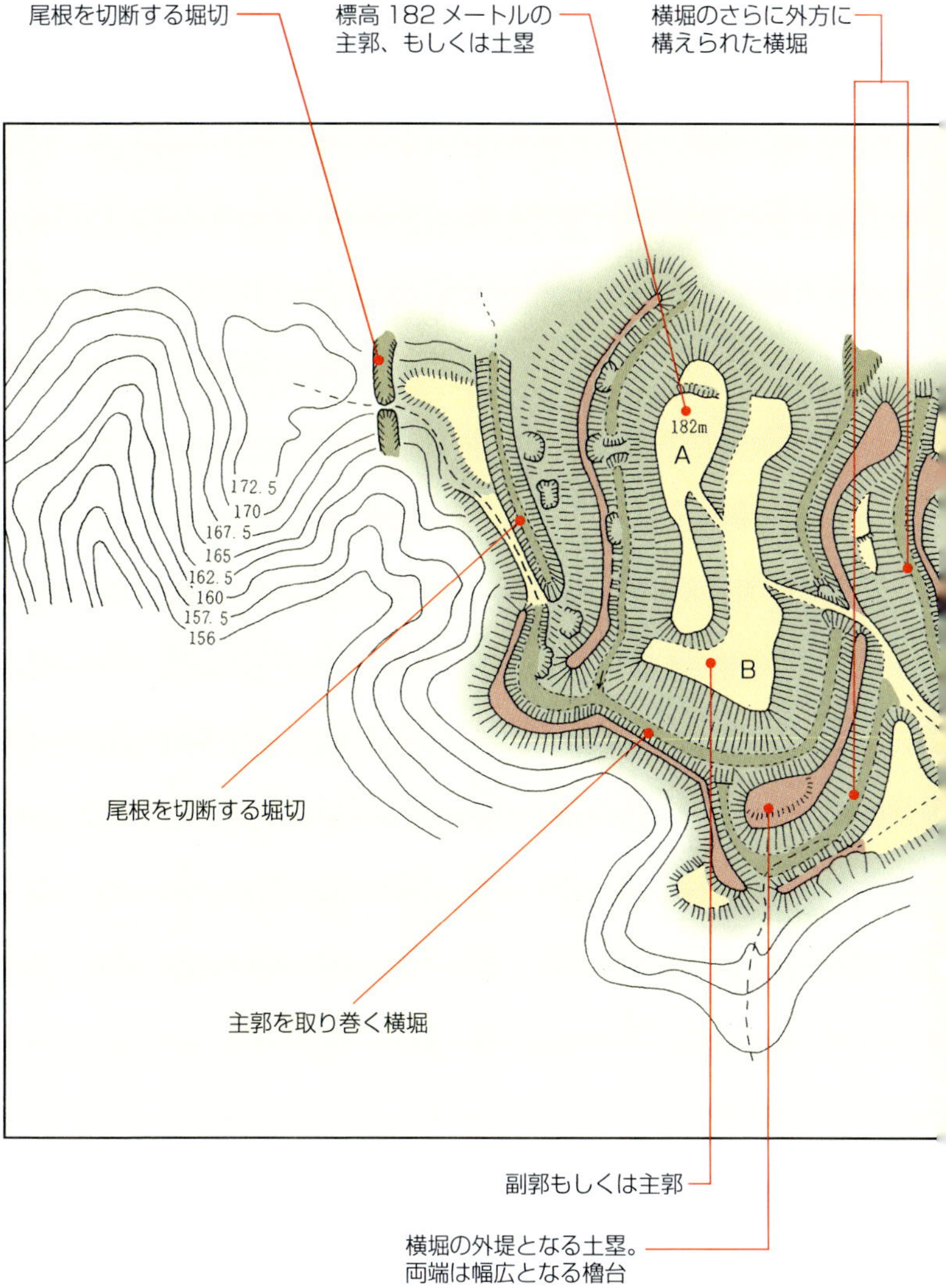

烏帽子形城概要図　中井均作図　（国史跡／大阪府河内長野市）
標高 182 メートル、比高 80 メートルの山城。小規模ではあるが、戦国時代の山城がほぼ残存している。また町からも近く訪ねやすい山城でもある。
【城を歩く】南海高野・近鉄長野線河内長野駅下車、徒歩約 10 分。

地域の城を歩く

甲賀郡中惣の城館群（滋賀県）

近江《おうみ》は城の国である。滋賀県内には約一三〇〇もの城館《じょうかん》跡が確認されている。この近江の城館跡には多くの特徴があるが、なかでももっとも注目されるのが甲賀《こうが》郡の城館構造である。甲賀郡には約三〇〇もの城館跡が分布している。甲賀一郡に近江国内に築かれた城館の約四分の一が集中しているのである。

中世の甲賀郡では土豪《どごう》たちが惣領家《そうりょうけ》を頂点として、庶子家《しょしけ》がそれに従属するタテ社会とはならず、惣領と庶子が同じ立場となるヨコ社会、いわば共和的社会を形成した。これを同名中《どうみょうちゅう》と呼んでいる。大原《おおはら》同名中、山中《やまなか》同名中、望月《もちづき》同名中など、甲賀二十一家、甲賀五十三家などと称されている。さらに戦国時代後半になると、こうした同名中が郡内でひとつにまとまり甲賀郡中惣《ぐんちゅうそう》が組織され、土豪連合による郡の運営がおこなわれることとなった。

こうした同名中や郡中惣のあり方を示すものが甲賀郡の城館のあり方である。残された三〇〇もの城跡は大半が村落背後の丘陵先端部に築かれている。そしてその構造は一辺三〇〜五〇メートルの方形単郭構造で、周囲に土塁《どるい》と横堀《よこぼり》を巡らせている。従来はその平面構造より小規模城館としてかたづけられていたが、驚かされるのは郭の周囲に巡る土塁の規模である。望月城（滋賀県甲賀市）では高さ九メートル、基底部幅一二メートルにおよぶ巨大な土塁が四周を取り巻いている。これは決して望月城が突出しているのではなく、新宮支《しんぐうし》城（滋賀県甲賀市）や寺前《じぜん》城（滋賀県甲賀市）、上野《うえの》城（滋賀県甲賀市）などでも高さ八メー

上野城の土塁（滋賀県甲賀市）

新宮支城の土塁（国史跡／滋賀県甲賀市）

トル、基底部幅一〇メートルという大規模な土塁が取り巻いている。これらは大規模ではあるが、他の甲賀の城でも高さ三メートル、幅五メートル以上が大半を占めており、土塁の規模からは決して小規模城館とは言えず、日本列島のなかでは最大級の土塁を構える城館といえよう。

しかしいくら大規模な土塁を巡らせても、単郭の城である。大軍を防ぐことができたのであろうか。戦国時代後半に定められた『大原同名中惣与掟書条々《おおはらどうみょうちゅうそうともにおきてがきじょうじょう》』によれば、「一　同名中惣劇ニ付テ、他所与ト弓矢喧嘩《けんか》出来之時ハ、手はしの城エ番等入事在之者、各致談合、人数ヲサシ入可申候、其時相互ニ如在申間敷候事」と記されており、戦時に際しては同名中の兵が「手はしの城」へ集まるように定められている。おそらく攻め手の正面にあたる城に兵力を集めて戦うことを想定していたようである。

また、甲賀は谷筋が多く、その谷筋に対して両側より突き出た尾根先端に城が構えられている。こうした城が一ヶ所に集中して築かれる地域がある。和田谷《わだだに》には六ヶ所に、高嶺《たかみね》には七ヶ所に、隠岐《おき》には七ヶ所もの城が構えられている。これらは決して独立して個々に構えられたのではなく、谷筋で一つの城を築いていたものと考えられ、一つの城が本丸、一つの城が二の丸、一つの城が三の丸として機能していたものと考えられる。

さらに北脇《きたわき》城（甲賀市）や、山中《やまなか》城（甲賀市）では、方形に区画された曲輪が連続して構えられている。これは単郭から複郭へと城域が拡大されたものとも、一族が分散することなく、同一の城に屋敷を構えたものとも考えられるが、いずれにせよ、他の地域では自然地形に沿って、様々な形状の曲輪となるものが、甲賀《いが》では頑《かたく》なに曲輪の取り方を方形としているのである。

このように、甲賀の城は戦国の最後まで頑なといえるほど方形単郭に固執した。他の地域とはまったく別の城の歩みを続けた。こうした状況は伊賀でも認められる。伊賀は惣国一揆の地である。甲賀と同じ土豪連合の国である。また、大和《やまと》北部では山内一揆《さんないいっき》が、山城《やましろ》では乙訓郡《おとくにのぐん》一揆がおこった地域であるが、やはりいずれもが方形単郭の城の分布地域であり、方形単郭構造の城館のあり方が惣を示すものであったことを物語っていると考えられる。

和田城（滋賀県甲賀市）

殿山城（滋賀県甲賀市）

和田支城Ⅰ（滋賀県甲賀市）

公方屋敷（滋賀県甲賀市）

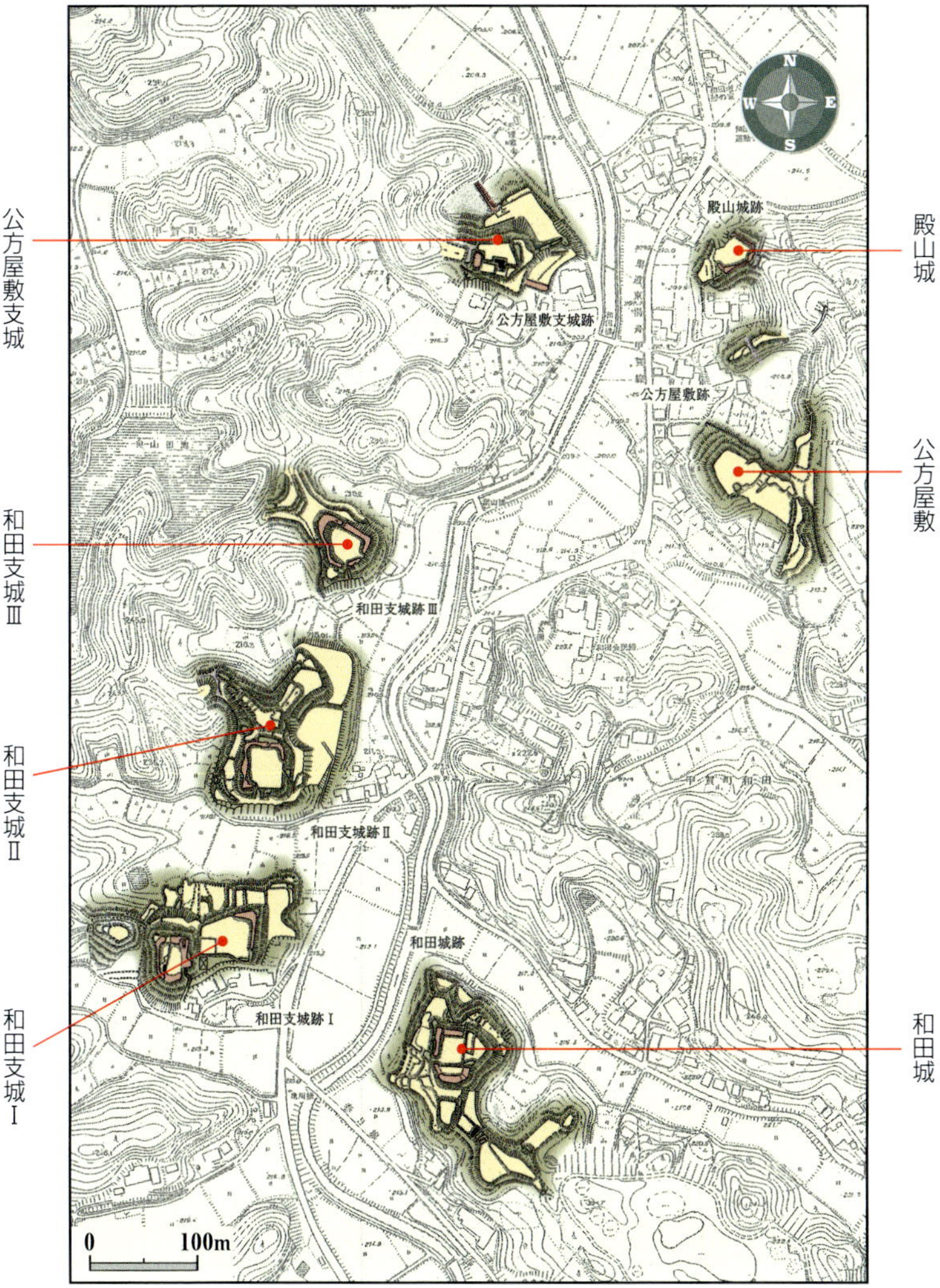

和田谷の城館分布図　中井均作図　(滋賀県甲賀市)
和田城は和田氏の居城で永禄 11 年(1568)には当時の城主和田惟政を頼ってこの地に足利義昭が入った。
【城を歩く】 ＪＲ草津線油日駅下車、徒歩約 20 分で和田城跡。

海賊の城（愛媛県）

戦国時代の瀬戸内海は村上水軍《むらかみすいぐん》が海上権を支配しており、島嶼《とうしょ》部には城が構えられた。その数は約一二〇ヶ所におよんでいる。

村上氏は三氏に分かれ、それぞれの居城の所在する島の名より能島《のしま》村上氏、来島《くるしま》村上氏、因島《いんのしま》村上氏と称し、三島《さんとう》村上氏と呼ばれている。

能島は宮窪瀬戸《みやくぼせと》という極めて潮流の速い場所に立地する島で、周囲の流れは川に近い。能島は島全体を城としている。島の最高所を主郭とし、階段状に曲輪《くるわ》を配置し、島の裾《すそ》部に広い曲輪を設けている。この曲輪は船の積み荷の荷揚げ場であったと見られる。周囲の海そのものが堀の役目をしているため、堀切《ほりきり》は設けられていない。

能島では島の周囲の岩礁《がんしょう》にピット（柱穴）が規則正しく掘られており、最大の特徴となっている。この岩礁ピットと呼ばれる柱穴は能島だけではなく、海賊《かいぞく》の城に多く見られる特徴である。潮の干満に関係なく、船を接岸するために設けられた桟橋の柱を建てた柱穴と考えられる。瀬戸内の海賊は交易の水先案内人や、警護役であると同時に、自らも交易をおこなっていた。そうした交易品を荷揚げする桟橋が必要だったのである。海賊の城は戦うための軍事的な施設であるとともに、交易品を貯蔵、保管しておく倉庫的な役割も担っていた。能島ではそうした交易を示すように、島の砂浜や岩礁部に貿易陶磁《とうじ》器の破片が散布している。ところで島全体を城とした場合はその居館や家来たちの屋敷、あるいは村落を構えることはできない。島全体を城とした島嶼では、その対岸に巨大な島が位置している。能島の場合はわずか八〇〇メートルの位置に大島があり、そこには村上氏の居館の伝承地（「コウガヤシキ」）や、井戸（「水場」）、さらには寺院跡（「旧証明寺」）の伝承も残されており、海賊の城では対岸の島にこうした施設が営まれていたと考えられる。海賊の城は島嶼部だけではなく、本州、四国の陸地にも構えられている。草津城《くさつ》（広島市）は、四つの郭から構成される山城で、堀切も設けられる普遍的な山城構造を呈している。

なお、島嶼部の城に行く場合は漁船をチャーターするか、定期便のフェリーを利用する他に見学の手立てはない。さらに干満《かんまん》の時刻を調べておく必要がある。うっかり満潮《まんちょう》に見学すると、海賊の城の最大の特徴である岩礁ピットが見られないので注意しておきたい。

能島城遠望（国史跡／愛媛県今治市）

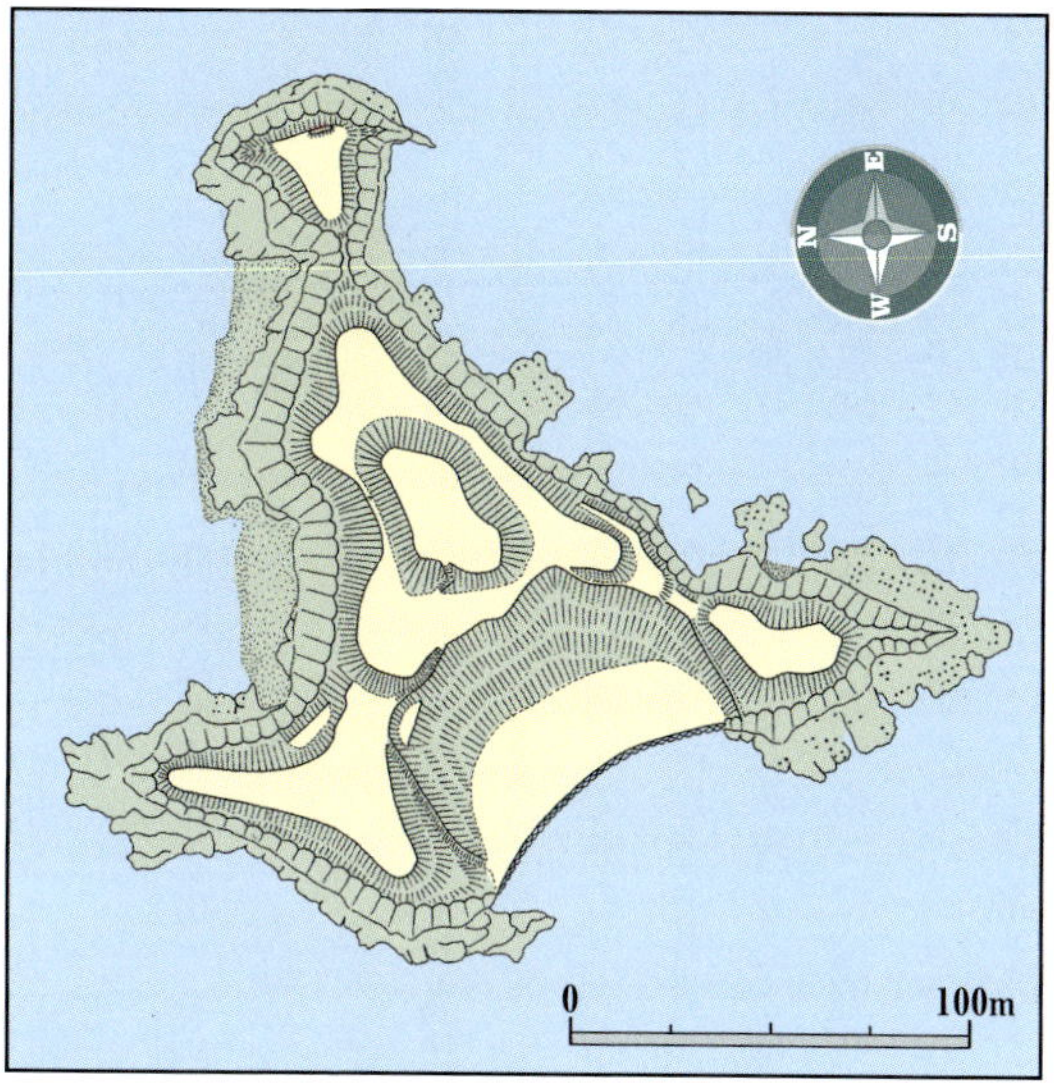

能島城概要図　中井均作図（国史跡／愛媛県今治市）
周囲720メートルの無人島であるが全島を城郭化しており、海賊の城の典型的事例として著名。
【城を歩く】しまなみ海道尾道・本州方面より大島北インターチェンジから3キロメートル。村上水軍博物館から潮流体験コースの船便で島の周囲を巡ることが可能。または漁船をチャーターして上陸することもできる。

南九州の城

鹿児島県や宮崎県の南部に分布する城館《じょうかん》跡はシラス台地を切り込んで曲輪《くるわ》を構える、群郭式《ぐんかくしき》構造を大きな特徴としており、南九州型城郭と呼ばれている。

代表的な城として新納《にいろ》氏、肝付《きもつき》氏の居城であった志布志《しぶし》城（鹿児島県志布志市）を紹介しておきたい。志布志城は内《うち》城、松尾《まつお》城、高城、新城と呼ばれる四ヶ城から構成されている。内城だけでも六ヶ所の曲輪から構成され、その規模は南北六〇〇メートル、東西三〇〇メートルという巨大なものである。これらの曲輪の周囲には横堀《よこぼり》（堀切《ほりきり》）が縦横無尽に巡らされており、曲輪がそれぞれ島状に群在している。この構造が南九州型城郭の特徴となっている。シラス台地を切り込むことによって、この群郭式城郭《じょうかく》が出来上がったのである。驚くのはその切岸《きりぎし》である。志布志城の堀底に立てば、両側にはほぼ垂直に立ち上がった切岸がそそり立っている。その高さは一〇メートル以上を測り、まず切岸を攻め登ることは不可能である。発掘調査が実施された知覧《ちらん》城（鹿児島南九州市）では堀底より切岸の天端まで二五メートルもあったことが確認されている。また、横堀を進めば、まったく自分の立っている場所がわからなくなる迷路となっている。迷路にそそり立つ切岸。両側の曲輪から投石、弓矢を射かけられれば避けられない。

従来、この南九州型城郭は群郭式ゆえ、本丸や他の曲輪が横並びであり、さらにそうした曲輪に家臣の人名などを冠した名が付けられていることより、城主と家臣の地位が横並びであった典型例などといわれていたが、決してそうした政治的な構造ではない。実際に堀底に立てば単純ではあるが

志布志城の堀切と切岸（国史跡／鹿児島県志布志市）

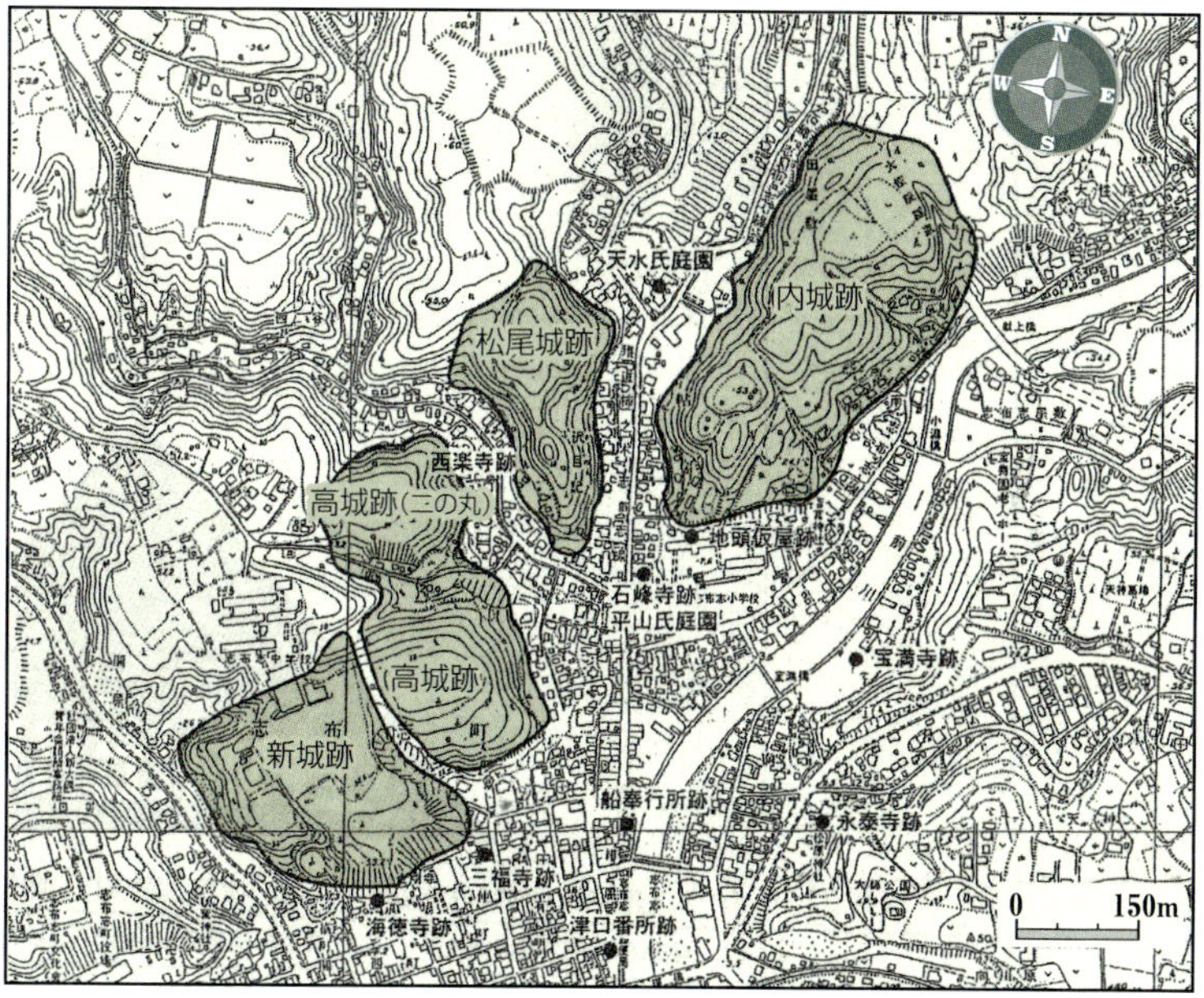

志布志城平面図（国史跡／鹿児島県志布志市）
標高58メートル、比高55メートルの山城。シラス台地を切り込んだ空堀によって曲輪を区画した南九州型城郭の代表的な事例。
【城を歩く】 JR日南線志布志駅下車、徒歩約25分。

志布志城周辺空撮（国史跡／鹿児島県志布志市）

群郭式が極めて軍事的に強力な防御施設であったことが体感できる。

加えて、城主と家臣団とが同等の関係であった土豪《どごう》は列島内の各地に存在したはずであるが、この南九州型は南九州にしか認められない。また、南九州だけが家臣と同等の関係であった領主が密集していたということもない。

つまり南九州にこうした群郭式の城郭が多いのは、シラス台地を最大限に活かした結果であるといえよう。従来、城の選地については交通の要衝に構えるといった、軍事的側面のみで考察されることが多かったが、地質によって縄張《なわばり》が大きく左右されることを南九州型の城郭は語っている。

東北の城

同様の群郭式構造の城が東北にも集中して見られる。根城《ねじょう》(青森県八戸市)、浪岡城《なみおかじょう》(青森市)、九戸城《くのへじょう》(岩手県二戸市)などでは河岸段丘を利用して、曲輪を並列的に配置している。曲輪間は堀切によって切断されており、それぞれの曲輪は島状に群在している。こうした群郭式の縄張は、南九州型に類似するが、両者の最大の違いは、曲輪の切岸の高さである。南九州型城郭の切岸が二〇メートル近くにおよぶのに対して、東北の城郭では三〜五メートル程度と極めて低い。しかし、その築城の意識は同様で、群在する曲輪間の堀に進入した敵を曲輪に登らせないことであり、堀底に進入した敵を周囲の曲輪から攻めることのできる点である。さらに興味深いのは、東北型城郭の立地する段丘も火山灰で構成されていることである。奇《く》しくも東北地方と、南九州地方で群郭型の城郭が成立したわけであるが、これらは火山灰で出来上がった段丘という地質の特性によって構えられた縄張であった。

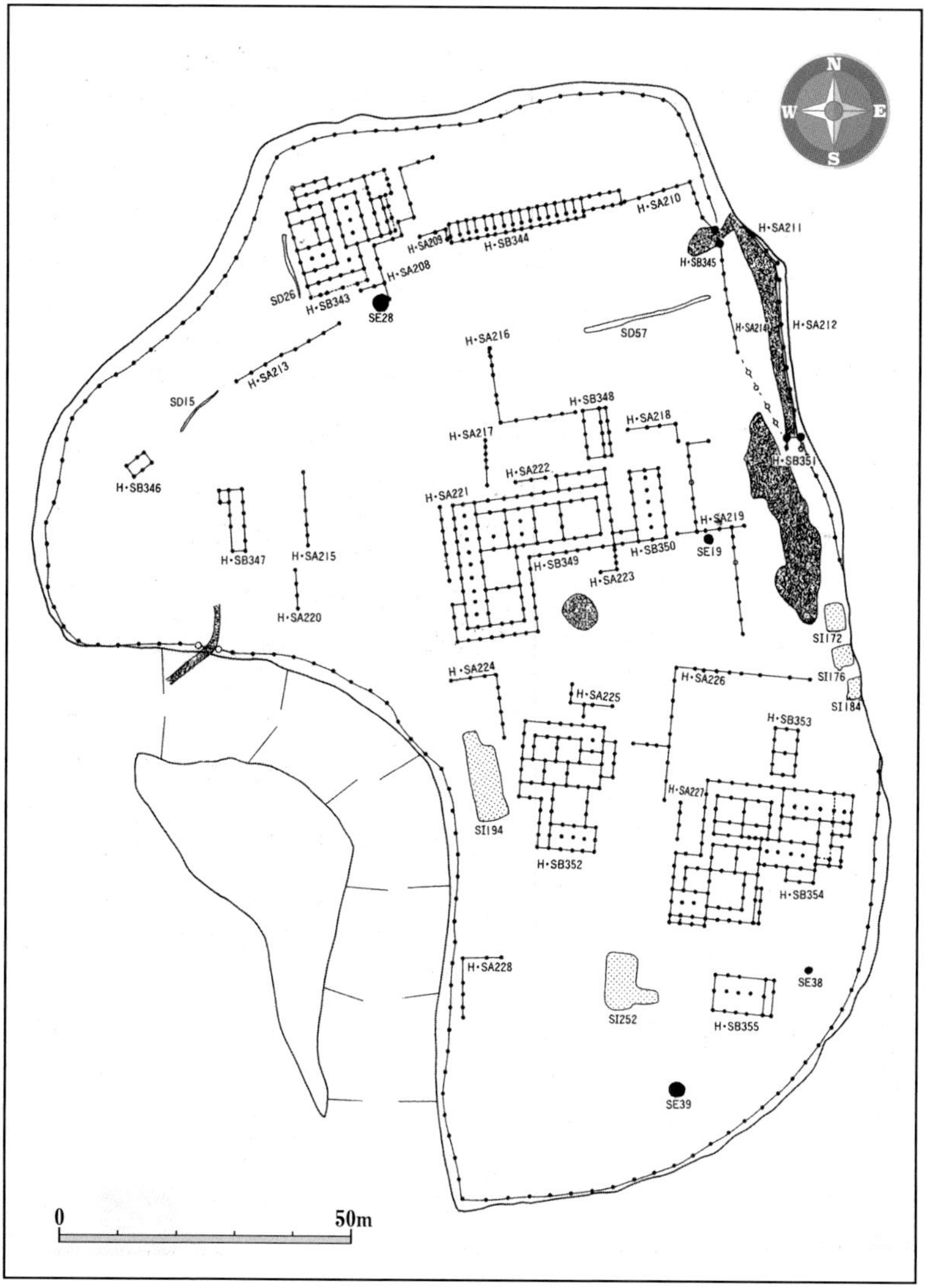

根城本丸遺構配置図（国史跡／青森県八戸市）
馬淵川の河岸段丘縁の標高 20 メートル地点に位置する。本丸、中館、岡前館、東善寺館、沢里館からなる。東北の群郭式縄張の典型である。
【城を歩く】 JR 東北本線八戸駅下車、バスで 15 分博物館前で下車、徒歩約５分。

石垣を持つ戦国の城 ―― 松本周辺の城（長野県）と、六角氏の城（滋賀県）

城郭《じょうかく》に石垣が用いられるのは織田信長《おだのぶなが》によって天正《てんしょう》四年（一五七六）に築かれた安土《あづち》城からである。安土城では石垣に加え、瓦が葺《ふ》かれ、天主という高層の礎石《そせき》建物という三つの要素が備わり、以後の城はこの三つの要素を踏襲《とうしゅう》し、近世城郭となる。安土城の構成要素は近世城郭の始祖として位置付けすることが可能である。最近の発掘調査では安土城に先行する信長の居城である岐阜《ぎふ》城（岐阜市）、小牧山《こまきやま》城（愛知県小牧市）で石垣が検出されており、信長の城造りは最初から石垣造りを志向していたことが明らかになりつつある。

しかし、列島のなかでは信長以前に城郭に石垣を導入した地域や戦国大名の存在していたことが近年明らかになりつつある。こうした戦国時代の城郭石垣は列島のいくつかの地域で、おおよそ十五世紀後半から導入されている。その地域とは、信濃《しなの》とりわけ松本周辺、美濃《みの》、北近江《おうみ》、南近江、西播磨《はりま》、東備前《びぜん》、安芸《あき》、北部九州である。

山家城の石垣（長野県松本市）

長野県松本市周辺では林《はやし》大城、林小城、山家《やまべ》城、桐原《きりはら》城、埴原《はいばら》城、虚空蔵山《こくぞうさん》城などに石垣が認められる。これらの石垣は偏平の石材を垂直に近い角度で積み上げる特徴を有している。山家城ではその高さは四メートルにおよんでいる。さらにこれらの城は守護小笠原《おがさわら》氏と関係がある城に多く認められることより、小笠原氏による築城の特徴と考えられる。

鎌刃城の石垣（国史跡／滋賀県米原市）

美濃では大桑《おおが》城（岐阜県山県市）、伊木山《いぎやま》城（岐阜県各務原市）などで戦国時代の石垣が認められる。大桑城では谷筋に階段状に配置された曲輪《くるわ》の切岸《きりぎし》面を石垣としており、最も高いところでは四メートルを測り、勾配は垂直に近い。守護土岐《とき》氏の居城であり、石垣の導入に守護がかかわっていたと見られる。

北近江では小谷《おだに》城（滋賀県長浜市）や鎌刃《かまは》城（滋賀県米原市）で石垣が用いられている。鎌刃城では発掘調査によって城の中心部はすべて石垣によって築かれていることが明らかとなっている。自然の石灰岩をほぼ垂直に積み上げ、高さは四メートルにおよぶ。石材と石材の間にはかなり隙間が生じているが、間詰石は充填されていない。調査ではこうした隙間に粘土を詰めて石材の安定化を図っていたことが認められた。また、縦方向に一直線に揃えられた石列があり、普請の分担を示す境界の石列ではないかと見られる。

小谷城は破城がおこなわれており、石垣の大半は破壊されてしまい、築城時の構造を残すものはほとんどない。そうしたなかで山王丸《さんのうまる》東側に残る石垣は小谷城の石垣を語るうえで重要な石垣である。自然石を積み上げる技法であるが、隅部では石材の長辺と短辺を交互に積み上げる算木《さんぎ》積みの技法が認められる。高さも四メートルにおよぶ。山王丸正面や黒金《くろがね》門にも石垣の基底部が残されており、浅井長政《あざいながまさ》時代の小谷城は主要な曲輪や虎口はすべて石垣によって築かれていた。

一方、南近江では、観音寺《かんのんじ》城（滋賀県近江八幡市・東近江市）、佐生《さそう》城（滋賀県東近江市）、星ヶ崎《ほしがさき》城（滋賀県竜王町）、小堤城山《こづつみしろやま》城（滋賀県野洲市）、三雲《みくも》城（滋賀県湖南市）などの城で石垣が確認されている。なかでも守護六角《ろっかく》氏の居城である観音寺城はほぼ城域のすべてが石垣によって築かれている。紅葉で著名な湖東三山《ことうさんざん》

観音寺城（国史跡／滋賀県近江八幡市・東近江市）
巨石を積む最古の城郭石垣。石材に矢穴痕が認められ、寺院の技術によって築かれた石垣であることがわかる。

の金剛輪寺《こんごうりんじ》に所蔵されている『下倉米銭下用帳《げくらべいせんげようちょう》』の弘治《こうじ》二年（一五五六）の記録には、「御屋形様石垣打事」「上之御用屋敷石垣」「石垣」などと観音寺城の石垣と思われる記事が記されている。ここから当時武家方には石垣を築く技術がなかったため、寺院の技術を導入して築城をしたことがうかがえる。実に観音寺城の石垣は信長《のぶなが》の安土《あづち》築城二十年前に築かれていた石垣であった。

さらに観音寺城の石垣で注目できるのは、石垣の石材が矢穴《やあな》技法によって割られていることである。戦国時代の山城に用いられた石垣の石材は自然石もしくは粗割りしたものであったが、観音寺城の石材には歯形のような楔痕《くさびあと》が残されており、人為的に割られた石材が用いられていた。こうした歯形状の痕跡を矢穴と呼んでいる。巨石から分割して石材を採る工法で、まず巨石に、方形の溝を列点状に彫り込む。そしてその溝のひとつに楔を打ち込み、玄翁《げんのう》で叩くと、列点状の溝に沿って石が割れるのである。つまり切手のミシン目の原理である。割られた石の両方に最初の溝が歯形のように残されることとなる。楔を矢と呼ぶことより、こうした技術を矢穴技法と呼んでいる。古くは鎌倉時代より石塔や石仏などを造立する際に用いられた技法であり、寺院側の技法と位置付けできる。金剛輪寺の技術支援は石を積むという技術だけではなく、採石技術にもおよんでいたものと考えられる。

近江では湖南地方で、十四世紀に遡《さかのぼ》る矢穴技法で割られる途中の母岩が岩瀬谷《いわせだに》古墳群（湖南市）の発掘調査地点で確認されている。さらに隣接する廃少菩提寺《はいしょうぼだいじ》では南北朝時代の石製地蔵菩薩像や、善水寺《ぜんすいじ》の石製地蔵菩薩像の背面に矢穴痕が残されており、矢穴技法によって切り出された石材を用いて石仏を刻んでいたことが確認されている。おそらくこうした寺院側の技術であった矢穴技法が、六角氏の観音寺築城に際して用いられ、石垣の石材が矢穴技法によって切り出されたのであった。

さて、湖南の石垣のある城に注目すると、佐生《さそう》城（東近江市）、小堤城山《こづつみしろやま》城（野洲市）、三雲《みくも》城（湖南市）でも矢穴技法によって割られた石材が用いられている。現在、戦国時代にさかのぼる城郭の石垣で石材を矢穴技法によって採ったことが確認できるのは六角氏によって築かれた湖南の山城だけである。

西播磨《はりま》、東備前《びぜん》の山城では播磨守護赤松《あかまつ》氏の居城である置塩《おきしお》城（兵庫県姫路市）、感状山《かんじょうさん》城（兵庫県相生市）、三石《みついし》城（岡山県備前市）、富田松山《とだまつやま》城（岡山県備前市）、天神山《てんじんやま》城（岡山県和気町）などで石垣が確認されている。基本的には人頭大の小石材を垂直に積み上げているが、置塩城、感状山城では一部に長辺一メートルを超える巨石も用いられている。これらは元亀《げんき》二年（一五七一）から天正《てんしょう》八年（一五八〇）頃までに築かれたものと考えられ、置塩城は守護の系譜を引く赤松則房《のりふさ》によって築かれたものと考えられ、その他の城は備前守護代の浦上《うらがみ》氏、もしくは宇喜多《うきた》氏によって築かれた可能性が高い。なお、感状山城は石垣に加え、各曲輪から礎石《そせき》建物が検出されているが、その歴史について記された史料は一切残されていない謎の城である。規則正しい曲輪の配置から山岳寺院であった可能性も考えられる。

安芸では郡山《こおりやま》城（広島県安芸高田市）で毛利元就《もうりもとなり》時代と考えられる石垣が山城の中心部に築かれている。安芸で注目されるのは吉川《きっかわ》氏領内に点在する平地の居館に構えられた石垣である。吉川元春館《もとはるやかた》跡（広島県山県郡北広島町）、松本屋敷《まつもとやしき》跡（広島県山県郡北広島町）、熊谷氏館《くまがやしやかた》跡（広島市）、万徳院《まんとくいん》跡（広島県山県郡北広島町）などに用いられている石垣で、立石《たていし》を配置し、その横には横石を重ね、また竪石を置き、さらに横石を積むという工法である。吉川広家自筆書状のなかの年次（天正《てんしょう》十九年（一五九一）か）に「石つき之もの共」という職能集団の存在が記されており、この特徴的な石垣は「石つき之もの共」によって築かれたものと考えられる。後に小早川《こばやかわ》氏の居城となる新高山城《にいたかやま》（広島県三原市）や、毛利輝元《もうりてるもと》によって築かれた厳島《いつくしま》神社（広島県廿日市市）の護岸石垣も、この竪石と横石を組み合わせた石垣によって築かれていることより、戦国期後半には広く毛利氏領内で用いられていた技法と考えられる。

北部九州では花房《はなふさ》城（福岡県北九州市）、高祖《たかす》城（福岡県糸島市）、勝尾《かつのお》城（佐賀県鳥栖市）、長岩《ながいわ》城（大分県中津市）などで石垣が確認されている。高祖城では発掘調査によって石垣が検出されたが、扁平《へんぺい》の石材を垂直に積み上げる特徴を有している。高祖城は大内《おおうち》氏の筑前《ちくぜん》進攻により築かれた城であり、この石垣は大内氏の技術である可能性が高い。長岩城は実に不可思議な城で、谷筋に幾重にも登り石垣を設けて遮断線としている。その石塁《せきるい》は扁平の石材を垂直に積み上げるものである。また、一・五メートルほどに積み上げた石塁を二畳程度の空間の周囲に巡らせた櫓状の施設があり、鉄砲狭間《さま》が切られている。

また、大阪府下では三好長慶《みよしながよし》の築いた芥川《あくたがわ》城（大阪府高槻市）、飯盛《いいもり》城（大阪府大東市・四條畷市）にも石垣が用いられている。両城の石垣は三好長慶という戦国武将によって築かれた石垣と見てよい。芥川城では大手の谷筋など極めて限定的に用いられていたが、永禄《えいろく》三年（一五六〇）に移った飯盛城では中心部はもちろん、東側尾根に築かれた腰曲輪の大半が石垣で築かれている。東側谷筋に山城へ至る大手道が取り付けられていたと見られることより、登城する者に対して視覚的効果を狙った、つまり見せることを意識した石垣であったと考えられる。

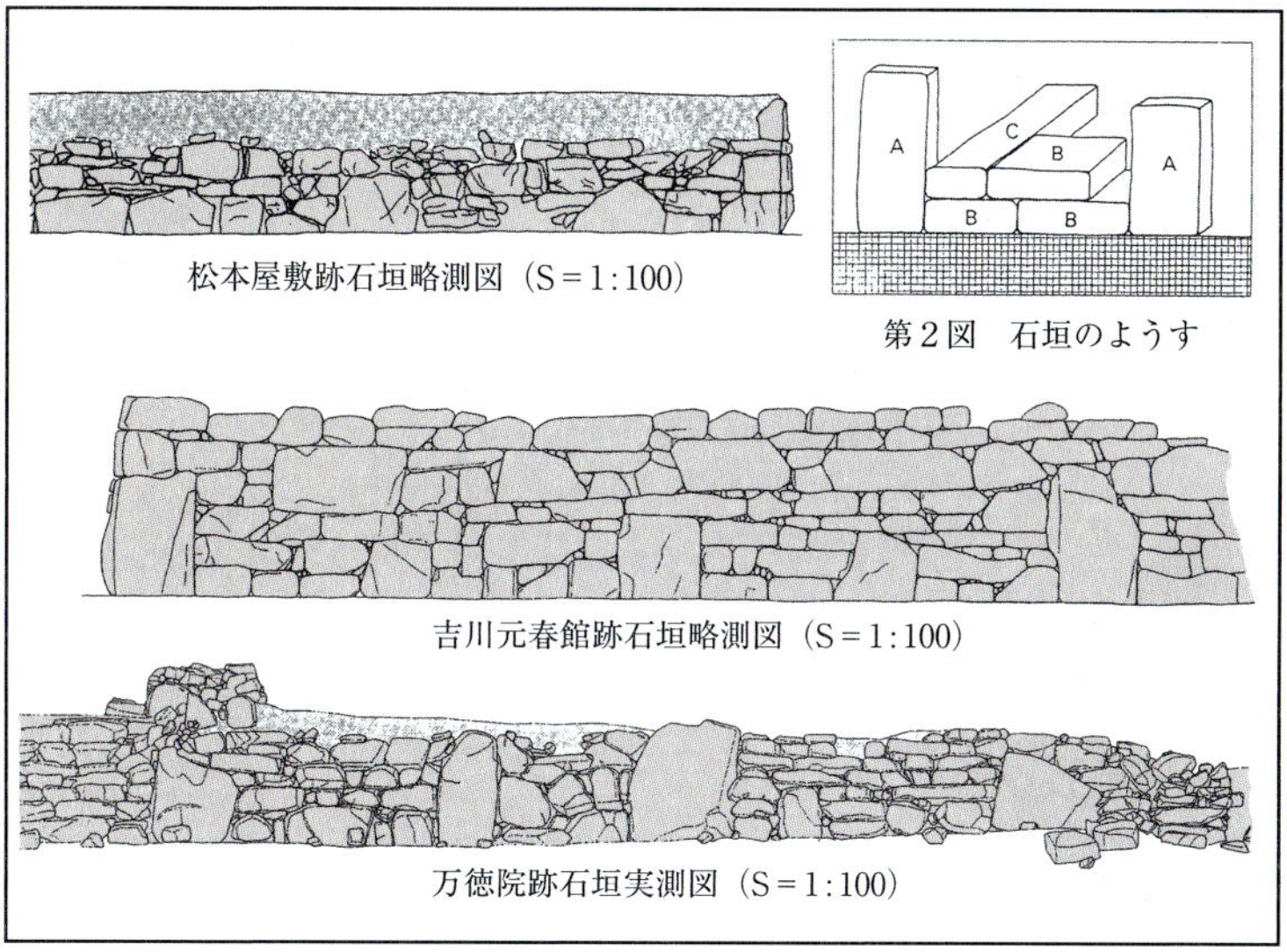

「石つき之もの共」の石垣模式図　木村信幸氏作成（「「石つき之もの共」について」『織豊城郭』第３号所収）
石の最も広い面を表面に出して立てた石を間隔をあけて配置し、その間に横積みした石を配置している。

万徳院跡の石垣（国史跡／広島県北広島町）
万徳院の発掘調査によって検出された石垣は立石と横石を交互に配置する「石つき之もの共」の積んだ典型的な石垣である。

飯盛城概要図　中井均作図（大阪府大東市・四条畷市）

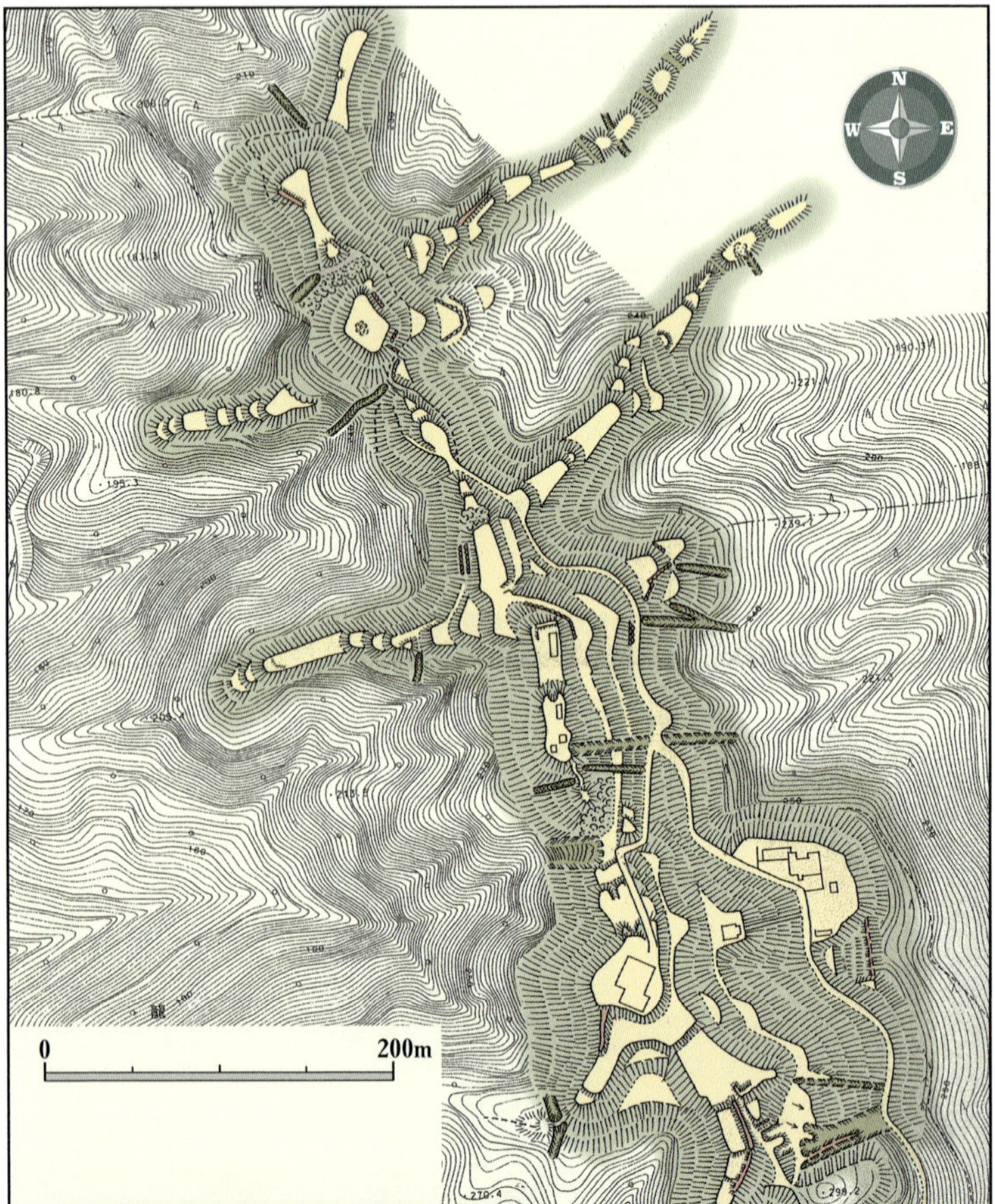

飯盛城の石垣
（大阪府大東市・四條畷市）
飯盛城では近年の分布調査によって、ほぼ全山が石垣によって構築されていることが明らかとなった。

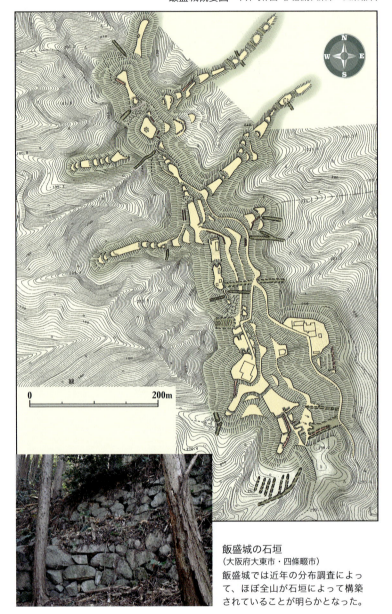

第3章

近世城郭の調べ方

近世城郭の魅力と楽しみ方

城といえば天守閣というイメージが強い。従来城と言えば、水堀に囲まれ、高い石垣の上に天守閣が聳えるという景観ではないだろうか。それが近年、ようやく戦国時代の城の姿はそうしたものとはまったく違うものであることがわかってきた。一方、こうした戦国時代の山城《やまじろ》のあり方の延長線上に近世城郭が存在するという見方もおこなわれるようになってきた。私はそうした発展過程から戦国時代の山城の到達点として近世城郭が存在すると考えている。戦国時代に完成した、桝形《ますがた》や馬出《うまだし》といった虎口《こぐち》構造、塁線に屈曲を設けて構えられた横矢は戦国時代のみで終わってしまう構造ではない。近世城郭にも発展して用いられているのである。そうした普請、つまり縄張《なわばり》に注目すると、これまで作事（建築）のみから見られていた近世城郭とは違った姿を知ることができる。ここでは彦根《ひこね》城（滋賀県彦根市）を事例に近世城郭の魅力、特に普請の見方を述べてみたい。

彦根城は慶長《けいちょう》八年（一六〇三）に、井伊直継《いいなおつぐ》によって築城がおこなわれた。関ヶ原合戦では豊臣大名が東軍と西軍に分かれて戦っており、合戦後は戦国時代最大の軍事的緊張を生んだ。そうした時期に築かれた彦根城は明らかに豊臣秀頼《とよとみひでより》の大坂城を睨《にら》んで築かれた城であることがわかる。築城にあたっては幕府より三人（六人とも）の公儀奉行が派遣され、全国より大名、旗本が助役として動員された天下普請であり、徳川幕府の前線基地として築かれた城であったことを物語っている。『木俣記録《きまたきろく》』によれば動員された助役は一二八大名、九旗本にのぼっている。

彦根城空撮（国宝・特別史跡／滋賀県彦根市）
慶長８年（1603）に築城が始まり、慶長 11 年には天守が完成した。

『井伊年譜《いいねんぷ》』には彦根城の縄張を設計したのが早川弥惣左衛門《はやかわやそざえもん》であったと記している。弥惣左衛門の父は早川豊後《ぶんご》といい、甲斐の武田信玄《たけだしんげん》の重臣馬場《ばば》美濃守に仕えていたと伝えている。馬場美濃守信房《のぶふさ》（信春《のぶはる》）は築城の名手といわれ、諏訪原《すわはら》城（静岡県島田市）は信房の縄張として有名である。どうも弥惣左衛門は甲州流軍学を習得した人物であり、徳川家康《とくがわいえやす》自ら彼を指名して彦根城の設計をさせたようである。

その構造であるが、文化十一年（一八一四）に作成された「御城内御絵図《ごじょうないおんえず》」によって詳細に知ることができる。絵図は内堀より内側の、つまり狭義の城郭部分のみを描いている。彦根城は彦根山という小独立丘を利用して築かれているのだが、絵図でもっとも注目されるのが山裾を茶色く描いているところである。彦根山は緑で着色されているのであるが山裾だけを茶色く描いており、一見して裾《すそ》回りには植物の生えていないことがわか

る。絵図には「山切岸《やまきりぎし》」と記されており、山裾が二間から九間にわたって垂直に削り込んだ防御施設であった。裾部を切ることにより、敵が山に登れないようにしていたのである。

その彦根山には本丸を中心に、南に太鼓丸《たいこまる》が、西に西の丸が配置され、いずれも堀切によって山を切断し、太鼓丸の対岸には鐘《かね》の丸《まる》が、西の丸の対岸には出曲輪がそれぞれ配置されていた。ここで注目してお

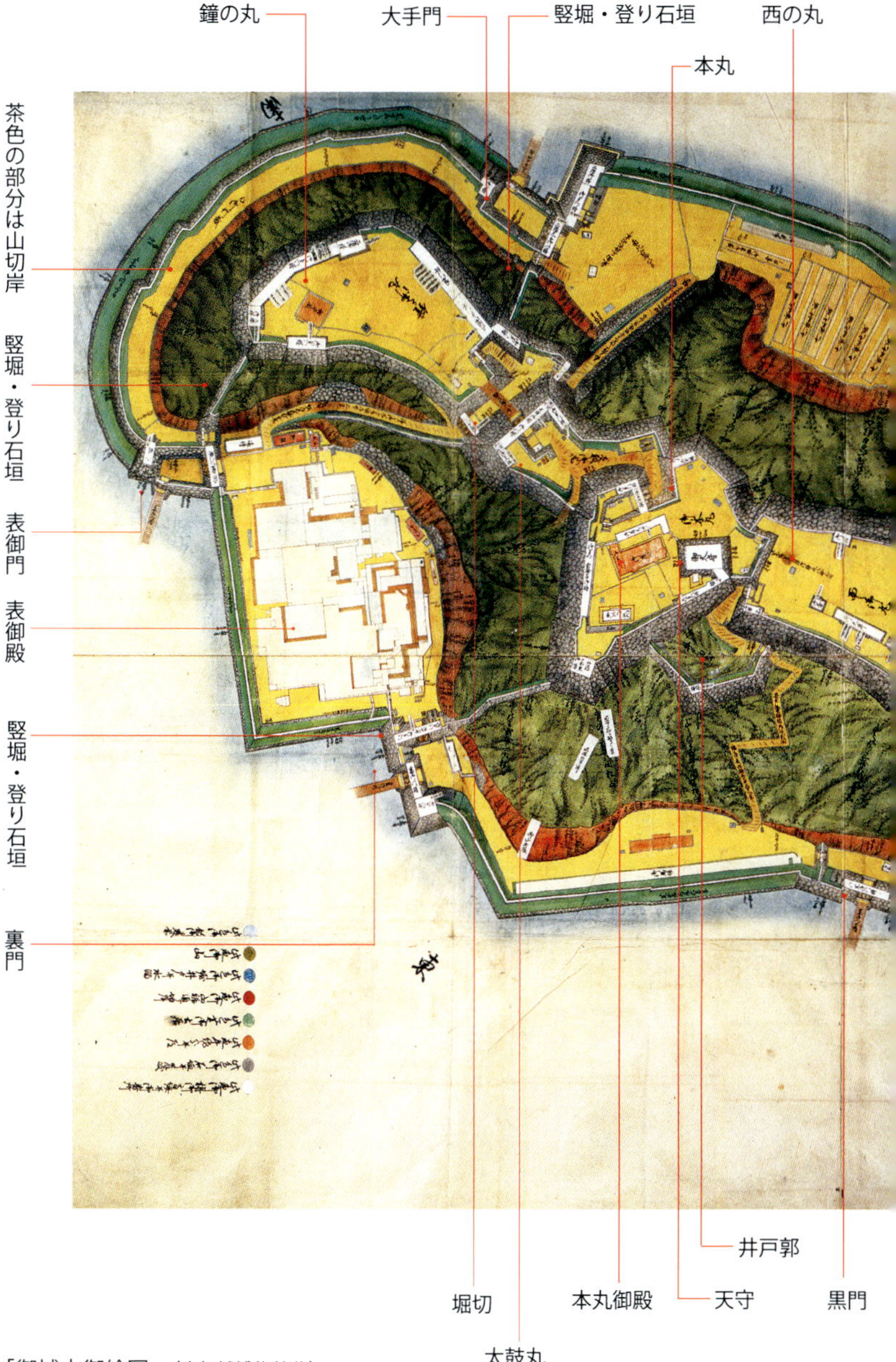

「御城内御絵図」（彦根城博物館蔵）

きたいのが、堀切の存在である。彦根山に二本の巨大な堀切を構えて、遮断線を設けているのである。近世城郭では石垣の導入により、遮断線を城域全面に構えることが可能となり、山城《やまじろ》でも堀切は用いられなくなる。それが彦根城では戦国時代の山城のように遮断線としての堀切を用いているのである。

さらに太鼓丸前面の堀切は、一方が大手門よりの登城道となり、一方が表御門よりの登城道となっている。つまり大手、表御門より登城すると、太鼓丸前面の堀切の底に至るのである。登城道を登りきった堀底には二重の櫓門が構えられており、門内が堀底とはわからない。門を突破した敵は、太鼓丸の塁線上に構えられた天秤櫓《てんびんやぐら》と、鐘の丸からの挟撃《きょうげき》にさらされることとなる。

彦根城太鼓丸前の堀切（特別史跡／滋賀県彦根市）

その鐘の丸であるが、『井伊年譜』には「鐘丸縄張城中第一之出来ノ由」と記されており、彦根城でもっとも堅固な曲輪《くるわ》として評価されている。鐘の丸の構造は、方形とならず、仰角《ぎょうかく》の出隅をいくつも作り出すことによって多角形の平面を有する曲輪となっている。太鼓丸前面に堀切が構えられ、そこに突出するように築かれた鐘の丸は、馬出《うまだし》としての曲輪と評価できる。さらに多角形の平面からは丸馬出を意識して築かれたものと見られる。「城中第一之出来」とは早川弥惣左衛門によって、甲斐武田氏が多用した丸馬出として築いた鐘の丸を評価したものであったと考えられる。同様に西の丸の堀切前面に構えられた出曲輪も馬出として構えられたものである。

そして、彦根城の縄張で最大の特徴が登り石垣（竪石垣）である。これまでの彦根城に関する書籍では一切記されていない施設である。登り石垣

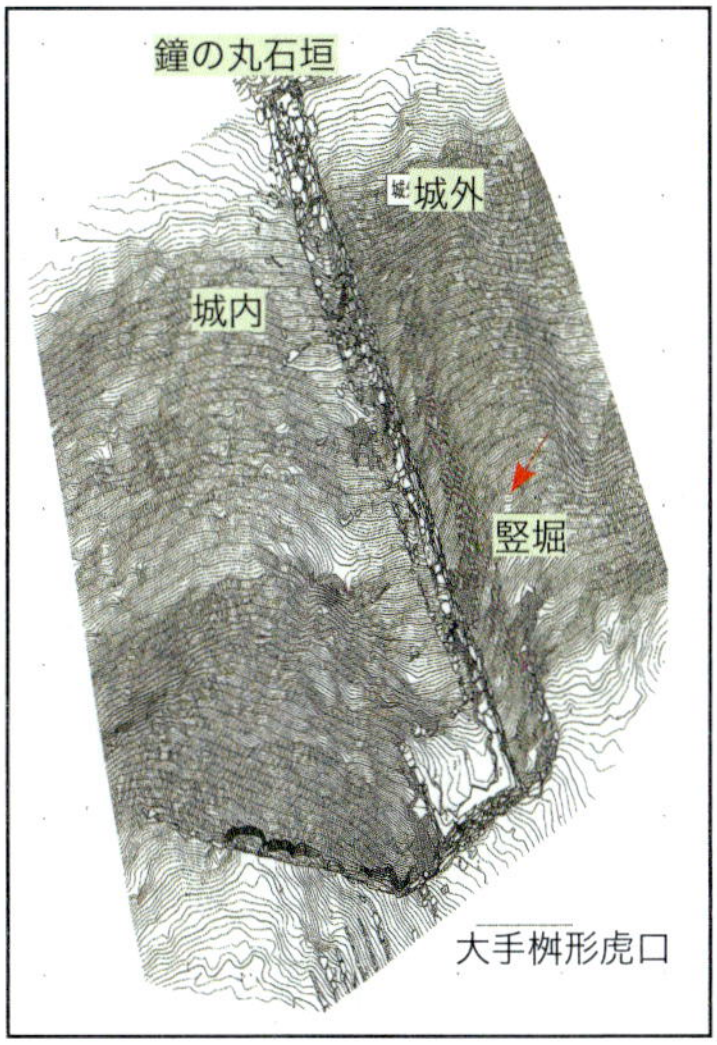

彦根城の登り石垣（左）と平面図（右）
（特別史跡／滋賀県彦根市）
写真は西の丸三重櫓から山麓までの登り石垣と竪堀。平面図は大手の登り石垣の測量図。

とは、山上より山麓《さんろく》に向けて竪《たて》方向に構えられた石塁のことで、敵の斜面移動を封鎖するものである。その防御思想は戦国時代の竪堀と同じである。この登り石垣が出現するのは、豊臣秀吉《とよとみひでよし》による朝鮮出兵に伴って築かれた倭《わ》城である。対外戦となった朝鮮出兵では港湾の確保が必至である。そのため港湾後方の山頂に山城を構え、その山城と港湾を一体化して防御するために設けられたのが登り石垣であった。西生浦《ソセンポ》城（大韓民国蔚山広域市）、熊川《ウンチョン》城（同熊川市）などには壮大な登り石垣が構えられている。国内の築城でも関ヶ原合戦以後に築かれた山城ではこの倭城の登り石垣が導入されたのである。彦根城以外では伊予松山《いよまつやま》城（愛媛県松山市）、洲本《すもと》城（兵庫県洲本市）に設けられている。

　彦根城では五ヶ所にわたって登り石垣が構えられているが、「御城内御絵図」には「瓦塀《かわらべい》」と記されており、石塁の上には土塀《どべい》が構えられていた。さらに登り石垣の城外側には登り石垣とセットとなる竪堀も設けられている。

　次に天守に注目したい。彦根城天守は国内に残る五棟の国宝天守のひとつとして著名であるが、これまでその位置について述べられたことはなかった。彦根城の天守に至る正規の登城道は、大手門より鐘の丸を経て、太鼓丸を経由し、太鼓門より本丸に入るというルートである。本丸に入ると、本丸御殿と天守が正面に望まれるという近世的な正面性を有している。ところが搦手《からめて》側からの敵に対しては黒門からの頭上に天守、付櫓《つけやぐら》、続櫓《つづきやぐら》がそびえている。続櫓の連子窓《れんじまど》を覗《のぞ》くと、眼下に黒門から西の丸に至る登城道が見える。まさに天守が防御の要となっていたことがよくわかる。正面の象徴的天守ではなく、搦手からは戦国時代の攻撃的な天守の姿を見ることができる。

こうした天守の構造は徳川大坂城（大阪市）にも見ることができる。本丸正面の桜門を入って見えるのは本丸御殿とその背後にそびえる天守であり、象徴的な正面性としてとらえることができる。一方、搦手側の山里曲輪《やまざとくるわ》からはいくつもの枡形《ますがた》が設けられ、頭上には天守がそびえるという攻撃的な面をもっているのである。

ところで、天守という高層建築はどのように利用されていたのであろうか。藩主が最上層から国見をしているようなイメージが強いが、実は藩主は一生に一度、もしくは数度しか登っていない。居住空間を持つ構造の天守も存在するが、畳が入れられることはなく、ほとんど形骸化した居住空間であった。安土城《あづち》で誕生した天主は近世城郭の象徴として、以後の城では必須の施設となる。しかし居住することはなくなり、外見のみが象徴として必要な施設となってゆく。彦根城の場合、天守は歴代藩主の甲冑《かっちゅう》を収める蔵として利用されていた。

なお、彦根城の天守は大津城《おおつ》（滋賀県大津市）の天守を移築したものである。『井伊年譜《いいねんぷ》』には「天守ハ京極《きょうごく》家ノ大津城ノ殿守也、此殿守ハ遂ニ落不申目出度殿主ノ由、家康《いえやす》公上意ニ依テ被移候由」と記されている。この移築についても、従来はエコロジーとして捉えられていたが、決してそれだけではない。関ヶ原合戦の前哨戦で京極高次《たかつぐ》が籠城《ろうじょう》した大津城の天守は落ちなかったという目出度い天守であった。さらにその目出度い天守が神君《しんくん》家康より賜わったことが重要なのである。

同じような移築として伏見櫓《ふしみやぐら》をあげることができる。江戸《えど》城（東京都千代田区）、大坂《おおさか》城（大阪市）、尼《あま》崎《がさき》城（兵庫県尼崎市）、岸和田《きしわだ》城（大阪府岸和田市）、福山《ふくやま》城（広島県福山市）に伏見櫓と呼ばれる櫓があり、これらは伏見城から移築されたという伝承を持つ。伏見櫓の構えられた諸城の城主をみると、幕府や譜代大名の城ばかりである。伏見城というと豊臣秀吉《とよとみひでよし》を思い浮かべるが、関ヶ原合戦の前哨戦で豊臣伏見城は炎上しており、合戦後に徳川家康によって再建されている。譜代大名たちはこの神君家康の伏見城の櫓だからこそありがたく賜わったのである。

さて、彦根城を事例に近世城郭の、とりわけこれまで注目されなかった普請の魅力について述べてきた。こうした見方で近世城郭を訪ねると、これまでとは違った城の姿を見ることができ、訪ねることが一層楽しくなるだろう。

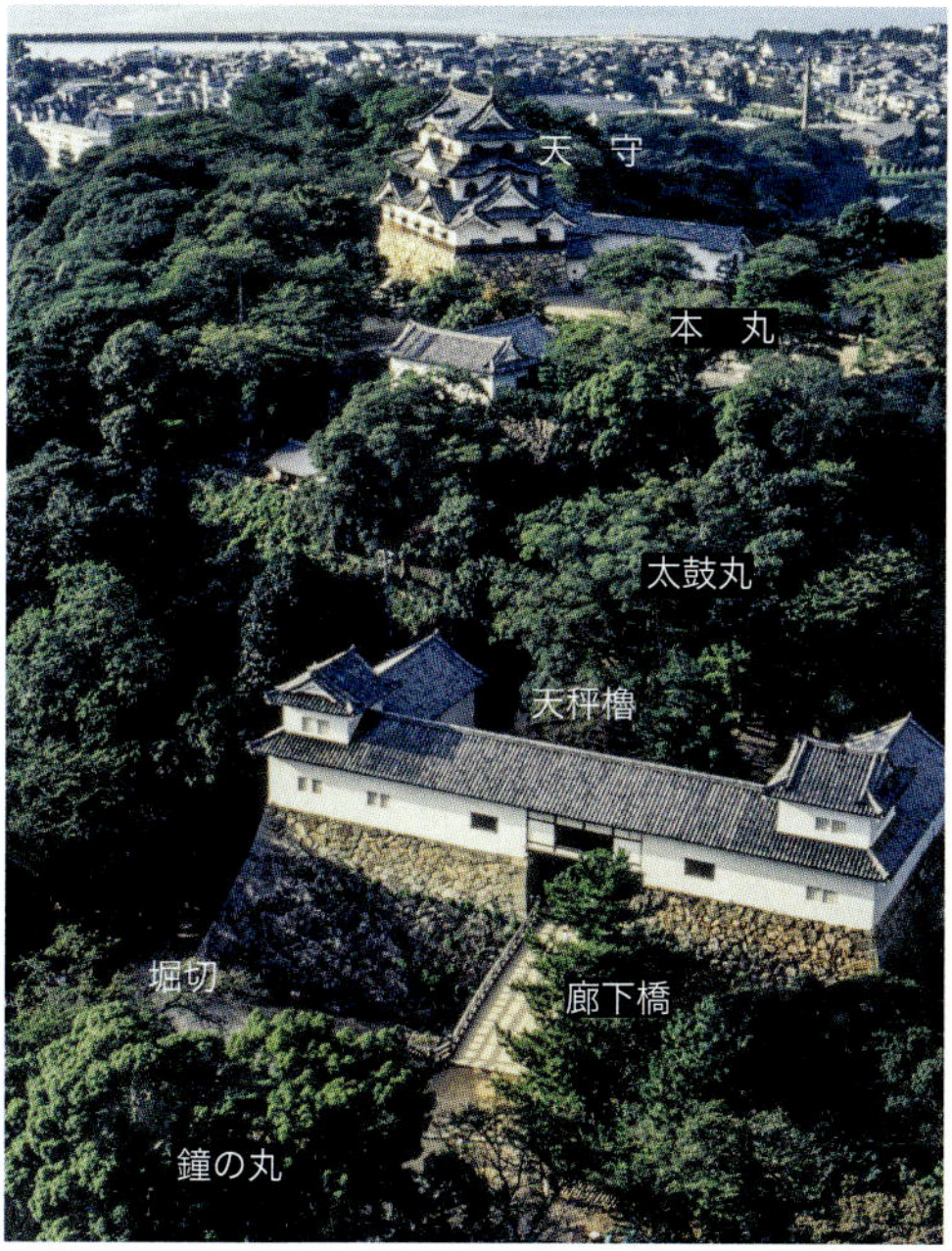

彦根城の天守周辺空撮（国宝／滋賀県彦根市）
太鼓丸入口を守る櫓門の天秤櫓は国重文。

様々な近世城郭と陣屋

元和《げんな》元年（一六一五）に徳川幕府は外様大名に対して一国一城令を公布する。この法令にいう一国とは藩を指すもので、一つの藩に一つの城しか認めないということである。関ヶ原合戦直後、各藩では軍事的緊張に対処するため支城が構えられた。例えば関ヶ原合戦の戦功により安芸《あき》を賜った福島正則《ふくしままさのり》は、本城を広島《ひろしま》城とし、亀居《かめい》城（小方《おがた》城・広島県大竹市）、五品嶽《ごほんがたけ》城（東城《とうじょう》城・広島県庄原市）、鞆《とも》城（広島県福山市）、神辺《かんなべ》城（広島県福山市）、尾《お》関山《ぜきやま》城（三次《みよし》城・広島県三次市）、三原《みはら》城（広島県三原市）を支城として築き、毛利《もうり》氏に対した。同様に関ヶ原合戦の戦功により筑前《ちくぜん》を賜った黒田長政《くろだながまさ》は、隣国の豊前《ぶぜん》の細川忠興《ほそかわただおき》に対して、門司《もじ》城（福岡県北九州市）、黒崎《くろさき》城（福岡県北九州市）、益富《ますとみ》城（大隅《おおすみ》城・福岡県嘉麻市）、鷹取山《たかとりやま》城（福岡県直方市）、左右良《まてら》（麻底良）城（摩手羅城・福岡県朝倉市）、松尾《まつお》城（小石原《こいしはら》城・福岡県東峰村）の六城を支城として構えていた。これを筑前六端城の制と呼んでいる。また、近年の研究で、やはり関ヶ原合戦後に出雲《いずも》へ入国した堀尾吉晴《ほりおよしはる》は、松江《まつえ》城（島根県松江市）を築き、富田《とだ》城（島根県安来市）、三刀屋《みとや》城（島根県雲南市）、赤穴《あかな》瀬戸山《せとやま》城（島根県飯石郡飯南町）などを支城として安芸《あき》、備後《びんご》に備えた。

ところが元和元年に大坂夏の陣が終わると、日本に軍事的緊張はなくなり、幕府は一国一城令を公布し、こうした支城はすべてが廃城となった。

しかし、国持大名のなかには二ヶ国を所領する大大名もおり、こうした二ヶ国を所領する場合は、一藩ではなく、一国として理解されており、一ヶ国に一城ずつ城を構えたのである。例えば伊勢《いせ》・伊賀《いが》を所領する藤堂《とうどう》氏は、伊勢に居城としての津《つ》城（三重県津市）と、伊賀に上野《うえの》城（三重県伊賀市）の存続が認められた。同様に因幡《いなば》・伯耆《ほうき》を所領した池田《いけだ》氏は、因幡に居城としての鳥取《とっとり》城（鳥取市）と、伯耆に米子《よなご》城（鳥取県米子市）の存続が認められた。安芸・備後を所領した浅野《あさの》氏は、安芸に居城としての広島城と、備後に三原《みはら》城（広島県三原市）の存続が認められた。

一方、二ヶ国を所領しながら、一城しか構えない大名も存在する。薩摩《さつま》・大隅《おおすみ》を所領した島津《しまづ》氏は鹿児《かご》島《しま》城（鹿児島市）一城であり、長門《ながと》・周防《すおう》を所領した毛利氏も萩《はぎ》城（山口県萩市）一城のみであった。こうした相違は、前者が関ヶ原合戦で東軍に属した外様大名であり、後者が西軍に属した外様大名によるものであった。

さらに一国一城令を探ると、一国に二城が存在する事例も認められる。肥後《ひご》を所領した細川《ほそかわ》氏の居城は熊本《くまもと》城（熊本市）であるが、さらに同国内に八代《やつしろ》城（熊本県八代市）の存続が認められている。また陸奥《むつ》を所領した伊達《だて》氏の居城は仙台《せんだい》城（宮城県仙台市）であるが、さらに同国内に白石《しろいし》城（宮城県白石市）の存続が認められていた。

また、御三家のうち尾張《おわり》、紀伊《きい》には幕府から遣わされた付家老と呼ばれる家老がいた。彼らも居城が認められていた。紀伊では水野《みずの》氏が新宮《しんぐう》城（和歌山県新宮市）を、安藤《あんどう》氏が田辺《たなべ》城（和歌山県田辺市）を居城としていた。また、松坂《まつざか》城（三重県松阪市）、田丸《たまる》城（三重県度会郡玉城町）の存続も認められていた。尾張では成瀬《なるせ》氏が犬山《いぬやま》城（愛知県犬山市）を、竹腰《たけのこし》氏が今尾陣屋《いまおじんや》（岐阜県海津市）を居城としていた。

加賀《かが》・能登《のと》・越中《えっちゅう》を所領していた最大の外様大名前田《まえだ》氏は金沢《かなざわ》城（石川県金沢市）を居城としていただけであり、一見藤堂氏や池田氏とは違った様相であるが、実は越中には高岡《たかおか》古《こ》城（富山県高岡市）が、加賀には小松《こまつ》古《こ》城（石川県小松市）がそれぞれ存在していた。両城は元和の一国一城令によって一旦廃城としている。しかし堀はそのまま残されており、もし戦争が勃発した際はすぐに城として機能するように維持されていたのである。
「城」ではない施設を構えて一国一城令をくぐり抜けた藩もある。ひとつは仙台藩である。仙台藩領内には要害と呼ばれる制度があった。一門、一家と称する重臣には所領が認められ、その居所を要害とした。その名の通り小規模ではあるが、構造的には城とまったく同じである。こうした要害が伊達《だて》領内に二一ヶ所も構えられていた。なかでも涌谷要害《わくやようがい》では石垣や櫓《やぐら》まで構えられていた。

仙台藩要害一覧

城・要害名	所在地	拝領家臣［系］
白石城	白石市刈田郡白石本郷	片倉家
亘理要害	亘理郡亘理町	伊達［実元］
谷地小屋要害	宇多郡谷地小屋村	伊達［実元］
涌谷要害	遠田郡馬場谷地村・涌谷	伊達［亘理］
角田要害	伊具郡角田本郷	石川
登米要害	登米郡寺池村・登米	伊達［白石］
水沢要害	胆沢郡塩釜村・水沢	伊達［留守］
岩出山要害	玉造郡岩出山本郷	伊達［宗泰］
岩谷堂要害	江刺郡片岡村・岩谷堂	伊達［岩城］
川崎要害	柴田郡前川村・川崎	伊達［村和］
舟岡要害	柴田郡舟岡村	柴田
高清水要害	栗原郡栗原高清水村	亘理
		石母田
坂元要害	亘理郡坂元本郷	大条
金ヶ崎要害	胆沢郡西根村・金ヶ崎	大町
金山要害	伊具郡金山本郷	中嶋
上口内要害	江刺郡上口内村	中嶋
宮沢要害	栗原郡栗原宮沢村	上郡山
		長沼
人首要害	江刺郡人首村	沼辺
岩沼要害	名取郡岩沼本郷	古内
佐沼要害	栗原郡佐沼北方村・佐沼	津田
		伊達［亘理］
不動堂要害	遠田郡不動堂村	後藤
平沢要害	刈田郡平沢村	高野

涌谷要害（宮城県遠田郡涌谷町）
石垣上の隅櫓（太鼓堂）は現存建物。

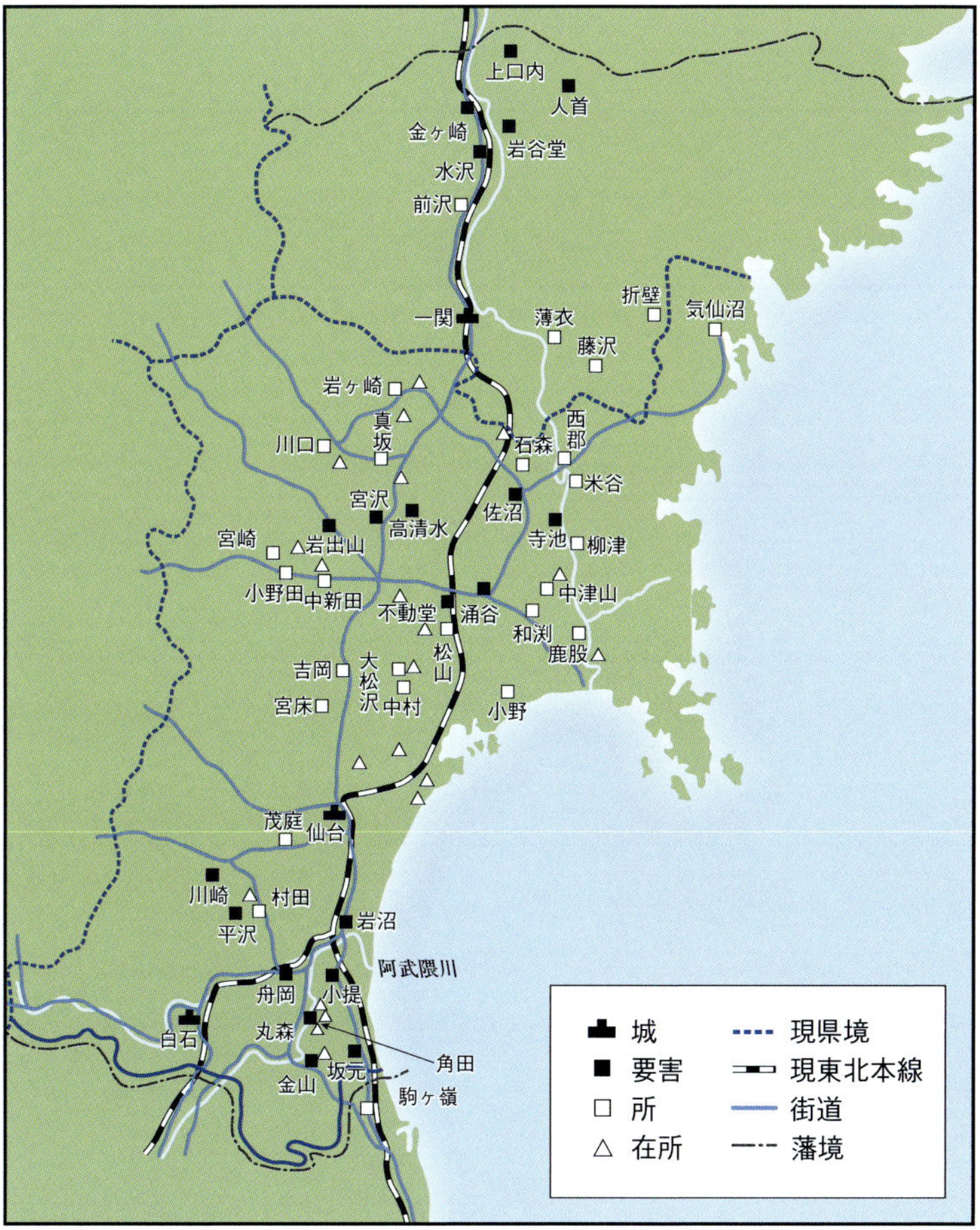

宝暦年間仙台領要害・所・在所拝領分布図（『宮城県史』1による）
仙台藩の領内に仙台城と白石城の２ヶ城と 21 の要害、さらには戦国時代の山城跡などが構えられた所や、町場を持たない在所なども配されていた。

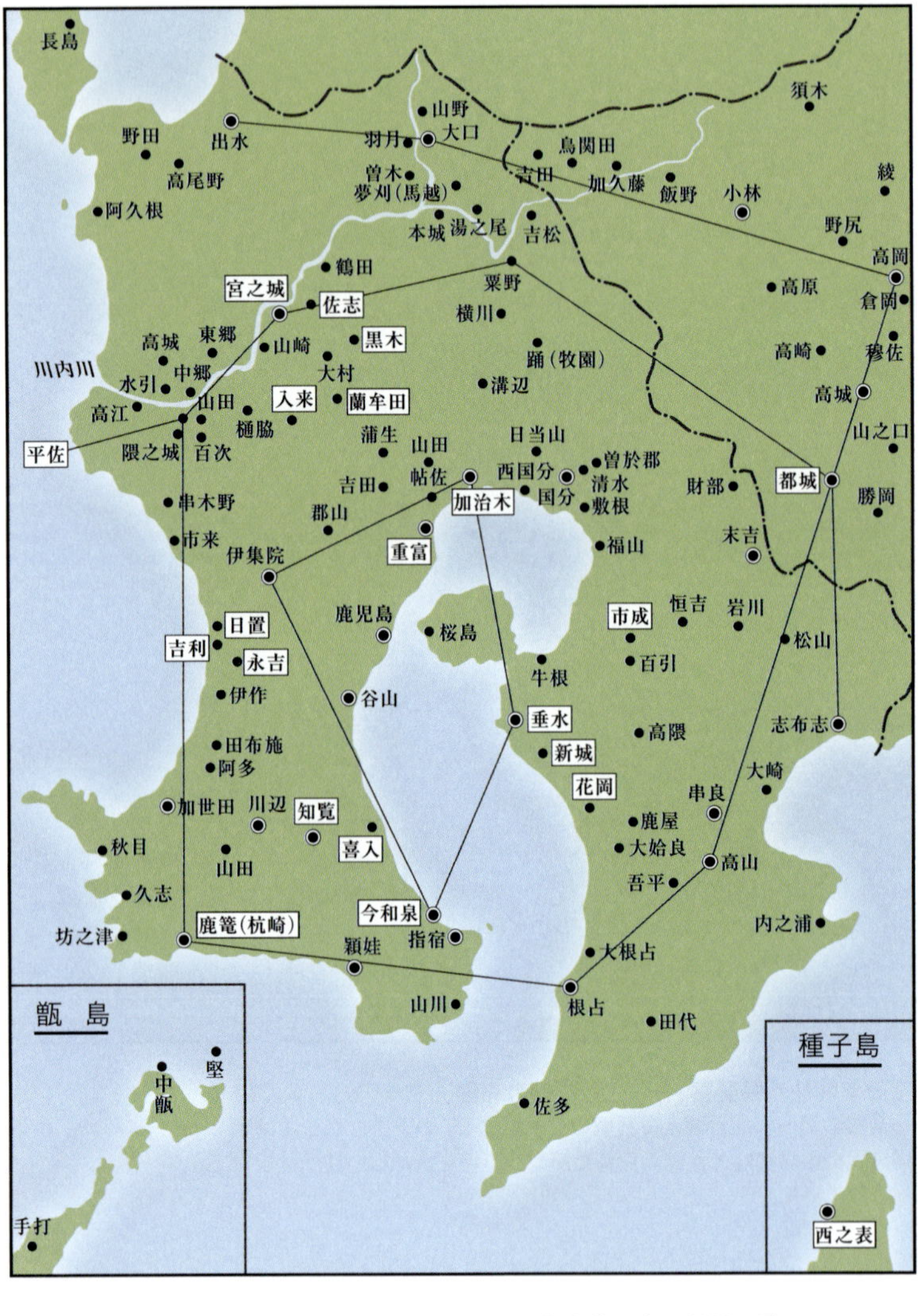

薩摩藩領内の外城一覧　中井均作成

出水麓の御仮屋門（鹿児島県出水市）
地頭仮屋は現在出水小学校となっている。

薩摩《さつま》藩には外城《とじょう》制と呼ばれる制度がある。薩摩・大隅《おおすみ》・日向《ひゅうが》の所領内に一一六ヶ所もの外城が配されていた。外城は麓《ふもと》と呼ばれ、領主の居館である地頭仮屋を中心に、郷士《ごうし》と呼ぶ家臣団の武家屋敷が構えられていた。地頭仮屋は戦国時代の山城《やまじろ》の山麓《さんろく》に配置される事例が多い。島津《しまづ》氏の準一家であった知覧《ちらん》氏が構えた知覧麓は戦国時代の亀甲《きっこう》城（鹿児島県南九州市）の山麓に構えられた外城である。また、蒲生《がもう》麓（鹿児島県姶良市）は戦国時代の蒲生城の山麓に構えられていた。同様に出水《いずみ》麓（鹿児島県出水市）は戦国時代の出水城の山麓に構えられていた。こうした構造は、合戦に備えたものであり、いざ戦いのときには背後の山城跡を利用するためのものであった。

土佐《とさ》藩では宿毛《すくも》、中村《なかむら》、佐川《さがわ》、安芸《あき》に土居《どい》と呼ばれる施設があった。いずれも戦国時代に城の構えられていたところで、重臣たちが居館を構えていた。仙台の要害と同様の制度である。

このように一国一城令下で、多くの大藩は城とほぼ同じ構造を持つ、城と呼ばない施設を支城のように構えていたのである。

ところで江戸時代の大名がすべて城を構えていたわけではない。大名には家格があり、幕末では国持大名（二〇家）、准国持大名（三家）、城主大名（一二五家）、城主格大名（一九家）、無城主大名（一〇〇家）があった。このうち居所を城郭としたのは国持、准国持、城主、城主格の大名であり、無城主大名はその名の通り居所を城郭にはできなかった。その無城主大名の居所を陣屋と呼ぶ。実に江戸時代の二六〇余の大名の三分の一以上が城を構えていなかったのである。

無城主大名の多くは石高が一万石余程度の小藩であることはまちがいないが、なかには肥前《ひぜん》小城《おぎ》藩鍋島《なべしま》家七万三千石や、伊勢《いせ》久居《ひさい》藩藤堂《とうどう》家五万三千石、伊予吉田《いよよしだ》藩伊達《だて》家三万石など、三万石以上の無城主大名もいた。こうした三万石以上の無城主大名は西国の大藩の分知された支藩である。一方、城主大名のなかでも美濃《みの》苗木《なえぎ》藩遠山《とおやま》家一万石、信濃《しなの》小諸《こもろ》藩牧野《まきの》家一万五千石、三河《みかわ》田原《たはら》藩三宅《みやけ》家一万二千石、肥前福江《ふくえ》藩五島《ごとう》家一万二千石など小禄ではあるが、その居所は城郭であった。

陣屋は基本的に軍事的な施設が設けられない。天守はもちろん櫓や石垣、堀なども構えられず、藩庁と藩主の住居としての御殿が構えられるだけであった。加藤隆《かとうたかし》氏によると、「軍事的な施設はほとんどみられない。即ち、一般的に正方形又は長方形の単郭で、複郭はほとんどなく、堀はあっても幅狭く、ないものも多い。石塁は土留《どどめ》程度に使用し、軍事的構造の櫓、馬出《うまだし》、桝形《ますがた》もほとんど築かれず、天守もない。築かれている場所も要害地でなく、平地である」とされている（加藤隆『近世城郭の研究』一九六九）。

飯野陣屋（千葉県富津市）
土塁と堀には屈曲が設けられている。

ところが保科《ほしな》氏一万七千石の飯野《いいの》陣屋（千葉県富津市）では、藩主邸の置かれた本丸と、重臣屋敷の構えられた二の丸と、藩校や武家屋敷の構えられた三の丸からなり、それらを土塁と外堀が囲んでいた。特に外堀は東辺で出枡を設けて横矢がかかり、南辺でも折が構えられ横矢が効く極めて軍事性の高いものであった。さらに本丸への城門は何重にも桝形を組み合わせた構造となっており、やはり軍事性を重視した構造であった。

また、松平《まつだいら》（滝脇《たきわき》）氏一万石の小島《おじま》陣屋（静岡市）は単郭ではあるが奥津《おくつ》川

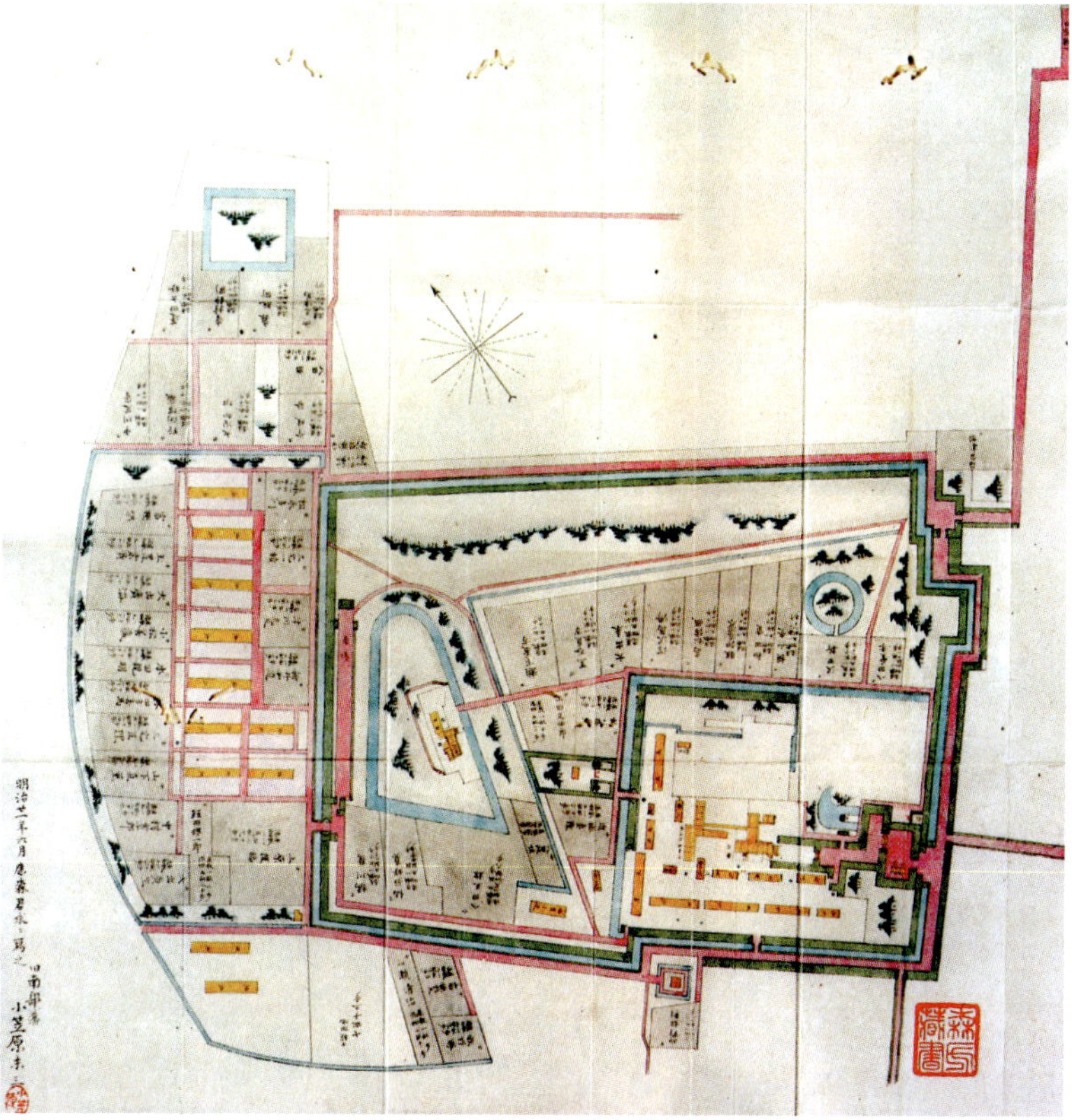

飯野陣屋図面（富津市教育委員会蔵）
１万７千石の陣屋であるにもかかわらず、飯野陣屋は本丸、二ノ丸、三ノ丸を土塁と水堀によって構えており、城郭の構えを呈していた。

の段丘を利用して築かれており、三段にわたって石垣が築かれている。なかでも大手の石垣は出隅部で高さ四メートルにおよび、城郭を彷彿《ほうふつ》させる。その構造も桝形状に屈曲して構えられており、軍事性を重視したものである。

桝形に関しては陣屋そのものには構えられないが、その城下町に設けられる場合がある。森《もり》氏一万五千石の三日月《みかづき》陣屋（兵庫県佐用郡佐用町）では志文《しぶん》川を自然の堀とし、城下への進入路となる橋を越えたところに桝形を構えている。桝形から陣屋までの間は武家屋敷であるが、街路は直角に屈曲したり、喰い違わせたり、あるいは仕切り土塁を交互に配するなど、敵の直進を防ぐ構造となっていた。さらに陣屋本体では、堀が前面に設けられ石垣造りとなり、石垣上には通用御門、中御門、長屋、物見櫓が構えられていた。こうした城下町に防御施設を構えたものとしては三日月陣屋以外にも数多く認められる。織田《おだ》氏二万石の柏原《かいばら》陣屋（兵庫県丹波市）でも大手筋に桝形が構えられ、仕切りの土手が喰い違うように構えられており、城下町に防御の工夫が認められる。櫓に関しても柏原陣屋では大手通りに面して大手への出入りを監視するとともに時を知らせる三重の太鼓櫓《たいこやぐら》が構えられていた。この櫓は移築されてしまったが現存している。陣屋は確かに城ではなく、天守も設けられることはなかったが、単純に

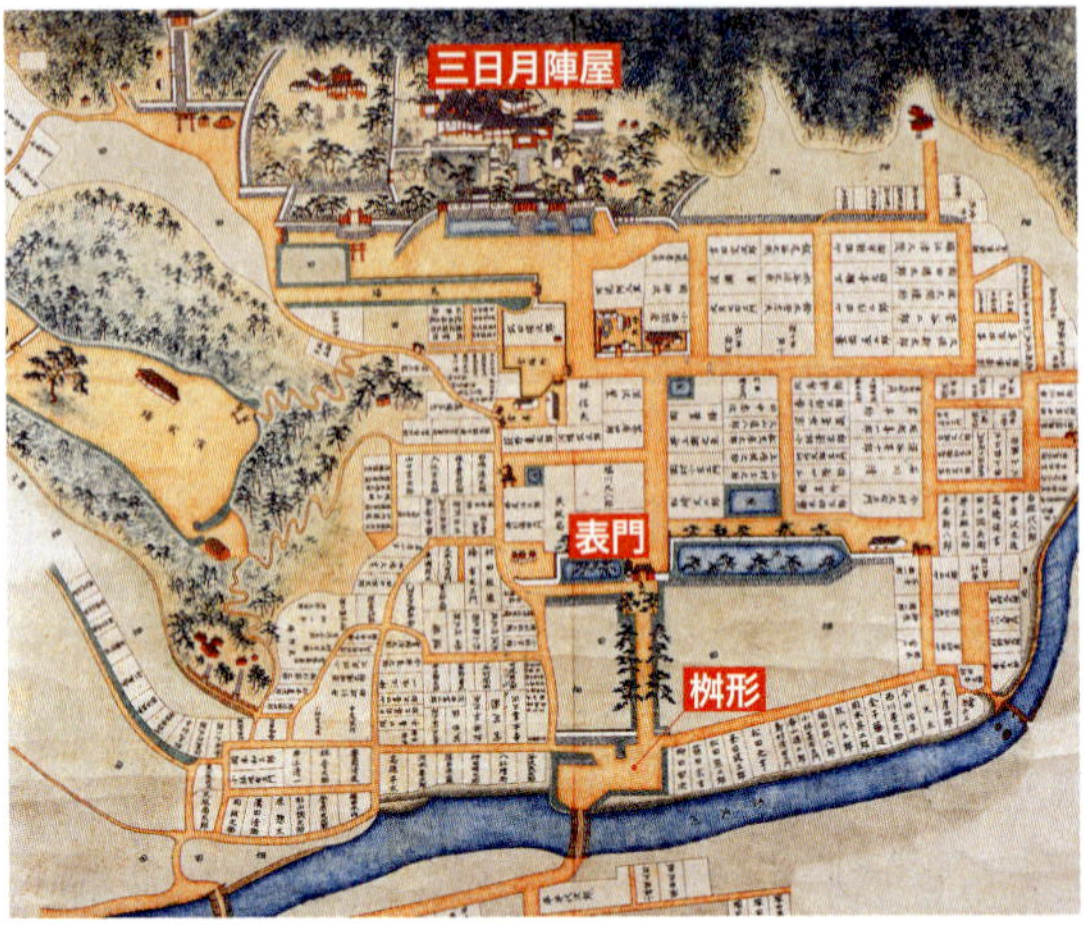

三日月陣屋絵図（佐用町教育委員会提供）

岩手陣屋（岐阜県不破郡垂井町）
陣屋正面の櫓門が現存し、門内には一文字の土居が構えられている。

三日月陣屋物見櫓（兵庫県佐用郡佐用町）
物見櫓は明治維新後移築されたが、現在元の位置に戻された。

無城主大名の居所として築かれたのではなかった。城下と一体となって防御を考えていたのである。

一方、交代寄合《こうたいよりあい》の陣屋にまで視野を広げるとさらに興味深い事実が認められる。交代寄合とは参勤交代を義務付けられた一万石以下の旗本のことで、その国許の居所は陣屋と呼ばれ、一万石以上の大名陣屋と同じものである。妻木《つまぎ》氏七千五百石の妻木陣屋（岐阜県土岐市）は戦国時代の妻木氏の居城であった妻木城の山麓《さんろく》に位置している。また、小里《おり》氏三千五八〇石の小里陣屋（岐阜県瑞浪市）も戦国時代の小里氏の居城が位置していた、通称城山の山麓に構えられている。この場所は戦国時代には城主の居館が営まれた場所であったと考えられる。竹中《たけなか》氏五千石の岩手《いわで》陣屋（岐阜県不破郡垂井町）は、戦国時代の竹中氏の居城であった菩提山《ぼだいやま》城の山麓に位置し、やはり菩提山城の山麓居館のあったところと推定されている。小笠原《おがさわら》氏千石の伊豆木《いずき》陣屋（長野県飯田市）も戦国時代の伊豆木城の山麓に構えられている。

このように交代寄合は戦国時代の土豪の系譜を引く場合が多く、さらにその陣屋は山城の山麓居館の想定地に構えられている。加藤氏の言う「築かれている場所も要害地でなく、平地である」ではなく、戦国時代以来の場所に築かれているのであった。

防御と攻撃に関する基礎知識 ——狭間／石落／窓／籠城の備え

狭間

狭間《さま》とは、天守、櫓《やぐら》、塀などの壁面に設けられた射撃用の穴のことで、矢狭間と鉄砲狭間に大別される。弓は立って引くため床面より二尺五寸の高さに、鉄砲は基本的に片膝をついて射撃するため床面より一尺五寸の高さに構えられている。

ところで岐阜市歴史博物館所蔵の『賤ヶ岳《しずがたけ》合戦図屏風』に描かれた羽柴秀吉《はしばひでよし》軍の陣城に注目したい。佐《さ》久間盛政《くまもりまさ》軍に攻められる中川清秀《なかがわきよひで》の守備する大岩山《おおいわやま》砦（滋賀県長浜市）の塀には上下二段にわたって狭間が描かれているが、よく見ると上段の狭間からは鏃《やじり》が、下段の狭間からは鉄砲の銃身が突き出ている。この屏風では太刀や刀の装着、指物《さしもの》の指し方などが戦国時代の形状で描かれていることより、極めて正確な風俗考証がなされたことがわかる。狭間についても実際に使われた矢狭間と鉄砲狭間の構えられた位置を描いたものとして貴重な事例である。

『賤ヶ岳合戦図屏風』（岐阜市歴史博物館蔵）

さらにこの屏風では矢狭間は長方形のものが描かれているのに対して、鉄砲狭間は丸形と三角形を交互に描いている。矢狭間が長方形であるのは、弓から放たれた矢が放物線を描くため、遠くからの敵に対しては射撃方向より上方に放つ必要があるた

鶴ヶ岡城の狭間（古写真／鶴岡市立図書館蔵）
明治初期の撮影。鶴ヶ岡城本丸大手門を囲む板塀に規則正しく狭間が設けられている。

姫路城はの門南方土塀の狭間
（国重文／兵庫県姫路市）
三角・長方形の「狭間」を見ることができる。

めだった。一方、鉄砲狭間には正方形の箱（筥《はこ》）狭間、三角形の鎬《しのぎ》狭間、円形の丸狭間があった。その構造的差異は不明である。姫路《ひめじ》城（兵庫県姫路市）などでは一面にこの三種の狭間を交互に配しているが、鶴ヶ岡《つるがおか》城（山形県鶴岡市）の古写真では矢狭間と鉄砲狭間を交互に配置するものの、鉄砲狭間は箱狭間のみが用いられている。

天守や櫓に構えられた狭間の場合には蓋《ふた》が取り付けられていたが、塀の場合は常時開口していた。

こうした狭間は、丸狭間の場合は竹、木によって桶状の枠を作って壁面に埋め込んだ。矢狭間、箱狭間、鎬狭間の場合は板で枠を作って壁面に埋め込んだ。天正《てんしょう》十六年（一五八八）に小《こ》西行長《にしゆきなが》によって築城され、元和《げんな》五年（一六一九）に地震によって倒壊した麦島《むぎしま》城（熊本県八代市）からは発掘調査によって推定二ノ丸東側堀から倒壊した櫓の部材が出土したが、そのなかに狭間の側板などが含まれていた。板材は四〜五分厚で挽肌仕上げであった。

さて、狭間には狭間を切った壁面の外面が壁土で塗り塞《ふさ》がれたものがある。外側からは狭間の存在がわからないことより、

金沢城石川門一の門・表
（国重文／石川県金沢市）

金沢城石川門一の門・裏
（国重文／石川県金沢市）

狭間の模式図

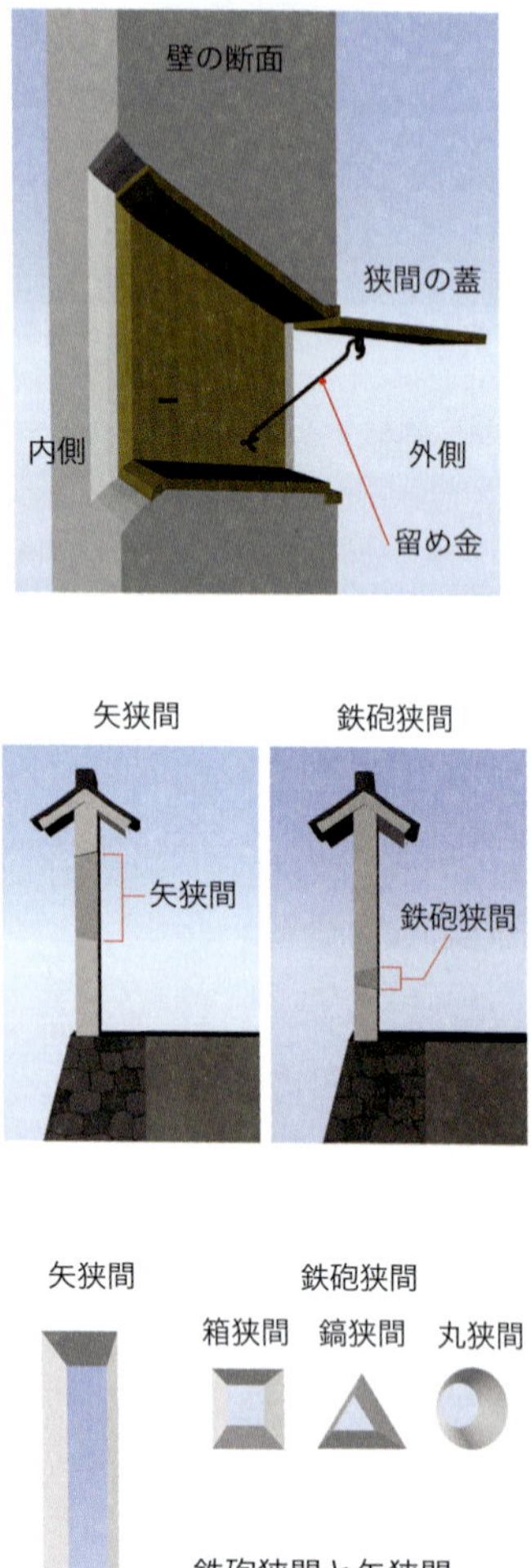

鉄砲狭間と矢狭間
矢狭間は内側が横５寸、縦１尺５寸の縦長で仰角に射ることができた。鉄砲狭間は５寸四方を標準としていた。

隠《かくし》狭間と呼ばれている。敵が前面に来た場合、鉄砲などで薄く塗り込められた壁面を突き崩して不意打ちするという仕掛けである。金沢《かなざわ》城（石川県金沢市）石川門の一の門高麗《こうらい》門両脇の土塀や、彦根《ひこね》城（滋賀県彦根市）天守に用いられている。もちろん不意打ちということが意識されたものと考えられるが、門正面や天守を象徴的な建物として見せるために、あえて塞いだものとも考えられる。

大坂城大手門外側から見た笠石銃眼
（国重文／大阪市）

大坂城大手門内側から見た笠石銃眼
（国重文／大阪市）

金沢城石川門（国重文／石川県金沢市）
石川門は桝形形式で、一の門（高麗門）、二の門（櫓門）、続櫓から構成されている。

ところで狭間にはこうした壁面に構えられたものだけではなく、極めて異例ではあるが、石垣の天端石《てんばいし》を半月形に刳《く》り込んで鉄砲狭間とした、笠石銃眼《かさいしじゅうがん》と呼ばれるものがある。江戸《えど》城（東京都千代田区）、徳川大坂城（大阪市）、二条《にじょう》城（京都市）、岡山《おかやま》城（岡山市）にのみ認められ、文書中では「さま石」と記されている。城外からは土塀《どべい》の下に鉄砲の銃身が出るだけの小さな方形の穴が見えるだけで、遠方からはその存在をまったく窺《うかが》うことができない。

なお、狭間を覗くと、その視界は極めて狭い。さらにここから銃身を出すと、ほぼ視界は遮られてしまう。おそらく迫り来る敵に対して照準を定めて射撃するのではなく、銃身のみを突き出させて乱射したものと考えられる。

伊予松山城の石落（愛媛県松山市）
左より北隅櫓・十間廊下・南隅櫓（いずれも昭和 43 年の復元）。石落が連なっている。

石落

狭間《さま》とともに近世城郭の防御施設として最も著名なものは石落《いしおとし》ではないだろうか。天守や櫓《やぐら》の隅部や、土塀《どべい》に張り出して構えられた装置で、従来は石垣をよじ登ってくる敵に対して、その頭上より石を落とす施設と考えられていたし、現在でも石落の残る城では、そうした解説がなされている。

しかし、石落を今一度よく見てみよう。張り出して作られた装置であり、どこに石落が構えられているかは一目瞭然である。わざわざ石の落ちてくるところを選んで石垣を登る間抜けはいない。伊予松山《いよまつやま》城（愛媛県松山市）のように連続して配置されていれば、石垣を登り来る敵に対処できるだろうが、金沢《かなざわ》城（石川県金沢市）の石川門脇に構えられた三の丸の長大な土塀にはわずか一ヶ所しか石落は設けられていない。ここから石が落とされるとなると、そこは避けて登るだろう。

では、石落とはどのような施設だったのだろうか。石落は狭間の一種であり、長大な石垣塁線に対して狭間は正面から来る敵にしか対処できない。そこで塁線に張り出した石落を設け、下部に開いた口より斜め下方に向けて鉄砲を放ったのである。石落を一ヶ所構えることによって長大な塁線に横矢を掛けることができ

戸袋型（左）と袴腰型（右）の石落（国重文／愛媛県松山市）
伊予松山城の乾櫓の一重隅部の戸袋型石落と下見板張塀にある鉄砲狭間のついた袴腰型石落。

袴腰型の石落（国重文／愛媛県大洲市）
大洲城高欄櫓の石落。

出窓型の石落（国重文／愛知県名古屋市）
名古屋城御深井丸西北隅櫓の出窓型石落。

戸袋型の石落（国重文／熊本市）
熊本城田子櫓の戸袋型石落。

たのである。金沢城の石川門脇の三の丸土塀も出窓形の石落を設けることにより、石川門脇櫓一階に構えられた出窓との間に合横矢を掛けることができたのである。

こうした石落には天守や櫓の隅部に斜めに開く袴腰型《はかまこしかた》と、雨戸を納める戸《と》袋《ぶくろ》状に突出する戸袋型と、出窓の下に設けた出窓型がある。さらに櫓門では上部に構えられた櫓の床面が門より張り出しており、そこに石落が設けられ、門に押し寄せた敵の頭上から槍を突き出し、鉄砲を放った。

さらに狭間に隠狭間があったように、石落にも隠《かくし》石落があった。松江《まつえ》城（島根県松江市）の天守は初重の壁面には何も設けられていないのだが、二重目の隅部に袴腰型の石落が構えられ

萩城天守古写真（山口県萩市）
明治初期撮影。一階床面が張り出した石落。

松江城天守の隠石落（国宝／島根県松江市）
天守の二重目にある袴腰型の石落。一重目の屋根裏が開口している。

ており、一重目の屋根裏が開口するようになっていた。また、名古屋城《なごや》（愛知県名古屋市）天守では二階に一重目の屋根に張り出して出窓が設けられているが、これが石落となっており、一重目の軒裏が開口するようになっていた。さらに大天守穴蔵の入口の頭上には袴腰型の石落が構えられていた。

さらに萩城《はぎ》（山口県萩市）天守や熊本城《くまもと》（熊本市）天守のように一階の床面が石垣よりも張り出して構えられているものがあるが、これは床面の外周全面が石落となるものである。

もちろん石を落とす石落もあった。古くは十一世紀の後三年合戦を描いた鎌倉時代の絵詞『後三年役絵巻《ごさんねんえきえまき》』には、衣川《ころもがわ》の館と見られる城の切岸に巨石を縄で縛《しば》り付けた状況が描かれている。さらに実際にその縄を切って落とされた石も描かれている。江戸時代の軍学ではこうした石落と、天守や櫓に設けられた側射のための石落を同じものとして扱い、石を落とす施設としてしまったのである。

突上戸（国重文／熊本市）
熊本城宇土櫓の突上戸。

格子窓（国重文／愛媛県宇和島市）
宇和島城天守の格子窓。方形柱を45度ずらせて用いている。

格子窓（国重文／滋賀県彦根市）
彦根城佐和口多門櫓の格子窓。

窓

天守、櫓、塀には窓が設けられているが、もっとも多用されるのが格子窓《こうしまど》である。窓に設けられた格子は鉄砲や弓を放つ狭間の役目を果たしている。格子は方形柱を用いるが、窓に対して四五度ずらせることにより、鉄砲は左右に広角に放つことができる。これに対して方形柱を窓に併せて設けると斜位に銃身を向けようとすると格子にぶつかってしまい、射程はほぼ正面に限定されてしまう。

窓を開放しておくと風雨が入り込むので、戸が付属する。もっとも原始的なものが突上戸《つきあげど》で、戸板を上に突き上げるものである。これに対して防火対策として、戸板の表面に漆喰を塗り、左右の外側に開閉できる開戸が用いられたり、重い土戸のために引戸が用いられたりする。引戸の場合、格子窓の内側に設けられるものと、格子窓の外側に設けられるものがある。

なお、天守に用いられる窓として、華頭窓《かとうまど》（花頭窓）がある。釣鐘形をした窓枠を用いた窓で、主に禅宗寺院の仏堂に備わる窓である。天守にのみ華頭窓が用い

犬山城天守の華頭窓（国宝／愛知県犬山市）
天守最上階にある華頭窓は枠だけの飾りにすぎない。

岡山城天守の華頭窓・古写真（岡山市）
天守最上階内部の華頭窓。

福山城天守の華頭窓・古写真
（広島県福山市）
天守最上階の華頭窓。

広島城天守の華頭窓・古写真（広島市）
天守最上階の華頭窓。

られたのは格式によるものと考えられる。岡山《おかやま》城（岡山市）、広島《ひろしま》城（広島市）、犬山《いぬやま》城（愛知県犬山市）、福山《ふくやま》城（広島県福山市）、高松《たかまつ》城（香川県高松市）、盛岡《もりおか》城（御三階櫓・岩手県盛岡市）の天守では最上層の窓にのみこの華頭窓が用いられている。

　また、彦根《ひこね》城（滋賀県彦根市）と高島《たかしま》城（長野県諏訪市）の天守では最上階とその下階に、松江《まつえ》城（島根県松江市）と伊予大洲《いよおおず》城（愛媛県大洲市）では最上階ではなく、中間階に華頭窓を設けている。ところで松本《まつもと》城（長野県松本市）、姫路《ひめじ》城（兵庫県姫路市）では大天守に華頭窓がないのに、小天守には華頭窓が備えられている。

　窓で忘れてはならないのは出窓である。外壁面から突出して構えられた窓で、切妻《きりづま》屋根や唐破風《からはふ》屋根が載る。出窓は床面に石落を設け、突出した両脇面には狭間が備えられ、横矢が掛かるようになっている。

高島城天守の華頭窓（長野県諏訪市）
明治５年に破却された。古写真。

彦根城天守
（国宝／滋賀県彦根市）
三重三階の二階、三階に
取り付けられた華頭窓。

松江城天守の華頭窓（国宝／島根県松江市）
四重五階天守の三階の明り採りを兼ねた
華頭窓。

弘前城天守の出窓（国重文／青森県弘前市）
天守の切妻屋屋根型の出窓。

金沢城石川門菱櫓（国重文／石川県金沢市）
石川門の脇に構えられた菱櫓の唐破風屋根
型の出窓。

丸岡城天守の出窓（国重文／福井県坂井市）
二重三階天守の一階の出窓。床面は石落。

便所／姫路城大天守（国宝／兵庫県姫路市）

流し／姫路城大天守（国宝／兵庫県姫路市）

武具掛／姫路城大天守（国宝／姫路市）

台所／姫路城天守（国宝／兵庫県姫路市）

籠城の備え

籠城《ろうじょう》に対する備えにはどのようなものがあったのだろうか。

姫路《ひめじ》城（兵庫県姫路市）天守を例にとって見ておきたい。姫路城は関ヶ原合戦の戦功により播磨《はりま》を賜った池田輝政《いけだてるまさ》により、慶長《けいちょう》六年（一六〇一）から築城が開始され、天守は慶長十四年（一六〇九）に完成した。その白亜の美しさより白鷺《しらさぎ》城の異名がある。しかし、実際には関ヶ原合戦直後の徳川《とくがわ》対豊臣《とよとみ》という、極めて軍事的緊張関係が高まった段階の築城であり、戦うために築かれた城なのである。

　天守は連立型構造で、大天守に対して小天守が三基構えられ、各天守間を多門櫓《たもんやぐら》で連結した形となっている。この連立型天守は、本丸が落ちてもなお、天守群のみでも戦うことを考えた構造である。姫路城天守では連立型によって生じた中庭部に二階建の台所が設けられている。台所としての特徴的な構造は認められないが、籠城の際は、こ

井戸／名古屋城天守（愛知県名古屋市／古写真）
天守地階にあった井戸。かつては一階からも水を汲めるようになっていた。

井戸／松江城天守（国宝／島根県松江市）

井戸／大坂城小天守台（国重文／大阪市）

こに竈《かまど》を備え、厨房《ちゅうぼう》として利用したものと考えられる。

さらに大天守地階には流しや便所、武具収納用の棚も設けられている。こうした施設は天守のみになっても戦うことを目的に設けられた施設であった。

さて、籠城となるともっとも必要なものが水である。近世城郭では多くの井戸が掘られている。天守を最後の籠城の場と考えたのは姫路城だけではない。松江《まつえ》城（島根県松江市）天守の地階には深さ約二四メートルの井戸が設けられている。また、大坂《おおさか》城（大阪市）では天守台前面の桝形《ますがた》（小天守台）に井戸が掘られている。黄金水と呼ばれるこの井戸には井戸屋形が現存しており、重要文化財に指定されている。このほか名古屋《なごや》城（愛知県名古屋市）天守、浜松《はままつ》城（静岡県浜松市）天守、熊本《くまもと》城（熊本市）小天守、伊賀上野《いがうえの》城（三重県伊賀市）小天守にも井戸が設けられていた。

山城《やまじろ》は特に水の備蓄が必要となる。特に関ヶ原合戦直後の軍事的緊張が高まった段階に築かれた山城では貯水施設や井戸が数多く作られた。備中松山《びっちゅうまつやま》城（岡山県高梁市）では近世に築かれた小松山背後の大松山に周囲を石垣によって築いた大池と呼ばれる貯水池が備えられた。その規模は二三メートル×一〇メートルという巨大なもので、築城当初は屋根が架けられていた。この大池と同様に石垣によって築かれた貯水池で、さらに大形のものが伊予松山《いよまつやま》城（愛媛県松山市）の二の丸に設けられた大井戸である。その規模は一八メートル×一三メートルで、深さは九メートルにおよんでいる。

慶長《けいちょう》六年（一六〇一）より築城が始められた毛利《もうり》氏の居城である萩《はぎ》城（山口県萩市）は指月山《しづきやま》の山頂に詰《つめ》丸が築かれた。この詰丸の中心には岩盤を刳《く》り抜《ぬ》き、漆喰《しっくい》で塗り固めた貯水池が設けられている。

なお、大和《やまと》高取《たかとり》城（奈良県高市郡高取町）では二の門の前面に水堀があるが、山城の防御施設であれば空堀や堀切で充分である。それをあえて水堀としたのは貯水池として利用する目的でもあったと考えられる。

大池（貯水池）／備中松山城
（岡山県高梁市）

貯水池／萩城詰丸（山口県萩市）

もちろん井戸も備えられたが、とりわけ城そのものに備えられた井戸は名前が付けられるほど貴重なものであった。豊後佐伯《ぶんごさえき》城（大分県佐伯市）では二段にわたって井戸が構えられ、雄池、雌池と呼ばれた。美濃岩村《みのいわむら》城（岐阜県恵那市）では霧ヶ井と呼ばれ、名水であるだけでなく、城主秘蔵の

大井戸／熊本城（熊本市）

大井戸／伊予松山城（愛媛県松山市）

井戸（霧ヶ井）／岩村城（岐阜県恵那市）

井戸（雌池）／佐伯城（大分県佐伯市）

蛇骨《じゃこつ》を投げ入れれば、たちまち霧が湧《わ》いて城を隠したという伝説まで生んだ。高取城では搦手《からめて》口に七ツ井戸と呼ばれる井戸があったほか、井戸曲輪《くるわ》にも巨大な井戸が構えられていた。

　高取城や岩村城では関ヶ原合戦直後は家臣団の屋敷も山上に構えられており、各屋敷地にも井戸が掘られていた。ただ、寛永《かんえい》期には城主とともに家臣も山を下りたため、こうした井戸は短期間しか用いられなかったが、現在も点々と残されている。山城に多くの貯水池や井戸が設けられたのは、関ヶ原合戦直後に築かれたためで、実際に籠城を想定したことを如実に示している。

　さて、熊本城には一二〇ヶ所もの井戸があったといわれている（現存する井戸は一七ヶ所）。これは文禄《ぶんろく》の役《えき》に朝鮮へ出兵した加藤清正《かとうきよまさ》が蔚山《ウルサン》城（大韓民国蔚山広域市）に籠城した際、水と食糧に大変苦労した教訓を生かしたものと伝えられている。

城の種類と縄張の見方――山城／平山城／平城／海城

近世城郭はその立地から、俗に山城《やまじろ》、平山城、平城、さらには海城という区別がなされている。しかし、こうした区別に明確な決まりがあるわけではない。同じ城でも書籍によって扱われ方が違う場合すらある。例えば伊予松山城《いよまつやま》（愛媛県松山市）は、平山城の典型例として紹介される場合が多いが、一方で山城として分類している場合もある。では種類はどうやって判断すれば良いのだろうか。

最も信頼できるのは江戸時代にどう分類されていたのかを調べることである。例えば『正保城絵図《しょうほしろえず》』と呼ばれる一群の絵図がある。この絵図では、例えば丹波篠山城《たんばささやま》（兵庫県篠山市）を平山城、大洲城《おおず》（愛媛県大洲市）を山城、広島城《ひろしま》（広島市）を平城と記している。大洲城が山城というのは一見奇異に感じられるが、大洲藩ではそう認識していたのである。『正保城絵図』は幕命によって提出を求められた絵図である。そこに誤った記載は許されない。江戸時代人による分類として評価できるものである。

この『正保城絵図』であるが、正保元年（一六四四）に幕府が諸大名に命じて作成させた城絵図で、城と城下町を描く大絵図で、曲輪《くるわ》の大きさ、堀の幅や深さ、石垣の高さなどが詳細に注記されている。これらは江戸城《えど》（東京都千代田区）の紅葉山文庫《もみじやま》に保管されていた。その総数は一六〇枚におよんだが、火災や紛失のため現在では六五枚（六三枚が国立公文書館に、一枚が福島県立博物館に、一枚が斎藤報恩会に保管）が残されており、国立公文書館所蔵の六三枚は国の重要文化財に指定されている。

さて、『正保城絵図』の本丸には城の種類が記されているものがあり、山城と記されているのが、大洲城、

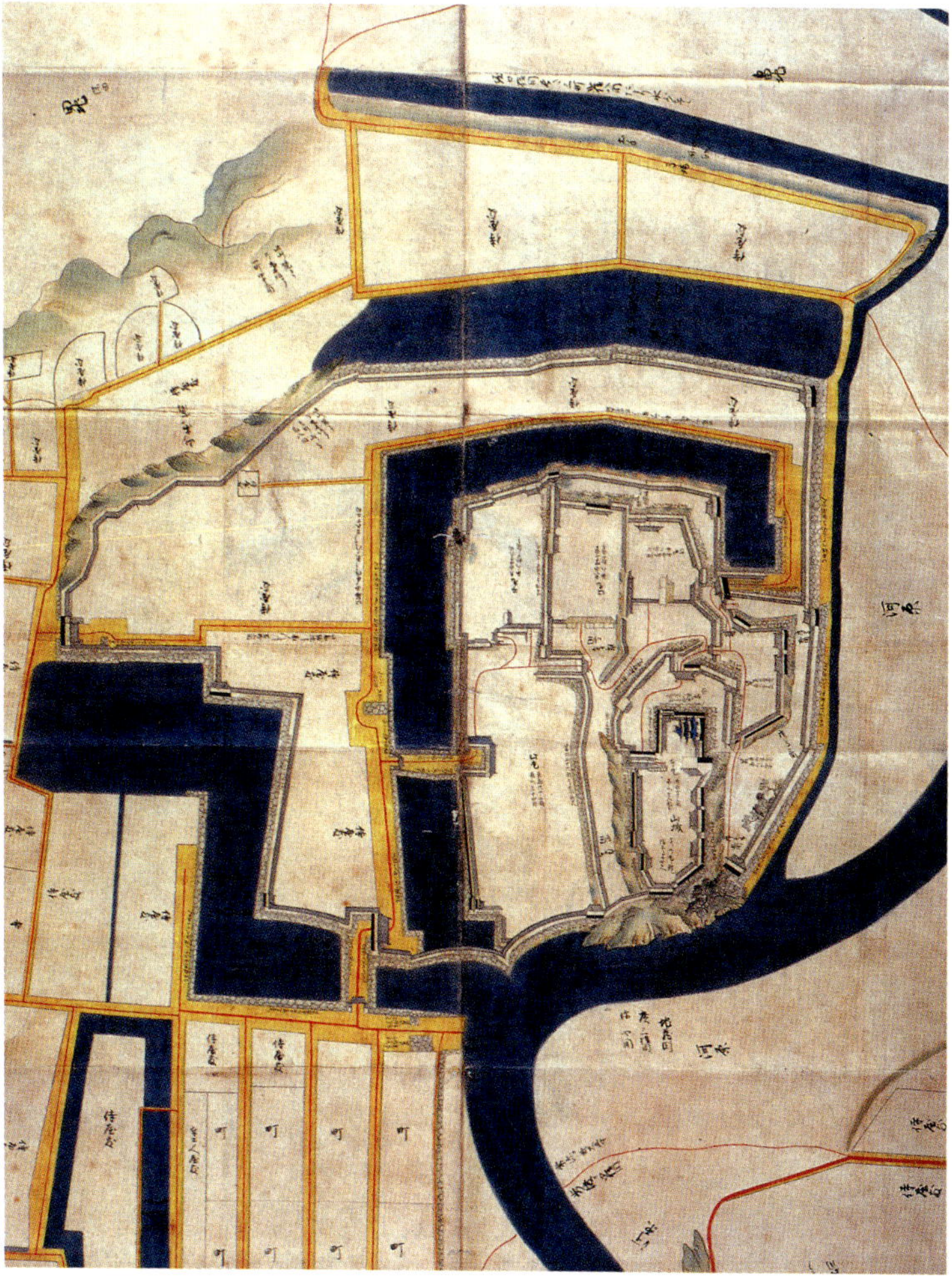

伊予国大洲之絵図（国立公文書館内閣文庫蔵）
肱川に面した標高約20メートルの地蔵ヶ嶽を利用して築かれている。よく平山城として紹介されるが、正保城絵図には「本丸山城」と記されている。

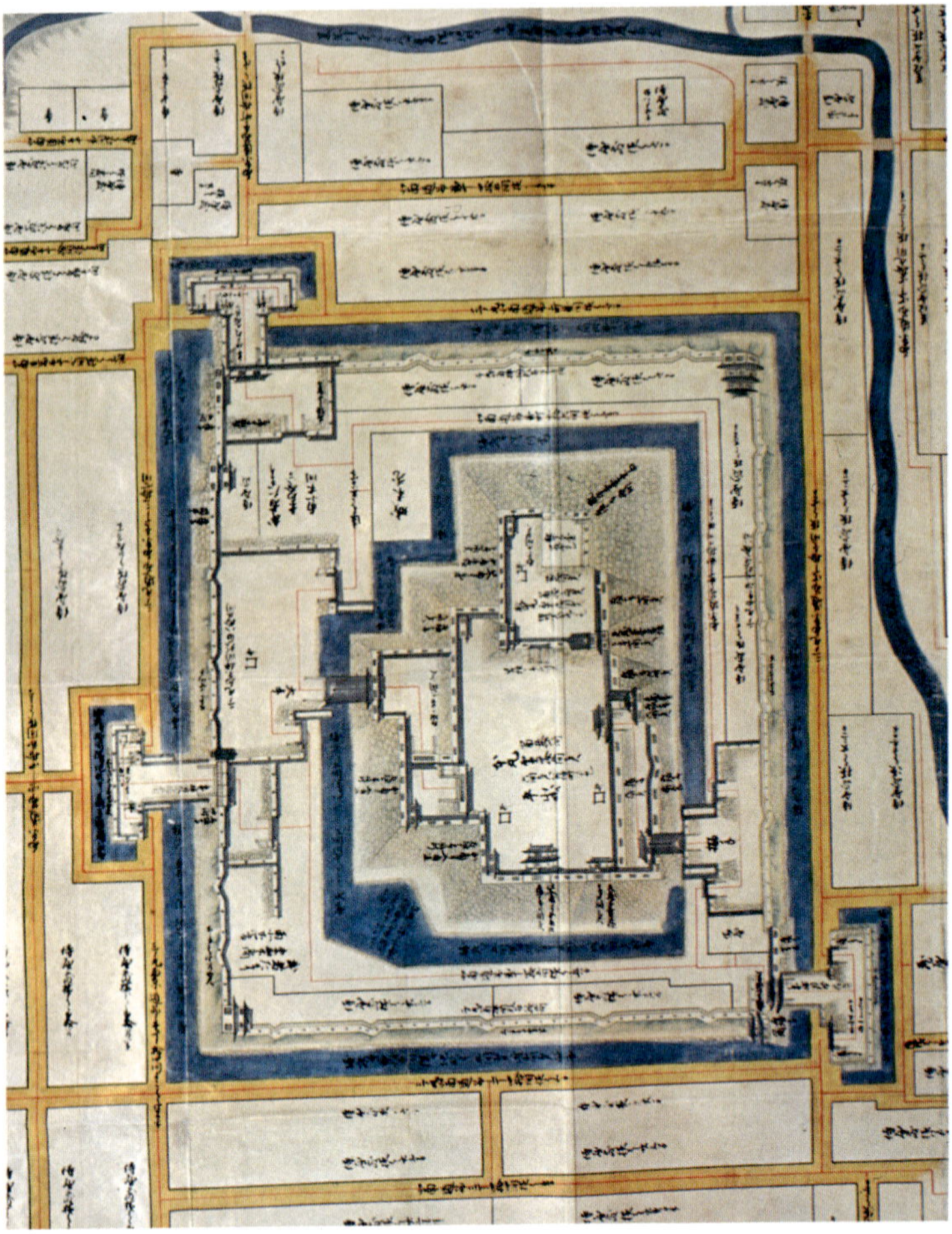

丹波篠山之絵図（国立公文書館内閣文庫蔵）
篠山盆地の中心の位置する笹山と呼ばれる比高 15 メートルの独立した小丘陵に築かれた。正保城絵図には「本丸平山城」と記されている。その縄張は典型的な輪郭式となる。

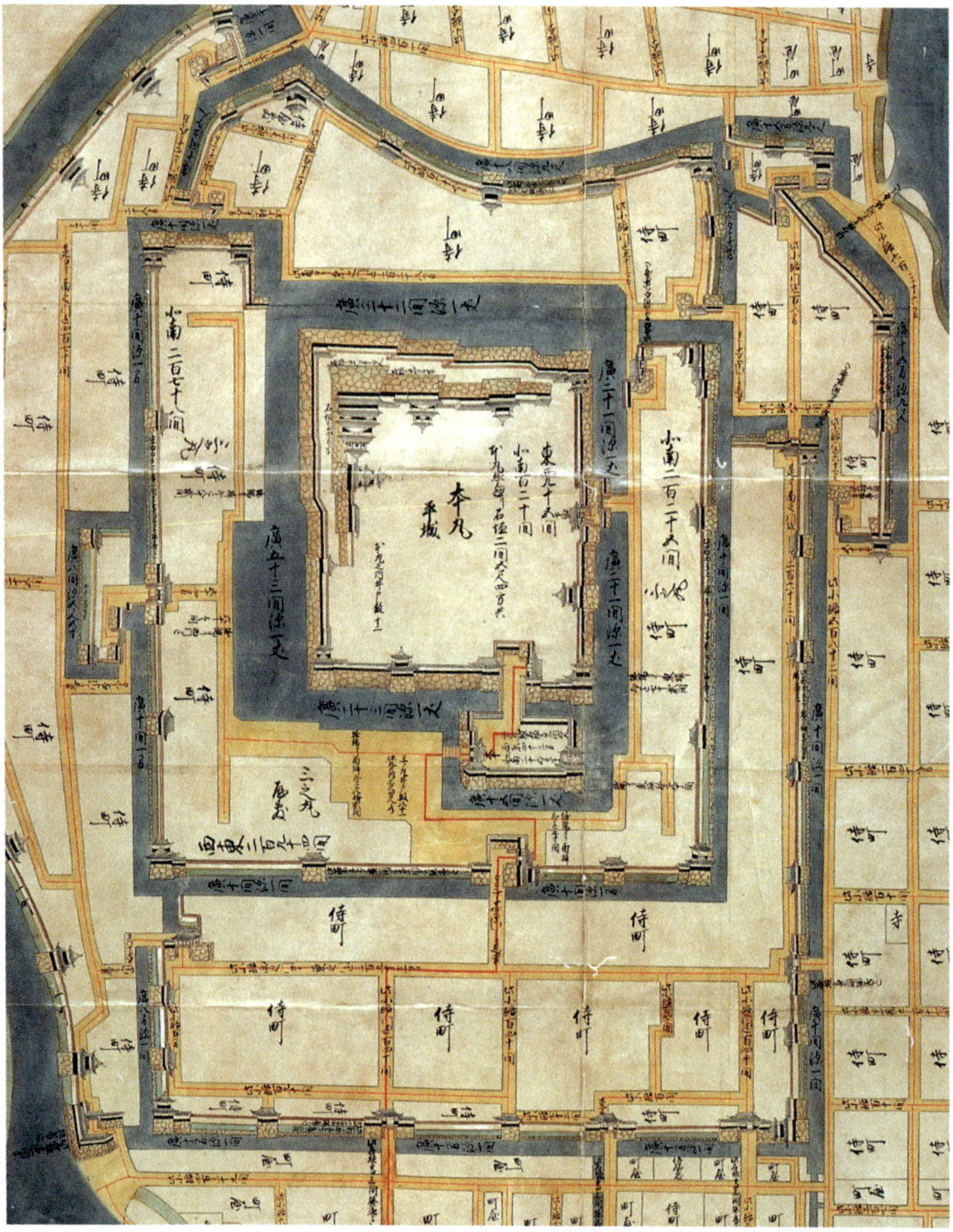

安芸国広島城所絵図（国立公文書館内閣文庫蔵）
太田川の三角州に築かれたことがよくわかる。輪郭式の縄張は篠山と同じであるが、広島城では内郭と外郭に高低差がまったくない。正保城絵図には「本丸平城」と記されている。

津山城《つやま》（岡山県津山市）、岡城《おか》（大分県竹田市）、上山城《かみのやま》（山形県上山市）、久保田城《くぼた》（秋田市）、村上城《むらかみ》（新潟県村上市）高知城《こうち》（高知市）である。

平山城と記されているのが、白石城《しろいし》（宮城県白石市）、本荘城《ほんじょう》（秋田県由利本荘市）、会津若松城《あいづわかまつ》（福島県会津若松市）、白河城《しらかわ》（福島県白河市）、小田原城《おだわら》（神奈川県小田原市）、刈谷城《かりや》（愛知県刈谷市）、田原城《たはら》（愛知県田原市）、明石城《あかし》（兵庫県明石市）、篠山城《ささやま》（兵庫県篠山市）、丹波亀山城《たんばかめやま》（京都府亀岡市）、松江城《まつえ》（島根県松江市）である。

平城と記されているのが米沢城《よねざわ》（山形県米沢市）、棚倉城《たなくら》（福島県東白川郡棚倉町）、新庄城《しんじょう》（山形県新庄市）、長岡城《ながおか》（新潟県長岡市）、古河城《ふるかわ》（茨城県古河市）、上田城《うえだ》（長野県上田市）、西尾城《にしお》（愛知県西尾市）、桑名城《くわな》（三重県桑名市）、三原城《みはら》（広島県三原市）、広島城《ひろしま》（広島市）である。海城として著名な三原城は平城と記されており、海城という種別自体が江戸時代には存在しなかった。ところで絵図には詳細な注記がされているのであるが、実は残されたすべての絵図に種類が記されているのではない。曲輪《くるわ》や堀、石垣に関しては非常に神経を尖らせていたのであるが、城の立地はそう意識されていなかったのだろうか。

なお、『正保城絵図』自体は失われてしまったが、その控図《ひかえず》が藩で作成されて残されたものがある。「金沢《かなざわ》城絵図」（金沢市立玉川図書館蔵）では山城と記され、「高田城絵図」（上越市立図書館蔵）では平城と記されている。金沢城が山城と認識されていたことは奇異であるが、江戸時代人の認識は山城だったのである。おそらくこれまでの城の書籍で金沢城を山城と記したものはないのではないだろうか。

『正保城絵図』に種別の記された城に関しては、その種類を用いるものとし、種類の記されていない城については便宜的《べんぎ》に、山上部と山麓部《さんろく》に離れて構えられている場合は山城、それ以外は平城と分け、平山城は用いないという分類でよい。姫路《ひめじ》城（兵庫県姫路市）や彦根《ひこね》城（滋賀県彦根市）は山城か平山城は微妙であるが、それは山の高低差のみの問題であり、要は低くとも山上部と山麓部の二元的構造は山城として扱うべきであろう。

■立地による城の分類

山城

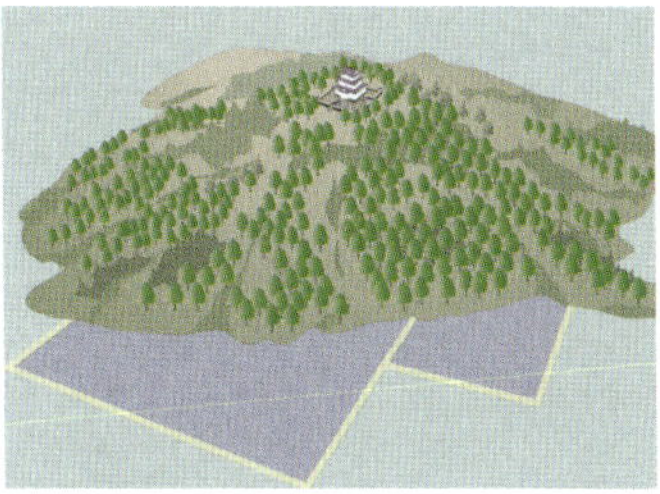

村上城（新潟県村上市）

平山城

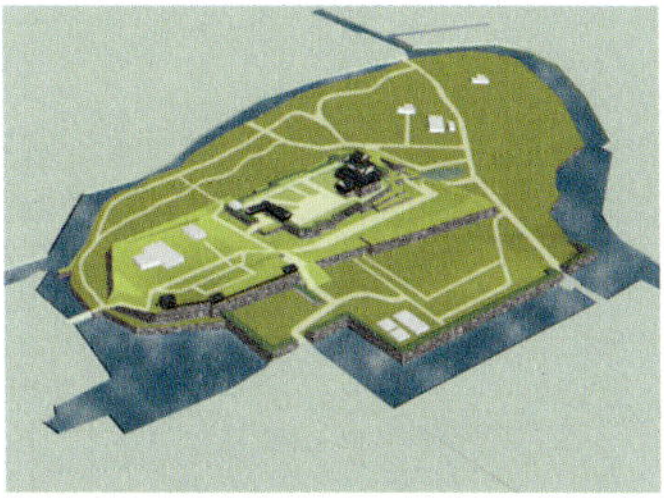

松江城（島根県松江市）

平城

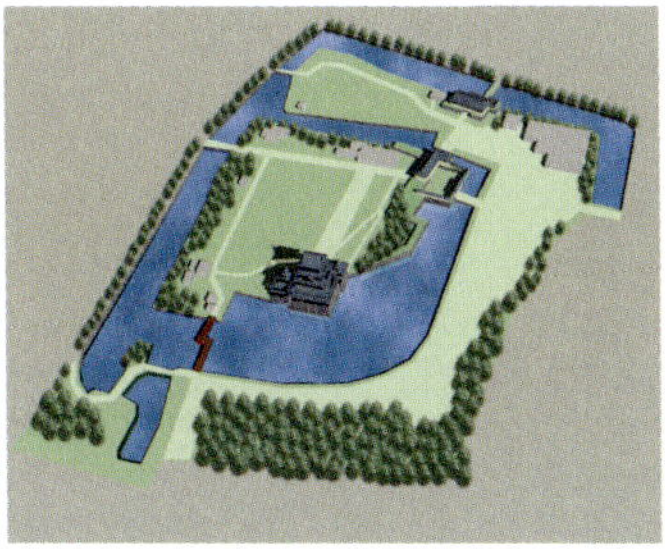

松本城（長野県松本市）

さて、選地の後は、どのような城を築くかという設計がおこなわれる。これを縄張《なわばり》と呼び、近世の軍学では輪郭式《りんかくしき》、連郭式《れんかくしき》、梯郭式《ていかくしき》と説明している。

輪郭式は本丸を中心として同心円状に二の丸、三の丸を配置する構造で、四方に対して等しく防御が厚くなる長所がある。しかし外側に肥大化する構造は外側に大量の兵を配置しなければならないのが短所となる。平城に採用される場合が多い。方形の曲輪《くるわ》を重ねるものとして米沢城（山形県米沢市）、山形城《やまがた》（山形市）、駿府城《すんぷ》（静岡市）、福井城《ふくい》（福井市）、二条城《にじょう》（京都市）などが、円形の曲輪を重ねるものとして田中城《たなか》（静岡県藤枝市）などが、この輪郭式の典型的事例である。

連郭式は本丸、二の丸、三の丸を縦列に配置する構造で、城の大手から本丸への奥行は縦深となる長所がある。しかし側面からの攻撃に対しては本丸も露呈するのが短所である。台地上に立地する城に採用される場合が多い。盛岡城《もりおか》（岩手県盛岡市）、水戸城《みと》（茨城県水戸市）、島原城《しまばら》（長崎県島原市）などがこの連郭式の典型的事例である。

梯郭式は本丸の二方、または三方を二の丸が囲い込み、さらに二の丸の二方、または三方を三の丸が囲い込む構造で、本丸が片隅に位置するが、二の丸に囲まれない二方、または一方が崖、川、海などに面する、「後堅固の城」である。背後からは絶対に攻撃されることがないという長所がある。背後が海によって守られる萩城《はぎ》（山口県萩市）、府内城《ふない》（大分市）、日出城《ひじ》（大分県速見郡日出町）や、河川によって守られる弘前城《ひろさき》（青森県弘前市）、岡山城《おかやま》（岡山市）などがこの梯郭式の典型的事例である。

もちろん全国の近世城郭がこうした三つの縄張に納まることはなく、輪郭式と梯郭式が合体した高崎城《たかさき》（群馬県高崎市）や、輪郭式と連郭式が合体した新庄城（山形県新庄市）や、連郭式と輪郭式が合体した

■縄張による城の分類

輪郭式

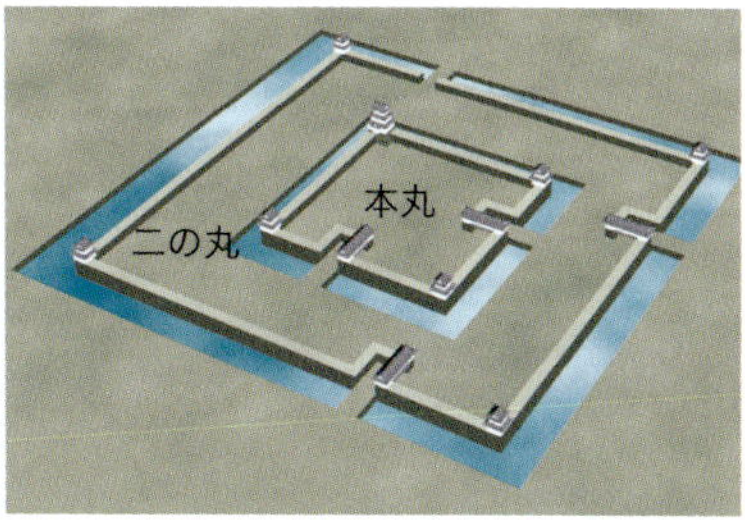

二条城（京都市）

連郭式

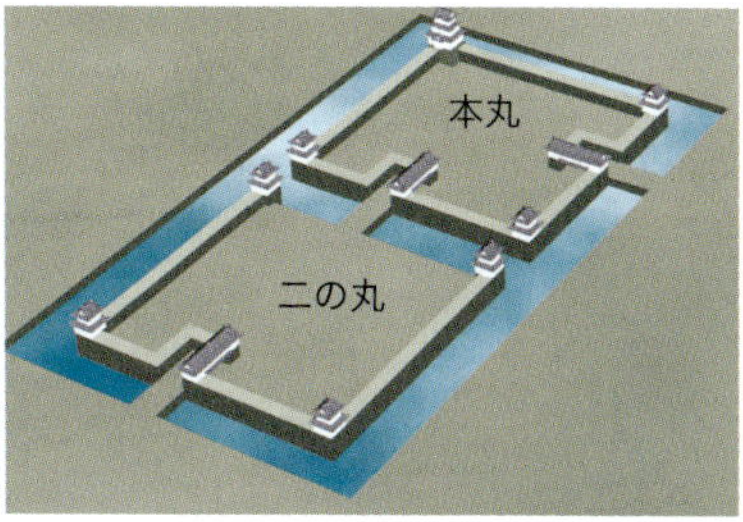

島原城（長崎県島原市）

梯郭式

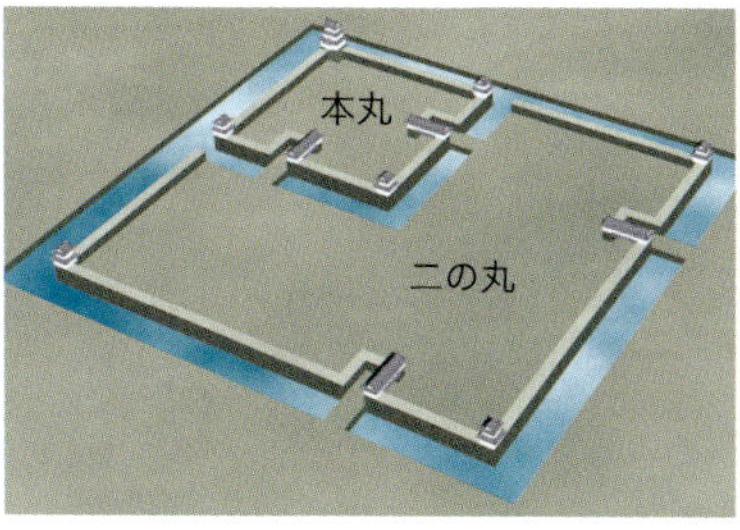

萩城（山口県萩市）

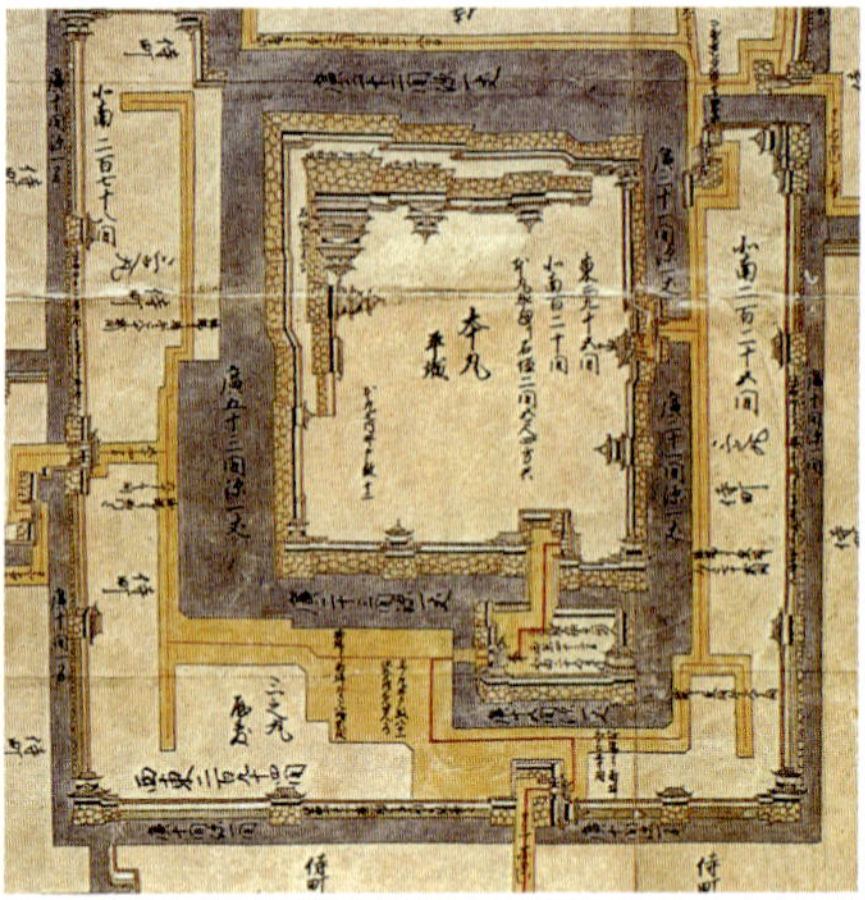

「安芸国広島城所絵図」（国立公文書館内閣文庫蔵）

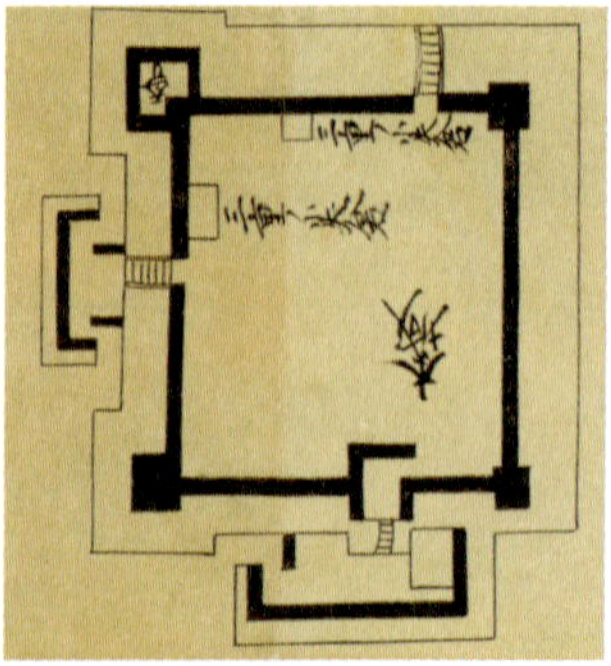

「聚楽古城之図」（国立国会図書館蔵）

大垣《おおがき》城（岐阜県大垣市）や、姫路城のような渦巻き式のものなど様々な縄張がある。これらは机上の軍学で設計されたものではなく、立地する自然地形などを利用しながら、各々の城が独特の縄張を有するのである。ただ、自然地形ではなく、共通した縄張を持つ城も存在する。その代表的なものが聚楽第《じゅらくだい》型と加納《かのう》城型である。聚楽第（京都市）は天正《てんしょう》十四年（一五八六）に豊臣秀吉《とよとみひでよし》によって築かれた城である。その構造は長方形の本丸の前面に小さな二の丸を構えるものであるが、この二の丸は角馬出《かくうまだし》となるものである。また、本丸の西側の虎口《こぐち》前面にも角馬出が設けられている。さらに天守は本丸の左奥隅部に配されている。この聚楽第とまったく同じ縄張を有しているのが、天正十七年に毛利輝元《もうりてるもと》によって築かれた広島城である。馬出の位置、天守の位置まで瓜二つであり、同じ設計者による縄張と見られる。この聚楽第型は聚楽第と同年に改修された清須《きよす》城（愛知県清須市）でも認められる。この清須城には豊臣秀次《とよとみひでつぐ》が入れ置かれており、豊臣系の縄張として評価できよう。また、関ヶ原合戦直後に築かれた前田《まえだ》氏の富山《とやま》城（富山市）や高岡《たかおか》城（富山県高岡市）も類似する縄張であるし、長岡《ながおか》城（新潟県長岡市）や新庄城（山形県新庄市）の縄張も基本型は聚楽第型である。

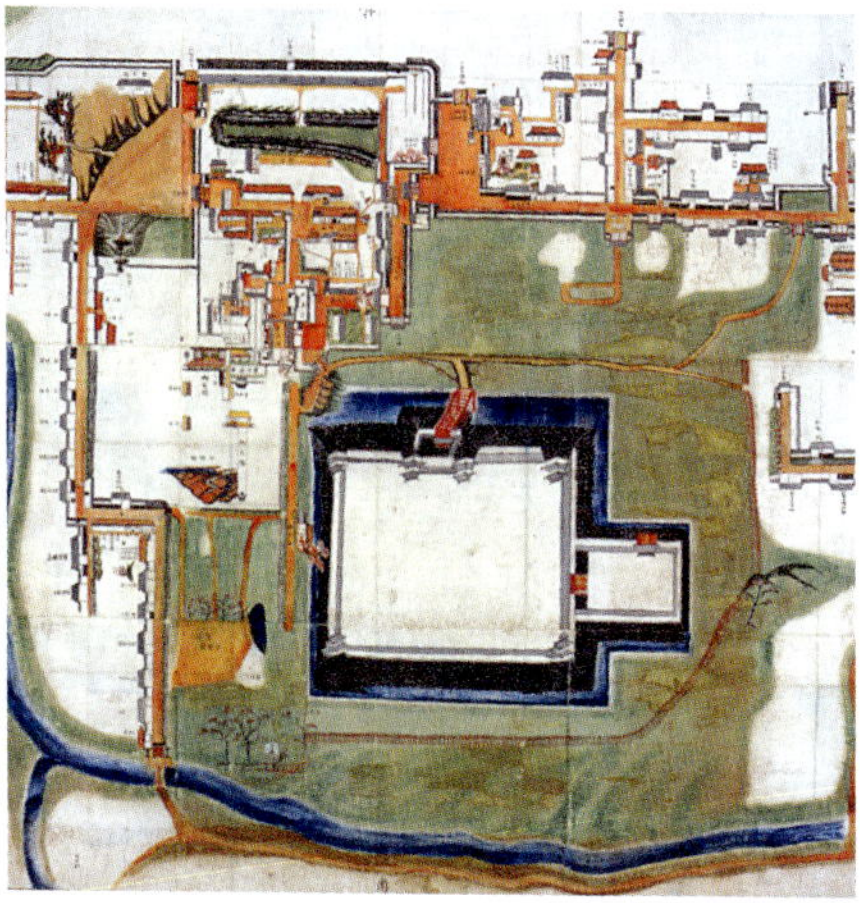

「濃州加納ノ城図」
（国立国会図書館蔵）

「水口城郭内絵図」
（甲賀市水口歴史民俗資料館蔵）

一方、徳川家康《とくがわいえやす》によって慶長六年（一六〇一）に築かれた加納《かのう》城（岐阜市）では、方形の本丸に方形の突出部を設けて凸状に構えられている。この突出部は出桝形《でますがた》となり、正面の虎口を防御している。馬出が本丸との間を堀によって隔てられているのに対して、加納城型の凸部は本丸に接して構えられている。同様の本丸構造が寛永《かんえい》十一年（一六三四）に将軍家光《いえみつ》上洛用の宿館として築かれた水口《みなぐち》御茶屋《おちゃや》御殿《ごてん》（滋賀県甲賀市）や、二条城の本丸に認められる。このようにごく稀《まれ》ではあるが、同一の縄張を持とうとしていたのも事実である。

さらに戦国時代の城に築かれた場合、特異な縄張となる場合もある。飫肥《おび》城（宮崎県日南市）は戦国時代、大隅《おおすみ》守護伊東《いとう》氏の居城であり、その構造は典型的な南九州型の縄張を示している。近世には伊東氏五万一千石の居城となるが、この段階では戦国時代の曲輪すべてを利用するのではなく、本丸、松尾丸、中丸だけを用いている。戦国時代の縄張に規制を受けた縄張といえよう。

ところが江戸時代中期になると机上の軍学によって設計される城が出現する。赤穂《あこう》城（兵庫県赤穂市）は甲州《こうしゅう》流小幡勘兵衛《おばたかんべえ》（景憲《かげのり》）の門人近藤正純《こんどうまさずみ》による縄張であり、福山《ふくやま》城（北海道松前町）は高崎藩の軍学者市川一学《いちかわいちがく》による縄張で築かれている。

城塁と堀の見方 ―― 土塁／石垣／堀

土塁

近世城郭の基礎は石垣である。その初源は天正《てんしょう》四年（一五七六）に織田信長《おだのぶなが》によって築かれた安土《あづち》城（滋賀県近江八幡市安土町）である。しかし、近年の発掘によって信長の石垣は永禄《えいろく》十年（一五六七）に築かれた岐阜《ぎふ》城（岐阜市）や、永禄六年（一五六三）に築かれた小牧山《こまきやま》城（愛知県小牧市）からも検出されており、その到達点として安土城の石垣は位置付けられる。この信長の築城思想はその家臣団や豊臣秀吉《とよとみひでよし》に受け継がれ、近世城郭が成立する。このため近世城郭には石垣が必ず用いられるものと思われがちであるが、石垣を採用せず、土塁《どるい》によって完成する近世城郭も存在する。とりわけ土塁は関東以北の近世城郭に多く認められる。

こうした関東以北の土塁造りの近世城郭はこれまで石材が少ないために土塁とせざるを得なかったといわれてきたが、石材がなければ遠方より運んで来るのが近世権力である。つまり石材がないので土塁にしたという見方は早計であろう。関ヶ原合戦直後に関東以北へ移封され、新たに築城した大名は、戦国以来の関東の大名であった。弘前《ひろさき》城（青森県弘前市）は陸奥《むつ》の津軽《つがる》氏、久保田《くぼた》城（秋田市）は常陸《ひたち》の佐竹《さたけ》氏、米沢《よねざわ》城（山形県米沢市）は越後《えちご》

弘前城二の丸土塁（青森県弘前市）

久保田城土塁（秋田市立佐竹史料館蔵・古写真）
明治初年の撮影。

たたき土塁

芝土塁

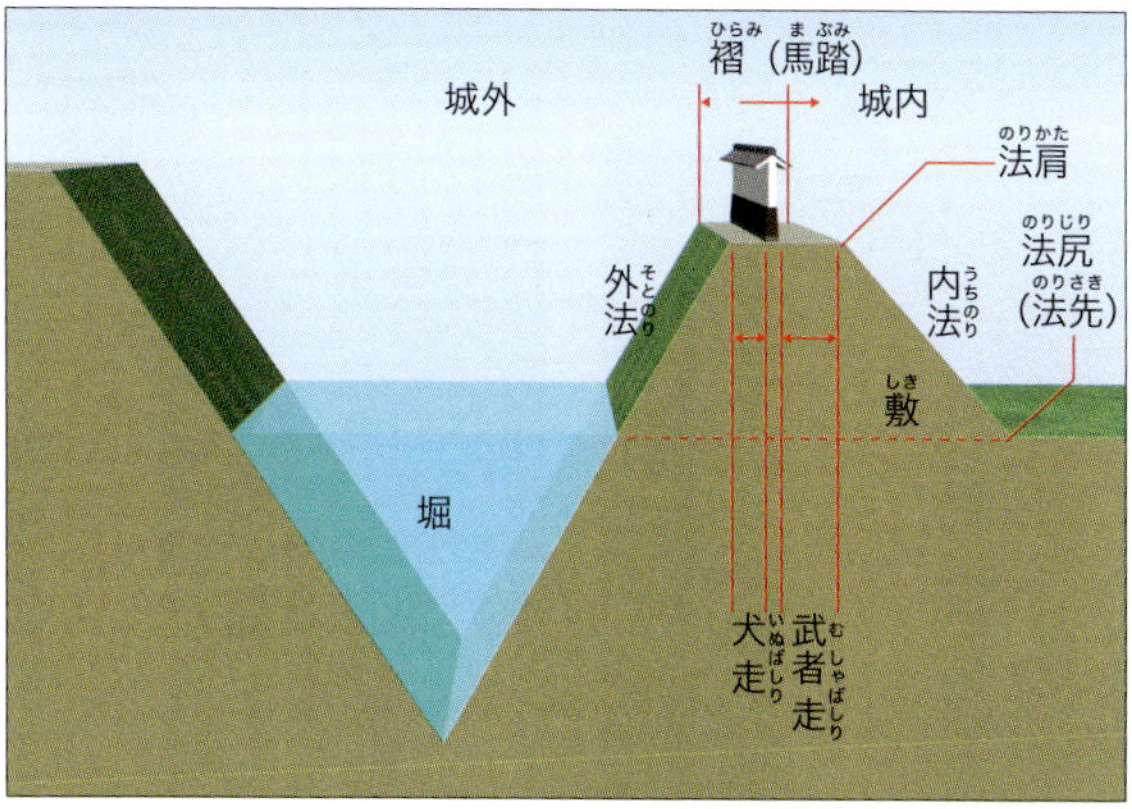

■土塁各部の名称図

水戸城三の丸の土塁（茨城県水戸市）
水戸城の普請には石材が一切用いられず、
すべて土塁と空堀によって築かれている。

の上杉《うえすぎ》氏、仙台《せんだい》城（宮城県仙台市）は陸奥《むつ》の伊達《だて》氏である。彼らは戦国以来の土造りの城こそを城として意識していたのであろう。そして土塁の天端にのみ石垣を築き、天守や櫓《やぐら》を築いたのである。つまり関東以北では城郭の近世化を作事（建物）に求め、普請（土木）は戦国以来の伝統として土造りとしたのであった。さて、近世城郭では土塁の上辺を褶《ひらみ》、底辺を敷《しき》、傾斜面を法《のり》（矩）と称した。土塁上辺の褶は馬踏《まぶみ》といい、馬や兵士が走り回れる場所であった。なお、土塁上に塀《へい》や柵《さく》を構える場合、法面の肩部に築くと崩れてしまうので、褶の中央に築かれる。この場合、塀、柵の城内側の褶は城内兵の通路となり、武者走《むしゃばしり》と称した。また、城外側は犬走《いぬばしり》と称した。

なお、土塁は構築構造によって、粘土や礫《れき》を混ぜて突き固めたものを「たたき土居」、土塁の崩落を防ぐために法面に芝を貼ったものを「芝土居」に分けることができる。芝については、近世の軍学者、林子平《はやししへい》は『海国兵《かいこくへい》談《だん》』で「土居へは香附子《こうぶし》、麦門冬《ばくもんどう》、冬芝と小笹《こざさ》の類を植《う》ゑ《え》るべし、土止の為なり、根方は枳殻《からたち》を植るもよし」と

腰巻石垣／江戸城
（国史跡／東京都千代田区）

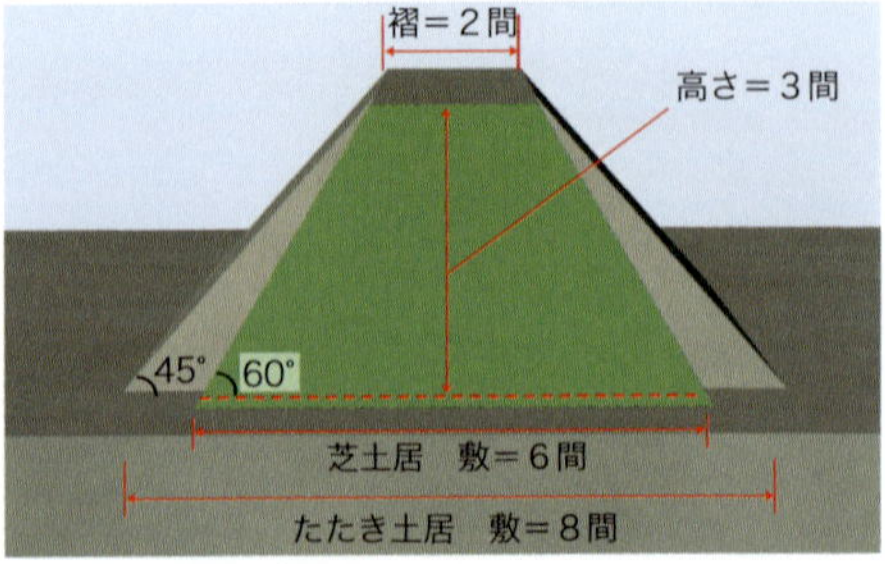

■『武教全書』による土塁の勾配

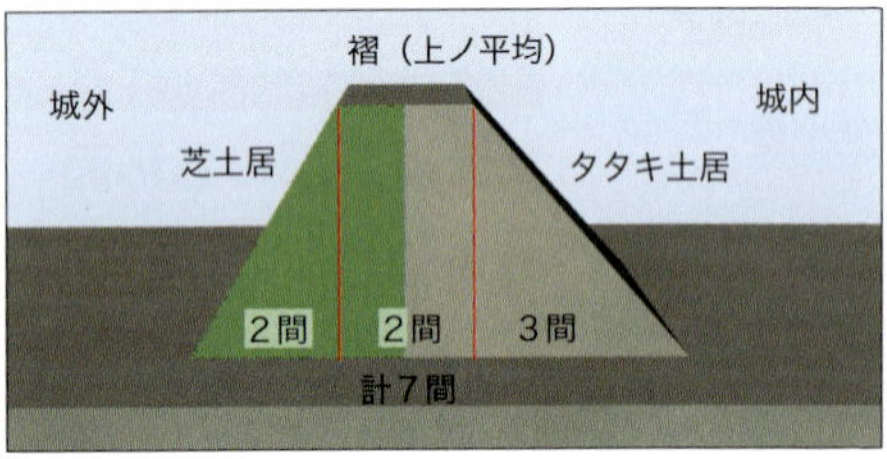

■『軍詞之巻』による土塁の勾配

記している。また、規模に関しても軍学では、山鹿《やまが》素行《そこう》の『武教全書《ぶきょうぜんしょ》』には「たたき土居は敷八間、しば土居は敷六間、石垣は六間の内にてもくるしからざる事。但《ただ》し高さ何《いず》れも三間の時の事也」と記しており、平地に築く場合は褶を二間とすると、たたき土居の敷は八間、勾配《こうばい》は四五度、芝土居の敷は六間、勾配は六〇度と記している。また、有沢武貞《ありさわたけさだ》の『軍詞之巻』では「外ハ芝土居敷二間内ノタタキ土居敷三間上ノ平均二間合テ下ノ敷七間也」とあり、土塁の法面は外法を急勾配の芝土居とし、内法を緩斜面《かんしゃめん》のたたき土居とすることとしている。

もちろんこうした軍学書は江戸時代に記されたものであり、決して築城当初の史料ではない。しかし、現存する土塁では軍学書に記されているように、外法が急傾斜で内法が緩斜面となる事例が多く、軍学者たちは江戸初期の遺構を体系化して軍学にしたものと考えられる。

ところで、土塁を補強するために土塁の上部に石垣の築かれることがある。この石垣を鉢巻《はちまき》石垣と呼ぶ。また、下

鉢巻・腰巻石垣／彦根城（国特別史跡／滋賀県彦根市）
土塁の基底部に積まれる腰巻石垣と、土塁の頂部に積まれる腰巻石垣が併用されている。

鉢巻石垣／江戸城
（国史跡／東京都千代田区）

部に石垣の築かれる場合もあり、これは腰巻《こしまき》石垣と呼ぶ。石垣を節約し、その一部を土塁で代替えしたものである。鉢巻石垣は櫓《やぐら》や塀《へい》などの建物を築く基礎石で、腰巻石垣は水堀から立ち上がる土塁の土留めとして用いられた。江戸《えど》城（東京都千代田区）や、会津若松《あいづわかまつ》城（福島県会津若松市）、白河《しらかわ》城（福島県白河市）などの東国の城に多く用いられている。西国では彦根《ひこね》城（滋賀県彦根市）で用いられており、内郭の松原内湖に接する塁線は石垣となり、内堀に接する部分は鉢巻・腰巻石垣となり、表御殿の正面を腰巻石垣としている。

普請を石垣とする西国の城でも外堀など外郭は土塁とする場合が多い。彦根城では外堀の塁線は土塁としている。この外堀は昭和二十六年頃より埋め立てられ、現在東南隅部に唯一残存しているが、最近の発掘調査によって裾《すそ》部まで土塁によって築かれていることが判明している。姫路《ひめじ》城（兵庫県姫路市）でも中堀の北面は土塁によって構えられているし、広島《ひろしま》城（広島市）の外郭も土塁によって構えられている。

石垣

織豊《しょくほう》系城郭によって城郭の重要な要素となったのが石垣、瓦、礎石《そせき》建物である。以後の城郭はこの三つの要素を兼ね備えるようになる。近世城郭の成立である。この三つの要素を城に導入した織田信長《おだのぶなが》は、単なる軍事的な防御施設から、天下統一を具現化するシンボルとしての見せる城を造り上げたのであった。聳《そび》え立つ高石垣、その上には漆喰《しっくい》で塗り込められた重層の櫓《やぐら》が軒を並べ、屋根には金箔《きんぱく》瓦が輝き、そして中心には天主が造営された。以後、信長の一門、家臣団、さらに豊臣秀吉《とよとみひでよし》とその一門と、家臣団の城にはこの三つの要素が貫徹されていく。こうした斉一性の強い城を織豊系城郭と呼んでいる。

その普請の特徴となるのが石垣である。安土城《あづち》（滋賀県近江八幡市安土町）の石垣普請には穴太衆《あのうしゅう》が動員されたといわれ、石垣は穴太積みといわれている。しかし、安土築城に穴太衆が関わった記録はない。十八世紀初頭に成立したと考えられている『明良洪範《めいりょうこうはん》』という書物に「江州《ごうしゅう》にあのふと云所あり、其所にて古より石の五輪を切出し、其外都て石切の上手多く有所也、夫故、信長公天守を建られし時、同国の事故、あのふより石工を多く呼寄仰付《よびよせおおせつ》けられしより、諸国にても此を用ひしに、次第に石垣の事上手に成て、後には五輪を止て石垣築のみを業としける、以来は諸国にても通名になり、石垣築者をあのふと云習はしける」と記されており、この史料が独り歩きした結果が安土城の石垣普請は穴太が関わったということになってしまったのである。

ここで穴太を一度再検討しておきたい。一次史料で最も古いものは『言継卿記《ときつぐきょうき》』天正《てんしょう》五年（一五七七）九月二十四日条の「召寄穴太石懸普請、醍醐《だいご》清滝之御修理也」であろう。ここでは穴太は石を積む技術者として表されている。

現在、大津市《おおつ》の坂本《さかもと》と浜大津《はまおおつ》を結ぶ京阪鉄道石山坂本線に穴太駅がある。『明良洪範』に記されたように、当初は比叡山《ひえい》に隷属《れいぞく》する石工集団であったと考えられる。近年の発掘調査で信長の石垣志向はすでに小牧《こまき》山《やま》城（愛知県小牧市）段階より認められることより、安土築城にあたって石垣を構築した工人は小牧山城や岐阜城で石垣を積んだ職人たちであったと考えられる。しかし、安土城の石垣は岐阜《ぎふ》城（岐阜市）に比べ圧倒的に土木量が多く、岐阜で石垣構築に従事した工人に加えて多くの工人たちが集められたものと考えられる。おそらくそれまで五輪塔《ごりんとう》や石仏を刻んでいた穴太もこれに参加し、織豊系城郭の石垣構築を習得することにより、全国の城郭石垣を手掛けるようになったのであろう。

名護屋城石垣（国特別史跡／佐賀県唐津市）
名護屋城は秀吉の死によって、慶長３年（1598）に廃城となる。石垣が残るが、自然に崩落したものではなく、人為的に取り壊されている。

石垣が織豊系城郭の重要な要素であり、それが列島全土へと伝播したのであるが、その技術習得に大きな影響を与えたのが、文禄《ぶんろく》元年（一五九二）から慶長《けいちょう》三年（一五九八）に勃発した豊臣秀吉の朝鮮出兵である。秀吉はこの戦いに本営として肥前《ひぜん》に名護屋《なごや》城（佐賀県唐津市）を築くが、その城下には全国の諸大名が陣を設けていた。名護屋築城も割普請によるものであったため、大名間で新技術である石垣普請の情報交換がなされたであろうことは想像に難くない。さらに朝鮮半島に出兵した大名は、半島の南岸で倭《わ》城と呼ばれる日本式城郭の築城を命じられており、そこでも石垣普請が求められたのである。こうして石垣普請は全国に伝播《でんぱ》したのである。

さて、石垣には様々な構築法がある。基本的には石垣石材の加工度による分類が三種と、積み方による分類が二種あり、加工度と積み方を掛けて、全六種がある。

まず、加工度であるが、自然石を積むものを「野面《のづら》積《づ》み」という。石材を人工的に切り出し、積んだ段階で接合面を打ち欠いて積むものを「打込接《うちこみはぎ》」という。さらに方形に切り出した石材を積むものを「切込《きりこみ》接《はぎ》」という。積み方は、石材の横目地の通らないものを「乱《らん》積《づ》み」といい、横目地の通るものを「整層《せいそう》積《づ》み」（布《ぬの》積《づ》み）という。

そこで自然石を不揃《ふぞろ》いに積んだ石垣が「野面乱積み」、自然石を用いて横目地を通して積んだ石垣が「野面布積み」、粗割石材を不揃いに積んだ石垣が「打込接乱積み」、粗割石材を用いて横目地を通して積んだ石垣が「打込接布積み」、切石を不揃いに積んだ石垣が「切込接乱積み」、切石を用いて横目地を通して積んだ石垣が「切込接布積み」となる。石垣はほぼこの六種類に分類される。

野面乱積み／吉田城鉄櫓石垣
（愛知県豊橋市）

野面布積み／浜松城天守台石垣
（静岡県浜松市）

十八世紀には横長の石材を横位に積むのではなく、斜位に交互に積む技法が出現する。「落《おと》し積《づ》み」または「谷《たに》積《づ》み」と称されている。これがきちんと交互に横目地を通して積まれたものを「矢羽《やばね》積《づ》み」という。基本的には切石材を用いていれば切込接積みということとなる。もちろん城跡でこの「落し積み」を見つければ、その石垣は少なくとも十八世紀以降に積まれた石垣ということがわかる。

切込接乱積み／小松城天守台石垣
（石川県小松市）

打込接乱積み／彦根城天守台石垣
（国特別史跡／滋賀県彦根市）

切込接布積み／江戸城天守台石垣
（国史跡／東京都千代田区）

打込接布積み／江戸城西の丸石垣
（国史跡／東京都千代田区）

18世紀以降に積まれた石積み

亀甲積み／福山城天守台石垣
（国史跡／北海道松前町）

落し積み（谷積み）／彦根城天秤櫓石垣
（国特別史跡／滋賀県彦根市）

牛蒡積み／彦根城天守台石垣
（国特別史跡／滋賀県彦根市）

玉石積み／横須賀城本丸石垣
（国史跡／静岡県掛川市）

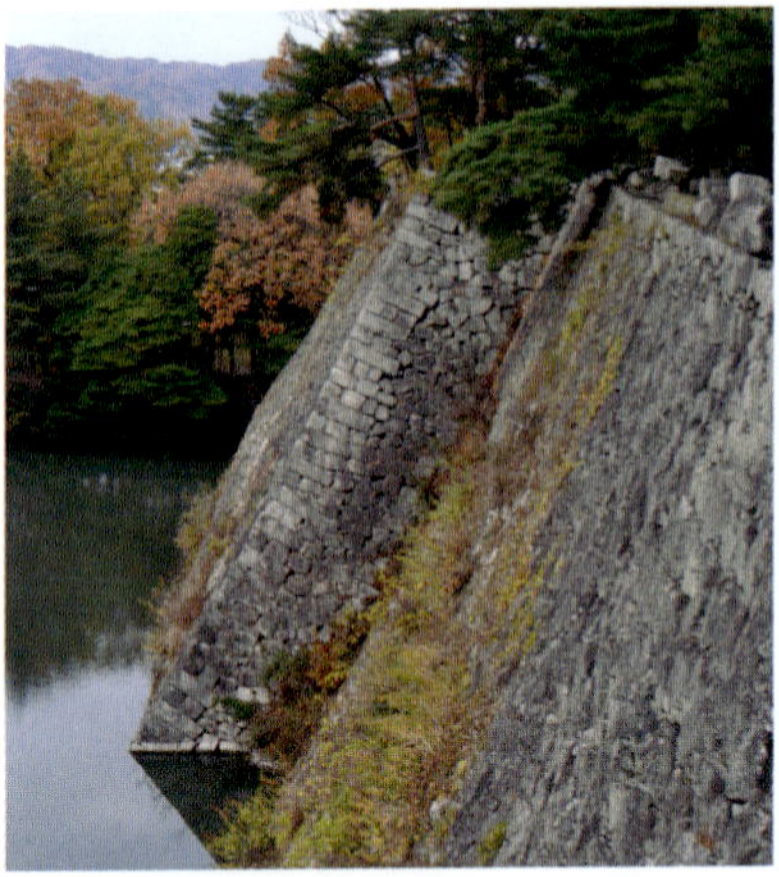

伊賀上野城本丸石垣
（国史跡／三重県伊賀市）
大名の城では最も高い石垣。その勾配は直線的で反りを持たない。

彦根城天守台石垣
（国特別史跡／滋賀県彦根市）
牛蒡積みは自然石を用いた野面積みと言われているが、彦根城の天守台石垣には矢穴で割られた石材も用いられている。

十八世紀でも後半、十九世紀になると、六角形に加工した切石を横目地を通して積む「亀甲積《きっこうづ》み」が出現する。装飾的な意味合いの強い石垣ではあるが、横目地を揃えた切込接布積みでは地震で崩れるので、六角形の石材が用いられたとも考えられる。

地震に関しては小口（表面）よりも控《ひか》え（奥行）に長い石材を用いる技法を「牛蒡積《ごぼうづ》み」と称している。通常の石垣では小口面に長辺を用いるのに対して、控えに長辺を用いるので確かに崩れにくい。彦根《ひこね》城（滋賀県彦根市）の天守台石垣はその典型例として紹介されているのだが、実際に詳細に観察すると、小口面にも確実に長辺が用いられており、決してすべての石材が牛蒡状になっているわけではない。

さて、こうした積み方とともに、石垣の法面を見ると、同じ高石垣でも、直線的なものと、天端の三分の一あたりのところで反りの認められるものがある。反りを持つものを「扇《おうぎ》の勾配《こうばい》」と呼ぶ。この違いは時代的な違いではなく、明らかに構築者の違いによるものである。江戸

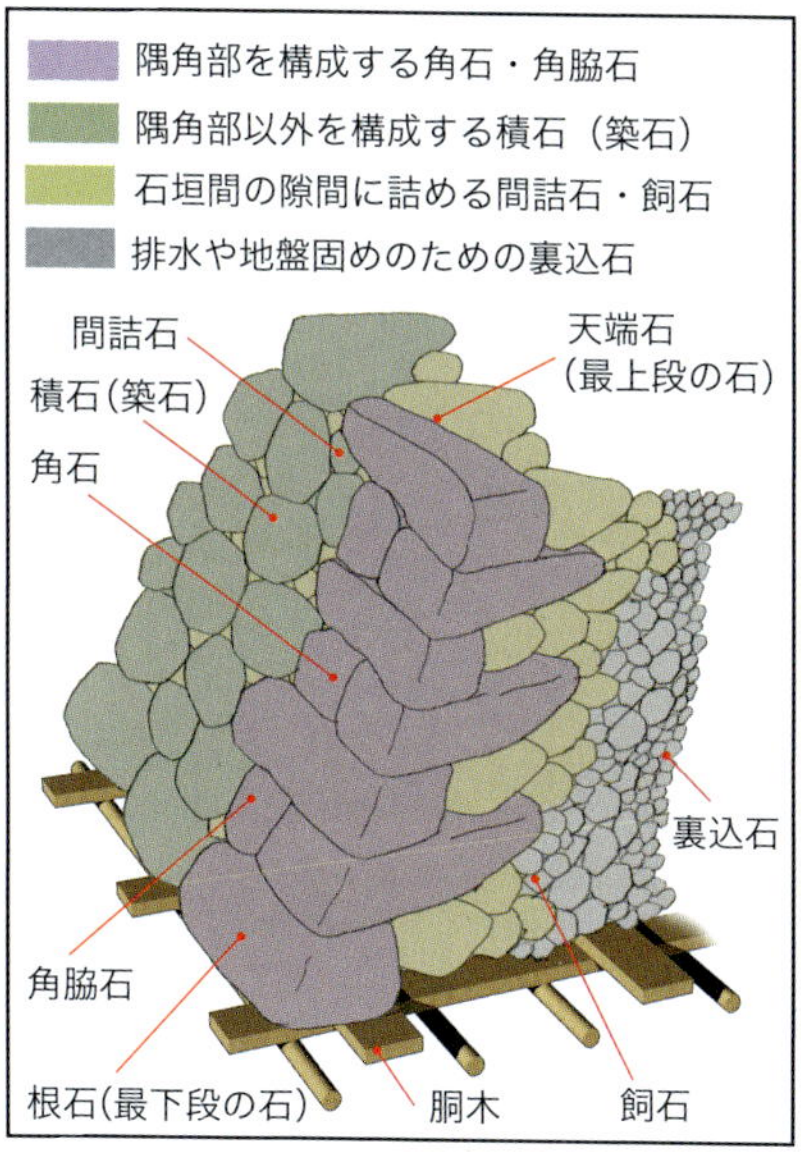

熊本城天守台石垣（国特別史跡／熊本市）
石垣の天端近くで大きく反りを持ち、忍返しと言われる。

■石垣の土台図

石垣は基底部に胴木を敷き、根石を据えて積み上げている。また背面には栗石が詰められている。

初期の名築城家として著名な藤堂高虎《とうどうたかとら》は直線的な高石垣を築いた。その代表例は伊賀《いが》上野《うえの》城（三重県伊賀市）の高石垣である。一方、加藤清正《かとうきよまさ》は反りを持つ高石垣を築く。その代表作は熊本城《くまもと》（熊本市）の天守台である。

石垣は見える部分だけで積まれているわけではなく、地中深く基礎工事がなされている。石垣の基底部は現在見えるところが最下段ではなく、少なくともさらに地下に三段以上埋められているものが多い。特に水堀や低湿地に石垣を築く場合は、地盤沈下対策として、胴《どう》木《ぎ》と呼ばれる横木を置いて、その上に基底石を据《す》える工法が用いられている。胴木は松材が多い。これまで発掘調査によって、元亀《げんき》二年（一五七一）に築かれた坂本《さかもと》城（滋賀県大津市）や勝龍寺《しょうりゅうじ》城（京都府長岡京市）、天正《てんしょう》四年（一五七六）に築かれた安土の大手石垣、天正八年（一五八〇）に築かれた兵庫《ひょうご》城（兵庫県神戸市）、天正十四年（一五八六）に築かれた清洲《きよす》城（愛知県清須市）などで検出されている。近世城郭では高槻《たかつき》城（大阪府高槻市）で梯子《はしご》胴木と呼ばれる梯子状に組まれた胴木

緑泥片岩の石垣／和歌山城（和歌山市）

砂岩の石垣／和歌山城（和歌山市）

清洲城胴木／移築復元（愛知県清須市）
発掘調査で検出された胴木と石垣が移築保存されている。

が検出されている。

また、石垣の背面には大量の礫《れき》が充填《じゅうてん》されている。これを栗石《ぐりいし》、裏込石《うらごめいし》、五郎太石《ごろうたいし》などと呼び、石垣の控以上の奥行で詰められている。この栗石によって石垣背面の排水ができるのである。このように高石垣は地中、背面に、正面からでは見えない工事を施すことによって維持されているのである。

ところで、各地に残る城の石垣は築城当初のものだけではない。江戸三百年を通じて地震や火災などによって何度も石垣は崩れている。その度に石垣は修築されており、現存する石垣には様々な時代の特徴が残されている。

例えば積み方ではなく、時代によって用いる石材に変化が存在する。和歌山《わかやま》城（和歌山市）では、天正年間の桑山重晴《くわやましげはる》時代には紀ノ川《きのかわ》流域の緑泥片岩《りょくでいへんがん》が用いられ、文《ぶん》禄《ろく》慶長《けいちょう》年間の浅野幸長《あさのよしなが》時代には和泉《いずみ》の砂岩が用いられ、元和《げんな》以降の徳川《とくがわ》氏段階には紀淡海峡友《きたんかいきょうとも》ヶ《が》島《しま》の花崗岩《かこうがん》が用いられている。

もちろん一ヶ所の城で各時代の石垣が明確に残されて

小早川氏時代の石垣／岡山城（岡山市）

花崗岩の石垣／和歌山城（和歌山市）

池田氏時代の石垣／岡山城（岡山市）

宇喜多氏時代の石垣／岡山城（岡山市）

いる城も多い。岡山《おかやま》城（岡山市）では宇喜多《うきた》氏時代の野面積みの石垣と、小早川《こばやかわ》氏や池田《いけだ》氏時代の打込接の石垣と、池田氏時代の切込接が残されているし、広島《ひろしま》城（広島市）でも毛利《もうり》氏時代の打込接と、福島《ふくしま》氏時代の打込接と、浅野《あさの》氏時代の切込接を見ることができる。また、金《かな》沢《ざわ》城（石川県金沢市）は江戸時代の各年代に築かれた石垣の宝庫で、慶長《けいちょう》年間の前田利家《まえだとしいえ》時代の打込接から幕末の切込接まで、実に多種多様な石垣を見ることができる。

さて、城跡の石垣を見ていると、歯型のような刻み目や、様々な文様を刻んだ石材を目にすることがある。歯型は矢穴《やあな》といい、文様は刻印《こくいん》という。石材を人工的に割るために、割りたいところに溝を規則正しく彫り込み、その一ヶ所に楔《くさび》を打ち込み、玄能《げんのう》で叩くと、切手のミシン目のように割れるのである。この楔を矢と呼び、最初に刻んだ溝を穴と称することより、矢穴技法と呼ぶ。おおよその目安であるが、矢穴が大きいものほど古く、小さいほど新しい。

矢穴技法は戦国時代の観音寺《かんのんじ》城（滋賀県近江八幡市・

清須城石垣墨書「雑賀」
（愛知県埋蔵文化財センター提供）
発掘調査で検出された石垣で見つかった墨書。

矢穴の模式／甲府城（山梨県甲府市）

石垣の矢穴／観音寺城（滋賀県近江八幡市・東近江市）

東近江市）にすでに認められるが、これは極めて特異で、織豊《しょくほう》系城郭では大坂城《おおさか》（大阪市）を初源とするようである。文禄《ぶんろく》年間に築かれたと見られる但馬竹田城《たじまたけだ》（兵庫県朝来市）ではまだ少量しか認められないが、関ヶ原合戦後に築かれた城では数多く認められる。

刻印は天下普請によって動員された助役の大名が担当した個所の石垣石材に家紋や略紋を刻んだものが代表的なものである。その初源は安土城に墨書で、「惟住《これずみ》」と記したものであるが、この墨書石材は現在行方不明となっている。ところが近年の発掘調査で、永禄《えいろく》六年（一五六三）に織田信長によって築かれた小牧山城《こまきやま》（愛知県小牧市）から墨書された石垣石材が出土した。現在の判読では「佐久間《さくま》」と解読されており、そうであれば信長の家臣である佐久間信盛《のぶもり》の可能性があり、割普請のための墨書の可能性も充分考えられる。

天正《てんしょう》十四年（一五八六）に豊臣秀次《とよとみひでつぐ》によって改修された清洲《きよす》城の石垣からは、「雑賀《さいか》」と記された墨書が検出されている。この雑賀が和歌山の雑賀であるならば、そ

「肥後守内」刻印
（名古屋城石垣）

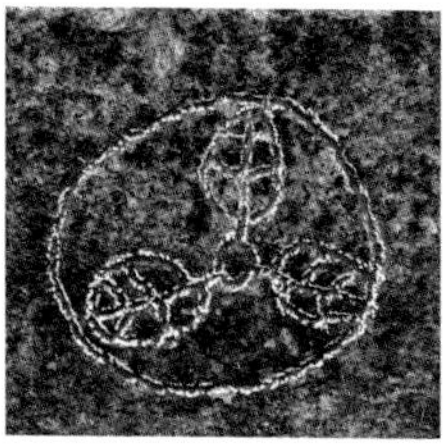

「三ツ柏」刻印／大坂城
（大阪市）

「⊕」刻印／大坂城
（大阪市）

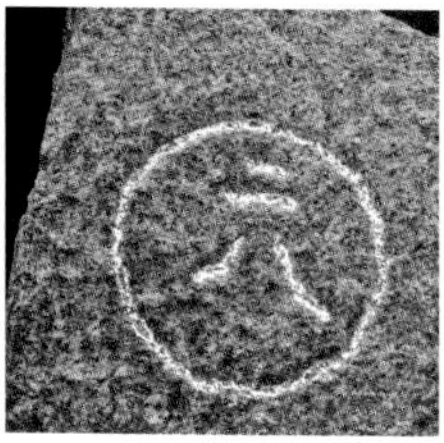

「㊅」刻印／大坂城（大阪市）

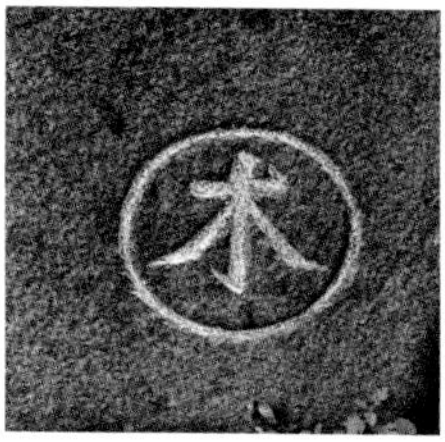

「㊍」刻印／大坂城（大阪市）

こにも石垣構築集団が存在していた可能性が高い。

豊臣大坂城でも墨書は認められ、それが鑿《のみ》によって刻まれるようになるのは、やはり関ヶ原合戦直後からの築城に伴うもののようである。特に天下普請によって築かれた丹波《たんば》篠山《ささやま》城（兵庫県篠山市）、名古屋《なごや》城（愛知県名古屋市）、徳川再建大坂城、江戸《えど》城（東京都千代田区）などには、手伝い役として動員された助役大名の家紋や略紋が数多く刻まれている。また、家紋だけではなく、人名が刻まれたものも少なくない。丹波篠山城には「三左の内」と池田輝政《いけだてるまさ》の名前が刻まれている（二三一頁参照）。名古屋城では天守台の石垣に「加藤肥後守内谷権《かとうひごのかみうちたにごん》太夫《だゆう》」と記された巨石が用いられている。

刻印は人名だけではなく、石垣構築のために刻まれたものもある。大坂城や伊賀上野城では隅の石垣石材として切り出された石材には、何段目に積むのかがわかるように、一、二、三……と、積み上げる順番を運び出すときに刻んだものもある。

大坂城本丸の空堀（大阪市）
本丸正面は空堀となっているが、これは防御、または水位調整のためと考えられる。

堀

近世城郭は平地や平山城が多く、さらに城下には惣構《そうがまえ》を構えるので、長大な堀が巡らされる。戦国時代の山城《やまじろ》では堀切《ほりきり》や、竪堀《たてぼり》によって遮断線を設けていたのであるが、近世城郭では囲繞《いにょう》する横堀となる。この横堀は水堀となることが大半であるが、あえて空堀としている場合もある。例えば徳川《とくがわ》大坂《おおさか》城（大阪市）の本丸正面や、名古屋《なごや》城（愛知県名古屋市）本丸の堀は空堀としている。一見すると水堀の方が防御機能が高いように感じられるが、高石垣に伴って構えられた空堀は、飛び降りることは出来ないし、何とか堀底に至ったとしても、姿を隠すことが出来ず、城内からの射撃に曝《さら》されてしまう。水堀であれば高石垣から飛び込むことも可能であるし、城内からの攻撃にも潜って身を隠すことができる。つまり防御面では圧倒的に空堀とした方が強力なのである。

ではなぜ水堀としたのであろうか。長大な横堀を掘ることによって水が湧く。こうした湧水《ゆうすい》や城内からの排水処理を考えて水堀としたと考えられる。

なお、石垣の城では水堀とする場合が多いが、土塁の場合水戸《みと》城（茨城県水戸市）ではすべての堀が空堀となる。また、高遠《たかとお》城（長野県伊那市）もすべて空堀となっている。

平城では曲輪《くるわ》の高低差によって防御ができないので、とにかく幅の広い水堀によって囲んでいる。広島《ひろしま》城（広島市）や越後《えちご》高田《たかだ》城（新潟県上越市）、佐賀《さが》城（佐賀市）などはそう

大坂城南外堀の堀（大阪市）
台地続きとなる南面には幅の広い水堀が構えられていた。

広島城本丸の水堀（広島市）
平城の場合、幅の広い水堀によって遮断線としている。

した幅の広い水堀の典型である。軍学では、山鹿素行《やまがそこう》の『武《ぶ》教全書《きょうぜんしょ》』に、「堀広さの事、矢かゝりの事、十間を上、十五間を中、廿《にじゅう》間を下とするなり」と記されており、堀幅は一〇間（約二〇メートル）を最適とし、広くても一五間（約三〇メートル）から二〇間（約四〇メートル）とすることとしている。これは城内よりの射程距離を考えてのことと思われる。いくら広くしても攻めてくる敵を城内より攻撃できなければ意味がない。平城の幅広い堀も有効射程距離を考えて掘られたのであろう。しかし、徳川大坂城の外堀の幅は三六間（約七二メートル）から五五間（約一一〇メートル）におよんでおり、とても弓矢や鉄砲の届く距離ではない。これによって城外からの攻撃は完全に防げるのだが、城内からの迎撃も不可能となる。

一方、山城では戦国以来の堀切が用いられる場合がある。彦根《ひこね》城（滋賀県彦根市）は彦根山に築かれたが、太鼓《たいこ》丸と鐘《かね》の丸の間と、西の丸と出曲輪《でくるわ》の間に堀切が設けられている。特に太鼓丸と鐘の丸間の堀切は大手門と表御門からの登城道を登り切った所に構えられており、攻め登った敵は堀切で、

佐伯城の堀切（大分県佐伯市）
本丸と二の丸の間には小規模ではあるが、堀切が構えられている。

彦根城太鼓丸前面の堀切（滋賀県彦根市）
彦根山に二本の堀切を構えて本丸と西の丸を守っていた。

太鼓丸と鐘の丸、さらにはそこに架《か》けられた廊下橋からの攻撃にさらされることとなる。遮断《しゃだん》線としての堀切だけではなく、極めて攻撃的な構造であることがわかる。

こうした堀切は備中松山《びっちゅうまつやま》城（岡山県高梁市）や豊後佐伯《ぶんごさえき》城（大分県佐伯市）でも認めることができる。備中松山城では背後に伸びる大松山との間に構えられた堀切で、背面防御を目的としたものである。一方、佐伯城では本丸と二の丸間に石垣によって堀切を構えているが、規模は小さく形骸化した堀切でしかない。

また、高取《たかとり》城（奈良県高市郡高取町）や岩村《いわむら》城（岐阜県恵那市）では、曲輪が形成される尾根筋の先端に堀切が構えられており、尾根より攻めてくる敵に対処している。こうした堀切は近世城郭が築かれる以前の戦国期の遺構の可能性も残されているが、高取城の弥勒《みろく》堀切では岸を石垣によって構築しており、明らかに近世の城郭にも利用されていたことがわかり、その防御意識は戦国時代の山城と同じであった。

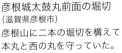

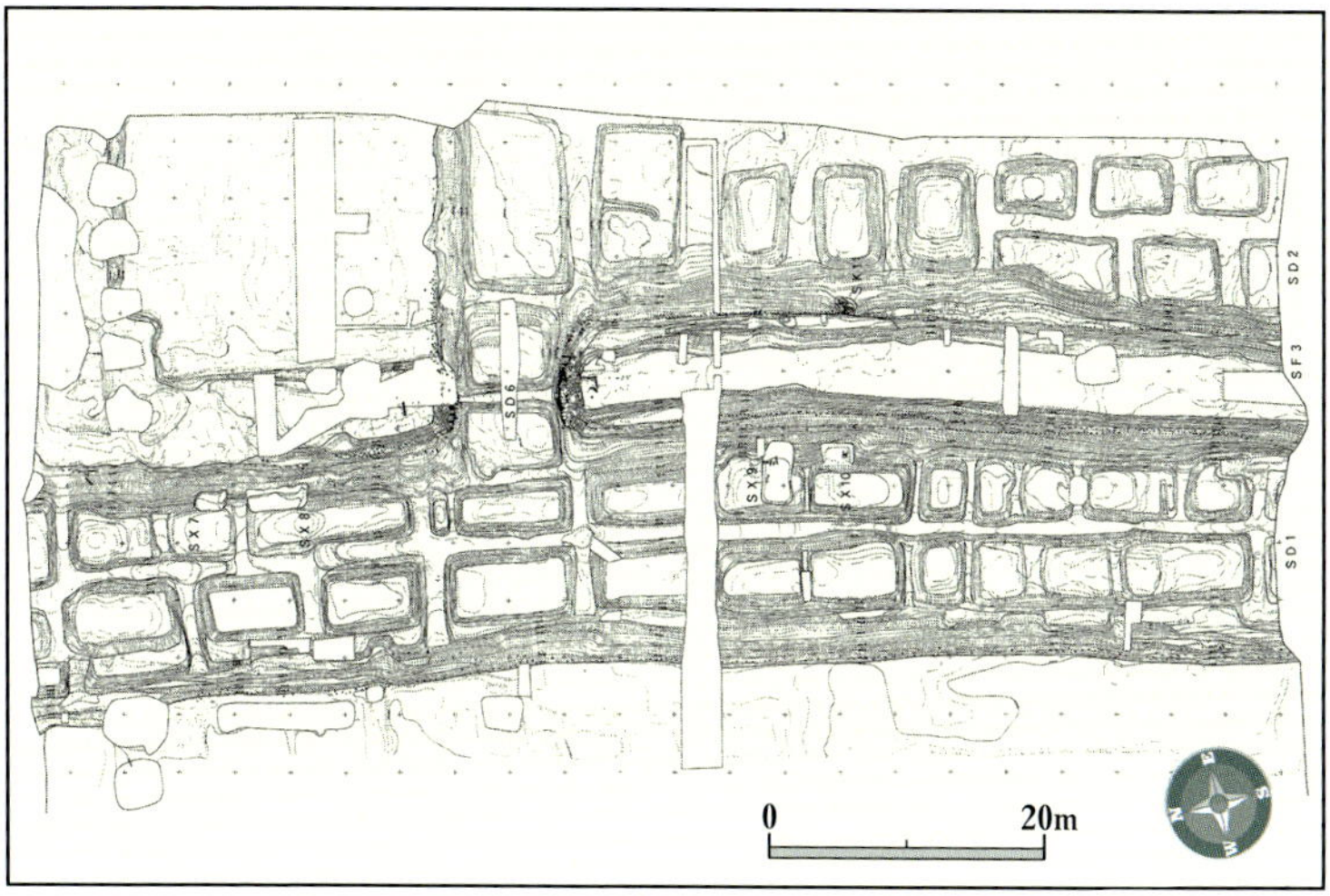

米沢城で検出された堀障子平面図（山形県米沢市）

堀内障壁

近年の発掘調査によって、これまで実態のわからなかった堀底の構造が明らかとなってきた。その最大の成果は畝堀《うねぼり》、堀障子《ほりしょうじ》の検出であろう。

畝堀、堀障子とは、戦国時代後半に関東の後北条《ごほうじょう》氏が築いた城に用いられた堀内障壁で、横堀内に土塁を設けて、敵の堀底移動を封鎖《ふうさ》するものである。畝は横堀に対して一本ずつ等間隔に配置されるもので、堀障子は横堀内に障子の桟《さん》のように土塁を配するものである。これまで後北条氏の特徴的な防御施設と考えられており、近世城郭には用いられないと考えられていた。

ところが近年の発掘調査で、米沢《よねざわ》城（山形県米沢市）、高《たか》崎《さき》城（群馬県高崎市）、豊臣《とよとみ》期大坂《おおさか》城（大阪市）などで堀障子が検出され、加納《かのう》城（岐阜市）、小倉《こくら》城（福岡県北九州市）などで畝堀が検出されている。いずれも関ヶ原合戦直後に築かれたもので、堀底にも徹底した防御を施す目的により、戦国時代の防御施設が導入されたのである。しかし、元和偃武《げんなえんぶ》によって平和が訪れると、こうした堀底の障壁はメンテナンスされることなく、忘れ去られていったのである。

コラム

登り石垣

近世城郭の石垣のなかで特異な石垣がある。それが登り石垣と呼ばれるものである。通常の石垣は曲輪《くるわ》の斜面部に築かれる。また、天守台のように曲輪の中心部の方形壇の周囲に築くものも多い。登り石垣はその名の通り、山城の斜面部に対して石塁《せきるい》を竪《たて》方向に築くものである。そのため別名を竪石垣とも称されている。この登り石垣を設けることによって、敵の斜面移動を封鎖することができるのである。山城の場合、本丸までは曲輪が階段状に配置されて防御されている。こうした曲輪をひとつずつ落すよりも、山の斜面を回り込んだほうが本丸を直接攻めることができる。このため、戦国時代には敵の斜面移動を竪堀や竪土塁で封鎖したのと同じように、斜面に石垣を築いて封鎖したのである。

さらにこの登り石垣が導入された大きな画期が、豊臣秀吉《とよとみひでよし》による朝鮮出兵であった。文禄《ぶんろく》の役で、小西行長《こにしゆきなが》の占領した平壌に対して明・朝鮮軍の大規模な反撃が開始され、さらに漢城撤退を余儀なくされた。こうした戦況に対処するため、朝鮮半島南岸に仕置の城の築城が開始される。これが倭《わ》城と呼ばれる日本式の城であった。この倭城の立地は海岸や洛東江の港湾を押える背後の山頂に築かれた。秀吉軍の水軍は李舜臣《りしゅんしん》率いる朝鮮水軍に打ち負かされており、港湾の確保が絶対であった。このため港湾の背後に城を築き、防御を固めるために港湾に向かって二本の長大な登り石垣が構えられたのである。西生浦《ソセンポ》城、熊川《ウンチョン》城では延々数百メートルにわたり登り石垣が構えられており、その姿は圧巻である。

日本では慶長《けいちょう》五年（一六〇〇）の関ヶ原合戦直後に築かれた城に倭城に用いられた登り石垣が導入されている。伊予松山《いよまつやま》城は文禄慶長役に参戦渡海した加藤嘉明《かとうよしあき》が築いた城であるが、山頂の本丸から中腹に構えられた二の丸の両脇に向かって二本の登り石垣が構えられている。淡路洲本《あわじすもと》城も文禄慶長役に参戦渡海した脇坂安治《わきさかやすはる》が築いた城であるが、山頂の本丸から山麓の居館に向かって二本の登り石垣が構えられている。

彦根城では鐘の丸から表御門へ一本と、同じく鐘の丸から大手門へ一本と、本丸月見櫓台から表御殿へ一本と、西の丸から両サイドへそれぞれ一本ずつと、合計五本の登り石垣が設けられており、敵の斜面移動を完全に遮断している。さらに彦根城の登り石垣では、城外側に竪堀が掘られており、防御を一層強固なものとしている。この彦根城の登り石垣は、文化《ぶんか》十一年(一八一四)に作成された「御城内御絵図」には、瓦塀と記されており、登り石垣の上には土塀の設けられていたことを描いている。

登り石垣／彦根城（滋賀県彦根市）

ところで、彦根城を築いた井伊《いい》直継《なおつぐ》、その父直政《なおまさ》は文禄慶長役には参戦していない。では登り石垣の技術をどこで会得したのだろうか。元和《げんな》二年(一六一六)に造営された山麓の表御殿の両脇に登り石垣が設けられていることより、登り石垣の構築は元和二年頃のものと考えられ、天下普請によって築かれたものではなく、井伊家によって築かれたものである。三浦十左衛門家文書には「此人上下五人、井伊侍従殿為使被相越侯、可有御通侯、以上(文禄二年)五月廿日　浅野弾正、早川主馬　対馬《つしま》、壱岐《いき》、名護屋《なごや》、関戸《せきのと》」と記されており、秀吉の朝鮮出兵に井伊家では、八人の使者が渡海していたことが確認されている。彼らは観戦武官として渡海したもので、そうした使者たちの報告によって、登り石垣が築かれた可能性がある。

これら三城以外にも小規模ではあるが、米子《よなご》城や但馬《たじま》竹田《たけだ》城、三《み》刀屋《とや》城にも登り石垣が認められる。

城の技術と構造に関する基礎知識——天守の見方／櫓の見方／城門の見方

天守

江戸時代の日本には約一〇〇ヶ所の城に天守が構えられていた。織田《おだ》・豊臣《とよとみ》時代より元和《げんな》一国一城令までの城を含めると日本には約二〇〇もの天守が構えられていた。『直茂公譜考補《なおしげこうふこうほ》』には、慶長《けいちょう》十四年（一六〇九）の一年で全国に二五もの天守が造営されたと記されている。

現存する天守は全国に一二しか残されていない。また、太平洋戦争の空襲で名古屋《なごや》城（愛知県名古屋市）、大垣《おおがき》城（岐阜県大垣市）、和歌山《わかやま》城（和歌山市）、岡山《おかやま》城（岡山市）、広島《ひろしま》城（広島市）、福山《ふくやま》城（広島県福山市）の天守六棟が焼失している。このうち岡山城と広島城は天正《てんしょう》後半〜文禄年間の造営であった。現存する天守はすべて関ヶ原合戦後に造営されたもので、空襲による焼失は極めて残念なことであった。また、福山城（北海道松前市）天守は昭和二十四年に失火によって焼失してしまった。

さらに明治維新まで残存し、写真に写された天守に、萩《はぎ》城（山口県萩市）、米子《よなご》城（鳥取県米子市）、柳川《やながわ》城（福岡県柳川市）、大洲《おおず》城（愛媛県大洲市）、徳島《とくしま》城（徳島市）、高島《たかしま》城（長野県諏訪市）、会津若松《あいづわかまつ》城（福島県会津若松市）、熊本《くまもと》城（熊本市）、岡崎《おかざき》城（愛知県岡崎市）、盛岡《もりおか》城（岩手県盛岡市）、尼崎《あまがさき》城（兵庫県尼崎市）、津山《つやま》城（岡山県津山市）、高松《たかまつ》城（岡山市）がある。

その天守の起源は織田信長《のぶなが》が天正《てんしょう》四年（一五七六）に築いた安土《あづち》城（滋賀県近江八幡市安土町）にはじまる。しかし、安土以前にもすでに天守を構えた城がある。そのひとつが坂本《さかもと》城（滋賀県大津市）である。元亀《げんき》二年（一五七一）に明智光秀《あけちみつひで》によって築かれた城であるが、『兼見卿記《かねみきょうき》』によると「明智見廻の為、

丸亀城天守／層塔型天守
（重文／香川県丸亀市）

彦根城天守／望楼型天守
（国宝／滋賀県彦根市）

弘前城天守／層塔型天守
（重文／青森県弘前市）

伊予松山城天守／層塔型天守（重文／愛媛県松山市）

姫路城天守／望楼型天守
（国宝／兵庫県姫路市）

松本城天守／層塔型天守
（国宝／長野県松本市）

宇和島城天守／層塔型天守
（重文／愛媛県宇和島市）

備中松山城天守／望楼型天守（重文／岡山県高梁市）

犬山城天守／望楼型天守
（国宝／愛知県犬山市）

高知城天守／望楼型天守
（重文／高知市）

松江城天守／望楼型天守
（国宝／島根県松江市）

丸岡城天守／望楼型天守
（重文／福井県坂井市）

広島城天守古写真
望楼型天守（広島市）

和歌山城天守古写真
層塔型天守（和歌山市）

名古屋城天守古写真
層塔型天守（愛知県名古屋市）

岡山城天守古写真
望楼型天守（岡山市）

福山城天守古写真
層塔型天守（広島県福山市）

大垣城天守古写真
層塔型天守（岐阜県大垣市）

坂本に下向、杉原十帖、包丁刀一、持参了、城中天主作事以下悉く披見也、驚目了」と記されており、天主の存在したことがわかる。同じく元亀二年に細川藤孝《ほそかわふじたか》によって改修された勝龍寺《しょうりゅうじ》城（京都府長岡京市）にも殿主が存在し、そこで藤孝が古今伝授を受けたことが『東山殿《ひがしやまどの》御文庫《ごぶんこ》記録《きろく》』に記されている。

この二城の天主（殿主）は信長による安土城天主造営の五年も前に築かれている。さらに光秀、藤孝両人は信長の家臣である。両人が信長の許可も得ず、信長に先行して天主という高層建築を築くことは考えられず、坂本城、勝龍寺城ともに信長の強い意図があって築かれたものとしか考えられない。もちろんそうした高層建築を築く技術者を光秀や藤孝が掌握していたとは考えられず、信長の貸与によって築かれたのであろう。あるいは安土城天主の試作をおこなっていたとも考えられる。いずれにせよ、天守の起源は坂本城、勝龍寺

安土城空撮（滋賀県近江八幡市）
平成元年から20年にかけて発掘調査が行われた。

「紙本着色安土古城図」
（丹波市立柏原歴史民俗資料館蔵）
信長没後100年を記念して貞享３年（1686）に作成された絵図の写し。

城にあり、それは信長の家臣団の居城であった。

そして築かれたのが安土城天主である。外観五重、内部七重という高層建築であった。『信長公記《しんちょうこうき》』に天主の造営は岡部又右衛門《おかべまたえもん》がおこなったとある。又右衛門は熱田御大工といわれる熱田《あつた》神宮（愛知県名古屋市）の宮大工であった。城郭の石垣導入に寺社技術が大きな影響を与えたのと同様、天守という高層建築の造営も寺社技術によるものであった。ちなみに安土城、坂本城、勝龍寺城という最も古い一群の天守は、文献では、天守ではなく、天主、殿主と記されている。天守の起源を考える場合、この文字表記の相違は重要である。信長および家臣団の志向した天守が、天（下）の主（人）であったとは考えられないだろうか。

なお、古くより犬山《いぬやま》城（愛知県犬山市）天守が日本最古の天守と言われ、その造営年代は天文《てんぶん》六年（一五三七）とされてきた。しかし、その頃は天守はおろか、石垣すらまだ出現していない。犬

■天守の構成

山城の天守も近年の研究では慶長六年（一六〇一）頃と考えられている。

　初期の天守は一重、もしくは二重の櫓《やぐら》に望楼《ぼうろう》を載せた望楼型天守と呼ばれるものであった。姫路《ひめじ》城（兵庫県姫路市）、彦根《ひこね》城（滋賀県彦根市）、犬山城、松本《まつもと》城（長野県松本市）、松江《まつえ》城（島根県松江市）、丸岡《まるおか》城（福井県坂井市）、高知《こうち》城（高知市）、備中松山《びっちゅうまつやま》城（岡山県高梁市）の天守がこの望楼型天守である。それが重箱《じゅうばこ》を積むように各階を積み上げる構造に変化する。それを層塔《そうとう》型天守と呼ぶ。この層塔型天守は慶長十五年に藤堂高虎《とうどうたかとら》によって築かれた丹波亀山《たんばかめやま》城（京都府亀岡市）を初源とする。層塔型は積木のように積み上げる工法であり、建築時間が大きく短縮されることとなる。一刻も早く築かなければ城としては意味がない。層塔型はまさに関ヶ原合戦後の戦国時代最大の軍事的緊張から生み出されたものだったのである。丸亀《まるがめ》城（香川県丸亀市）、伊予松山《いよまつやま》城（愛媛県松山市）、宇和島《うわじま》城（愛媛県宇和島市）、弘前《ひろさき》城（青森県弘前市）の天守がこの層塔型天守である。

　ところで天守というと本丸に築かれるものであるが、極めて事例は少ないが本丸以外の曲輪《くるわ》に築かれる場合がある。徳島《とくしま》城（徳島市）では東二の丸に天守台を設けず、曲輪面直上に天守が築かれていた。ま

明石城天守台（兵庫県明石市）
本丸の西辺の中央に突出して天守台が構えられている。20×24メートルという巨大なもので、五重天守の載る規模である。

水戸城御三階（古写真／茨城県水戸市）
二の丸に築かれた御三階は石垣の櫓台も構えられていなかった。

た、西尾《にしお》城（愛知県西尾市）の天守は二の丸の隅部に天守が構えられていた。さらに御三階と呼ばれる天守に相当する櫓《やぐら》ではあるが、水戸《みと》城（茨城県水戸市）御三階も二の丸に構えられていた。

　では本丸に築かれた天守は本丸のどこに築かれるのだろうか。安土城、江戸《えど》城（東京都千代田区）という信長、家康《いえやす》の築いた城では本丸の中心に天守台が構えられている。一方、山崎《やまざき》城（京都府大山崎町）、石垣山一夜《いしがきやまいちや》城（神奈川県小田原市）、肥前名護屋《ひぜんなごや》城（佐賀県唐津市）、但馬竹田《たじまたけだ》城（兵庫県朝来市）という秀吉《ひでよし》やその家臣が築いた城では本丸の隅部に天守台が残されている。現存しないが絵図で隅部に天守が描かれているものとして、聚楽第《じゅらくだい》（京都市）、伏見《ふしみ》城（京都市）、大坂《おおさか》城（大阪市）がある。

　天守はその土台を石垣によって構えている。これを天守台と呼ぶ。ところがこの土台を持たず、曲輪面に直接天守を建てる事例として高《こう》知《ち》城（高知市）や浜田《はまだ》城（島根県浜田市）がある。その逆で、天守台は築かれたがその上に天守を建てなかった事例もある。明石《あかし》城（兵庫県明石市）、丹波篠山《たんばささやま》城（兵庫県篠山市）、赤穂《あこう》城（兵庫県赤穂市）などである。また、天守台は存在するものの天守が造営されたか否かが不明の城もある。福岡《ふくおか》城（福岡市）には穴蔵を伴う巨大な天守台が残

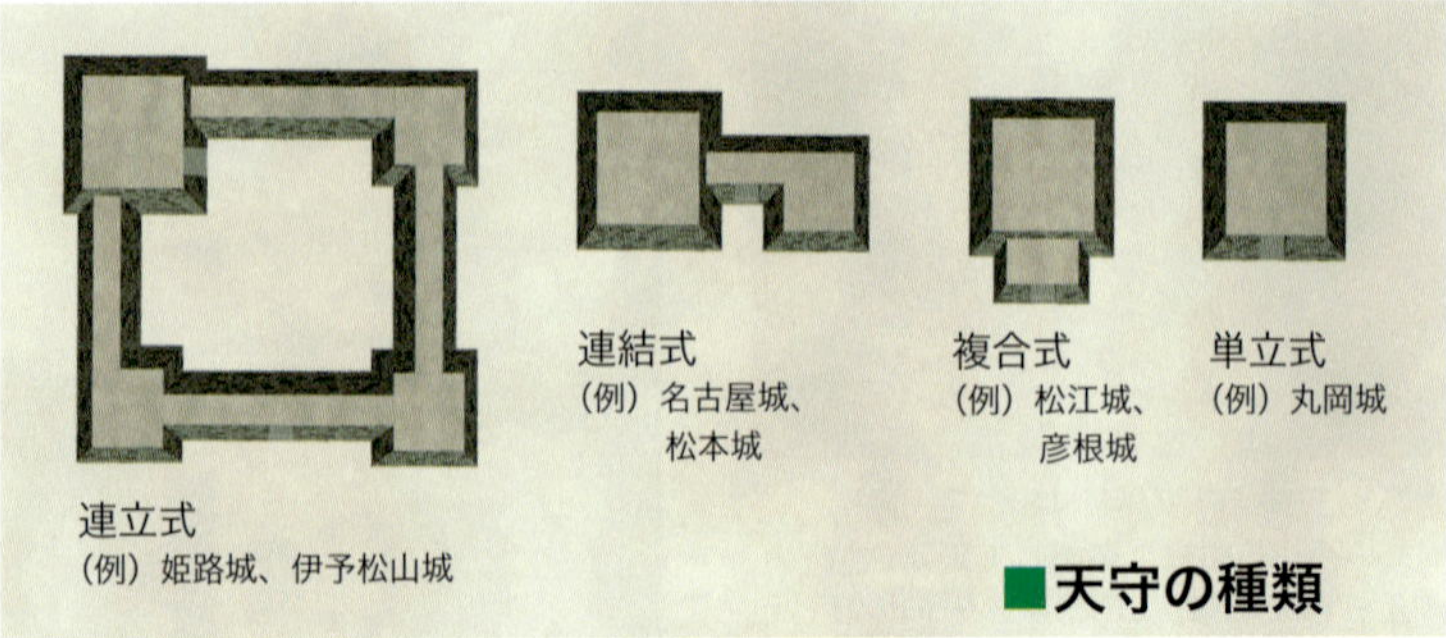

■天守の種類

されている。礎石《そせき》も配されているのだが、記録が一切なく天守が築かれていたかは不明である。同様に甲府《こうふ》城（山梨県甲府市）の天守台も穴蔵を伴い、礎石も残されているのだが、記録は認められない。

ところで天守の起源には様々な説があるが、宗教に関わる説もあり、実際に神を祀る天守がある。備中松山城天守は二重二階の小規模な天守であるが、二重目には舞良戸《まいらど》によって仕切られた部屋があり、そこには一段高く唐戸で区切られた御社壇と呼ばれる神棚《たな》が設けられ、三振りの宝剣が祀られていた。松本城天守では五階の屋根組に二十六夜様と呼ばれる神が祀られている。姫路城天守最上層には刑部大明神《おさかべだいみょうじん》が祀られている。これらは天守が神に守られているということであるとともに、天守が神の居る場と認識されていたと考えられる。

なお、天守には誰も住んでおらず、藩主が天守に登ることはほとんどなかった。おそらく藩主は在任中に一度もしくは数度しか天守には登っていない。萩城には天守登渉式と呼ばれる儀式があった。これは江戸から初めて国入りした藩主が天守三階で重臣との主従関係を確認し、その後指月山《しづきやま》の頂上に構えられた詰丸に登り、国見櫓より国見をおこなうものである。おそらく藩主が天守に登るのは、このときだけだった。

では藩主も住まず、登らないようなものをなぜ造ったのであろうか。それは天守が権威の象徴であったからにほかならない。天守は城下から望むことので

備中松山城天守二階の御社壇
（国重文／岡山県高梁市）
御社壇と呼ばれる神棚には三振の宝剣が祀られていた。

きる外観こそが重要だったのである。例えば彦根城の天守は切妻破風《きりづまはふ》、入母屋《いりもや》破風、千鳥《ちどり》破風、唐《から》破風と、様々な破風を用いて変化に富んだ屋根を作り出している。また、二重、三重の窓を華頭窓《かとうまど》とし、三重の周囲には高欄《こうらん》を巡らせるものの、それは実際に外に出ることのできない、お飾りに過ぎない、いわば見かけ倒しの高欄である。さらに隠し狭間《さま》を多く用いているのも決して軍事的なものではなく、意匠的なものである。まさに外観重視だったのである。

さらに幕末に築かれた福山城（北海道松前町）では、すでに大砲の時代であり、高層建築である天守は攻撃目標にはうってつけの施設となる。嘉永《かえい》二年（一八四九）に城持大名となった松前崇広《まつまえたかひろ》は新城を築くのであるが、その中心には三重の天守が構えられた。崇広は城持大名として天守のある城を築くことこそがステイタスであった。しかし、明治《めいじ》元年（一八六八）に脱走幕府軍の蟠竜丸《ばんりゅうまる》からの艦砲射撃の的となってしまう。

三田《さんだ》藩の九鬼隆国《くきたかくに》も天保《てんぽう》十年（一八三九）に城持大名に昇進する。九鬼家では新城を築く計画はあったようだが実際には築かれることはなかった。この九鬼家には五重天守の指図が残されている。指図は江戸城天守の指図の可能性が高いのだが、これは九鬼家が新城築城に際して、天守の造営も計画していたようで、その資料として集められた一枚が江戸城天守の指図だったのである。ここにも城持大名が権威として天守を欲していたことがよく表れている。

櫓

櫓《やぐら》は本来、矢蔵、すなわち矢を放つ場所であった。戦国時代には井楼組《せいろうぐみ》の簡単な施設であったが、織田《おだ》・豊臣《とよとみ》段階からは厚い壁を持ち、瓦を葺《ふ》く建物となる。

櫓は塁線の隅部に構えられ、三重、二重、単層構造があった。熊本《くまもと》城（熊本市）では本丸の宇土《うど》櫓、西竹の丸の五階櫓、数寄屋丸の五階櫓、本丸の北辺の御裏五階櫓、東竹の丸の竹の丸五階櫓、北出丸の櫨《はぜ》方櫓、本丸東辺の本丸東三階櫓と、三重の巨大な櫓が七ヶ所も構えられていたのである。それは各曲輪《くるわ》の天守的建物で、戦闘指揮所として用いるために築かれた。

三重櫓　熊本城宇土櫓（国重文／熊本市）
外観三重、内部五階の現存する最大の櫓。

三重櫓では天守代用の櫓として御三階、あるいは三階と呼ばれる天守代用の櫓があった。関東周辺の譜代大名の居城では、幕府に対して天守を持つのは恐れ多いとして御三階と呼んだと言われている。真偽のほどは定かではないが、事実御三階と呼ばれる櫓は関東に集中している。高崎《たかさき》城（群馬県高崎市）、古河《こが》城（茨城県古河市）、水戸《みと》城（茨城県水戸市）、忍《おし》城（埼玉県行田市）、関宿《せきやど》城（千葉県野田市）などである。このうち高崎城、古河城の御三階は明治に撮影された写真が残されている。水戸城の御三階は本丸ではなく、二の丸に櫓台も構えられず、曲輪面に直に建てられたもので、昭和二十年までその姿を残していたが、惜しくも空襲によって焼失してしまった。石垣による櫓台を持たなかったため、一重目の壁面の下部を海鼠《なまこ》壁とし、屋根は破風《はふ》を用

大坂城本丸東辺の三重櫓群
（古写真／宮内庁蔵）
慶応元年（1865）の撮影。本丸高石垣上に手前から馬印櫓、月見櫓、糠櫓の三重櫓が連なる。

三重櫓　明石城巽櫓
（国重文／兵庫県明石市）

三重櫓　江戸城富士見櫓
（東京都千代田区）

三重櫓　弘前城辰巳櫓
（国重文／青森県弘前市）

いない単調なものであった。明和《めいわ》四年（一七六七）に再建されたものであるが、藩では天守と呼んでおり、やはり天守が大名にとって権威の象徴であったことを示している。実は現存天守のうち弘前《ひろさき》城（青森県弘前市）天守、丸亀《まるがめ》城（香川県丸亀市）天守は江戸時代は御三階と呼ばれる櫓であった。

三重櫓をもっとも多く用いた城は徳川大坂《とくがわおおさか》城（大阪市）である。本丸に構えられた一一基の櫓はすべて三重であり、さらにそれらの櫓を多門《たもん》櫓によって結んでいた。なお、大坂城の二の丸は二重櫓を構えていたが、北端にのみ三重櫓が構えられていた。この櫓は伏見《ふしみ》櫓と呼ばれ、一重目が八間×九間という巨大なもので、宇和島《うわじま》城（愛媛県宇和島市）天守や高知《こうち》城（高知市）天守を凌駕《りょうが》する日本最大の三重櫓であった。

現存する三重櫓には弘前城二の丸辰巳《たつみ》櫓・未申《ひつじさる》櫓・丑《うし》寅《とら》櫓、江戸《えど》城（東京都千代田区）富士見櫓、名古屋城（愛知県名古屋市）西北隅櫓、彦根《ひこね》城（滋賀県彦根市）西の丸三重櫓、明石《あかし》城（兵庫県明石市）巽《たつみ》櫓・坤《ひつじさる》櫓、福山《ふくやま》城（広

二重櫓　名古屋城本丸東南隅櫓（国重文／愛知県名古屋市）

出窓の床部分は石落になっている。

島県福山市）伏見《ふしみ》櫓、高松《たかまつ》城（香川県高松市）北の丸月見櫓・旧東の丸艮《うしとら》櫓、熊本《くまもと》城（熊本市）宇土《うど》櫓があり、江戸城富士見櫓は関東大震災で大破した後に復元されたものであるが、それ以外は国の重要文化財に指定されている。

二重櫓は最もポピュラーな櫓である。曲輪の出隅部や城門の脇に構えられた。その構造は変化に乏しい。例えば彦根城では基本的に二重櫓の屋根には破風は設けられず単調で、壁面にも出窓や石落などは設けられていなかった。

幕府の城である江戸城、大坂城、二条《にじょう》城（京都市）の二重櫓は一重目の中央に出窓を持つ構造が基本で、切妻《きりづま》もしくは千鳥《ちどり》破風が付き、二重の棟《むね》側には唐《から》破風が設けられた。

なお、外観は単調であるが、平面的にはシノギ角上部に構えられる場合は一重目が菱《ひし》型となるものや、出隅部に矩《かね》折《おり》型（L字状）となるものもある。大坂城山里丸の南東隅と南西隅はいずれも仰角《ぎょうかく》となり、東菱櫓、西菱櫓が構えられていた。同じく大坂城二の丸南西隅には矩形の乾《いぬい》櫓が構えられており、この櫓は現存している。

なお、一重目の平面と二重目の平面が同じ大きさとなる

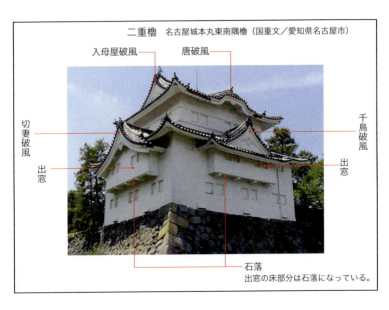

二重櫓　岡山城月見櫓
（国重文／岡山市）

二重櫓　二条城東南櫓
（国重文／京都市）

二重櫓　金沢城石川門菱櫓
（国重文／石川県金沢市）

二重櫓　大洲城台所櫓
（国重文／愛媛県大洲市）

二重櫓　大坂城千貫櫓
（国重文／大阪市）

二重櫓　上田城西櫓
（県重文／長野県上田市）

ものがある。この櫓を重箱《じゅうばこ》櫓と呼び、前出の大坂城乾櫓や高崎城旧本丸乾櫓がこれにあたる。

現存する二重櫓は高崎城旧本丸乾櫓、江戸城桜田櫓・西の丸伏見櫓、新発田《しばた》城（新潟県新発田市）旧二の丸隅櫓（重文）、金沢《かなざわ》城（石川県金沢市）石川門菱櫓（重文）、上田《うえだ》城（長野県上田市）西櫓・北櫓・南櫓、掛川《かけがわ》城（静岡県掛川市）旧三の丸太鼓《たいこ》櫓、名古屋城東南隅櫓（重文）・西南隅櫓（重文）、彦根城天秤櫓（重文）、二条城二の丸東南櫓（重文）・二の丸西南櫓（重文）、園部《そのべ》陣屋（京都府南丹市）本丸巽櫓、大坂城千貫櫓（重文）・乾櫓（重文）・一番櫓（重文）・六番櫓（重文）、姫路《ひめじ》城（兵庫県姫路市）ホの櫓（重文）・チの櫓（重文）・化粧《けしょう》櫓（重文）・ワの櫓（重文）・カの櫓（重文）、岡山《おかやま》城（岡山市）本丸月見櫓（重文）・西の丸西手櫓（重文）、備中松山《びっちゅうまつやま》城（岡山県高梁市）二重櫓（重文）、津和野《つわの》城（島根県鹿足郡津和野町）馬場《ばば》先《さき》櫓、伊予松山《いよまつやま》城（愛媛県松山市）乾櫓・野原櫓（重文）、大洲《おおず》城（愛媛県大洲市）本丸台所櫓（重文）・高欄《こうらん》櫓（重文）・苧綿《おわた》櫓（重文）・三の丸南櫓（重文）、

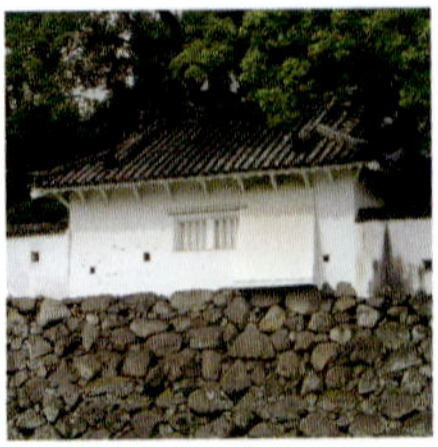

一重櫓　府内城宗門櫓
（大分市）

一重櫓　高松城北の丸渡櫓
（国重文／香川県高松市）

一重櫓　姫路城ニの櫓
（国重文／兵庫県姫路市）

一重櫓　亀山城本丸多門櫓（三重県亀山市）

一重櫓　伊予松山城一の門南櫓（国重文／愛媛県高松市）

一重櫓　姫路城太鼓櫓
（県重文／兵庫県姫路市）

福岡《ふくおか》城（福岡市）（伝）潮見《しおみ》櫓・祈念《きねん》櫓、府内《ふない》城（大分市）人質《ひとじち》櫓、臼杵《うすき》城（大分県臼杵市）畳櫓・卯寅口門脇《うとのぐちもんわき》櫓がある。一重櫓は平櫓とも呼ばれ、三の丸や外郭ラインに設けられる場合が多い。基本的には桁行が二〜三間の独立して構えられたものを平櫓とし、それ以上の長大なものを多門櫓と呼ぶ。また、櫓と櫓を接続する多門櫓を渡《わたり》櫓と呼んでいる。

伊予松山城では門脇に平櫓が配置され、天守曲輪を形成している。また、広島城の外郭である三の丸で、土塁線上に平櫓が構えられる部分だけを塁線より突出して石垣とし、横矢が掛かるようになっている。

現存する平櫓には、姫路城「イ」の渡櫓（重文）・「ロ」の渡櫓（重文）・「ト」の渡櫓（重文）・井郭櫓（重文）・太鼓櫓（重文）・「ニ」の櫓（重文）・「ロ」の櫓（重文）、高松城北の丸渡櫓（重文）、伊予松山城隠《かくし》門続櫓（重文）・一の門南櫓（重文）・二の門南櫓（重文）・三の門南櫓（重文）、府内城宗門《しゅうもん》櫓、日出《ひじ》城（大分県速見郡日出町）本丸裏門櫓、平戸《ひらど》城（長崎県平戸市）狸《たぬき》櫓がある。

多門櫓　金沢城三十間櫓（国重文／石川県金沢市）

多門櫓　彦根城二の丸佐和口多門櫓（国重文／滋賀県彦根市）

多門櫓　福岡城南の丸多門櫓（国重文／福岡市）

多門櫓　熊本城東竹の丸の多門櫓群（国重文／熊本市）
左より田子櫓・七間櫓・十四間櫓・四間櫓、やや間をあけて源之進櫓

多門櫓は一重のものが大半であるが、福岡城南の丸多門櫓や、彦根城佐和口《さわぐち》多門櫓のように端部を二階として二重櫓のようにするものもある。なかには金沢城の三十間長屋や五十間長屋のように二重の多門櫓も存在する。姫路城の連立天守では大天守と小天守を結ぶ渡櫓も二重構造である。また、現存しないが岡山城や福岡城にも二重の巨大な多門櫓が構えられていた。

熊本城では東竹の丸に現存する四間櫓（重文）、十四間櫓（重文）、七間櫓（重文）、田子櫓（重文）、東十八間櫓（重文）、北十八間櫓（重文）は石垣の塁線が屈曲を繰り返す位置に構えられた平櫓であるが、それを連続させることによって多門櫓としている。

ところで櫓の構造で、城外側には連子窓や狭間《さま》を設けて、敵に備えているが、城内側は扉は設けられるものの窓や狭間は一切設けられていない。つまり城内側には攻撃する必要がなかったわけである。二重目や三重目には城内側二面の壁面の城外側には窓が設けられている。これは上部より城外側へ側射できるからであった。

多門櫓　高知城本丸西多門櫓
（国重文／高知市）

多門櫓　熊本城監物櫓
（国重文／熊本市）

また、櫓の壁面に注目すると、彦根城では現存する櫓の場合、城外側では高さ六尺あたりまで分厚く塗られ、それより高いところでは薄く塗り込められている。これは敵方から放たれた鉄砲が櫓内の兵の身長くらいまでは貫通しない工夫であった。一方、多門櫓では長大な内部を五間ほどごとに土壁によって仕切っている。これは防火目的であるとともに、侵入した敵を遮断するものでもあった。もちろん居住空間として築かれたものではないため、基本的に天井は設けられていない。

現存する多門櫓には江戸城本丸数寄屋多門櫓、金沢城三十間櫓（重文）、彦根城佐和口多門櫓（重文）、福知山《ふくちやま》城（京都府福知山市）銅門番所、伊勢《いせ》亀山《かめやま》城（三重県亀山市）本丸多門櫓、大坂城大手門多門櫓（重文）、姫路城「ハ」の渡櫓（重文）・「ニ」の渡櫓（重文）・「ヘ」の渡櫓（重文）・「リ」の一渡櫓（重文）・「リ」の二渡櫓（重文）・折廻り櫓（重文）・帯の櫓（重文）・帯郭櫓（重文）・「カ」の渡櫓（重文）・「ヌ」の櫓（重文）・「ヨ」の渡櫓（重文）・「ル」の櫓（重文）・「タ」の渡櫓（重文）・「ヲ」の櫓（重文）・「レ」の渡櫓（重文）、福山城鐘楼、津和野城物見櫓、高知城本丸納戸櫓（重文）・本丸西多門櫓（重文）・本丸東多門櫓（重文）、福岡城南の丸多門櫓（重文）、熊本城源之進櫓（重文）・四間櫓（重文）・十四間櫓（重文）・七間櫓（重文）・田子櫓（重文）・東十八間櫓（重文）・北十八間櫓（重文）・五間櫓（重文）・平櫓（重文）・監物櫓（重文）がある。

コラム

伏見櫓

伏見櫓《ふしみやぐら》とは伏見城から移されたことに由来する名称である。重要文化財の福山《ふくやま》城（広島県福山市）の伏見櫓は三重三階の巨大な櫓で、二重目の屋根を入母屋造とし、棟を直交させて小さな三階を載せる望楼型は古式で、伏見桃山時代の壮大な城郭建造物である。さらに垂木には「松の丸やぐら」と記された墨書があり、伏見城松の丸の櫓であったことがわかる。

福山城伏見櫓（国重文）

さて、伏見櫓と呼ばれる櫓は福山城だけではなく、江戸《えど》城（東京都千代田区）、大坂《おおさか》城（大阪市）、尼崎《あまがさき》城（兵庫県尼崎市）、岸和田《きしわだ》城（大阪府岸和田市）にも存在した。こうした伏見櫓の存在する城は幕府の城と譜代の城にのみ認められる。伏見城といえば誰しも豊臣秀吉《とよとみひでよし》によって築かれた伏見城を思い浮かべることだろう。

しかし、譜代大名が秀吉の城の建物を移築し、その城名を冠した櫓を建てるであろうか。実は豊臣秀吉の築いた伏見城は慶《けい》長《ちょう》五年（一六〇〇）の関ヶ原合戦の前哨戦によって焼失している。その後、徳川家康《とくがわいえやす》によって再建され、家康、秀忠《ひでただ》、家光《いえみつ》の将軍宣下の場となっている。

その徳川伏見城の櫓が廃城とともに移築されたのである。譜代大名にすれば神君家康公の伏見城から賜ったというステイタスから伏見櫓という名称を冠したのである。

さて、福山城の伏見櫓に関しては、水野勝成《みずのかつなり》が築城にあたって徳川秀忠から賜ったものである。

伏見櫓以外にも、櫓の名称にはこのように移築された前身の城名を称するものがある。福山城では神辺《かんなべ》城（広島県福山市）より移されたと伝えられる神辺櫓や、熊本《くまもと》城（熊本県熊本市）では宇土《うど》城（熊本県宇土市）より移されたと伝えられる宇土櫓などである。

城門

城にとっての生命線は門である。門が構えられる城の出入り口を虎口《こぐち》と呼ぶ。虎口は普請によって桝形《ますがた》、喰違《くいちがい》など直進を妨げる構造となったり、虎口前面に馬出《うまだし》を設けることにより防御と出撃を一体化させた。その虎口に作事として建てられたのが城門である。城門には高麗《こうらい》門、薬医《やくい》門、櫓《やぐら》門、長屋《ながや》門、埋《うずみ》門などがあった。

高麗門は代表的な城門である。その名称は豊臣秀吉《とよとみひでよし》の朝鮮出兵に際して、高麗（朝鮮に対する日本側の総称）の門を参考にした新型の門であることに由来する。しかし、実際には朝鮮半島にこのような構造の門は見受けられず、日本の独創による構造と考えられる。その特徴は冠木《かぶき》の上だけに小形の切妻《きりづま》造の屋根を載せ、城内側では門扉を開いたときにその扉が濡《ぬ》れないように冠木の左右に小さな屋根を付けるところにある。桝形虎口では城内側の桝形に付随する門が櫓門であるのに対し、桝形正面に構えられた門の多く

高麗門　上は城外側、下は城内側
江戸城清水門（国重文／東京都千代田区）

薬医門　上は城外側、下は城内門
宇和島城上り立ち門（愛媛県宇和島市）

埋門　上は城内側　下は城外側
姫路城るの門（国特別史跡／兵庫県姫路市）

櫓門　土塁の櫓門
弘前城三の丸追手門（国重文／青森県弘前市）

櫓門　石垣の櫓門
二条城二の丸北大手門（国重文／京都市）

長屋門
二条城二の丸桃山門（国重文／京都市）

棟門
姫路城水の一門（国重文／兵庫県姫路市）

冠木門
松代城下真田邸（長野市）

棟門
姫路城水の二門（国重文／兵庫県姫路市）

名古屋城本丸表二の門
（国重文／愛知県名古屋市）

江戸城桜田門
（国重文／東京都千代田区）

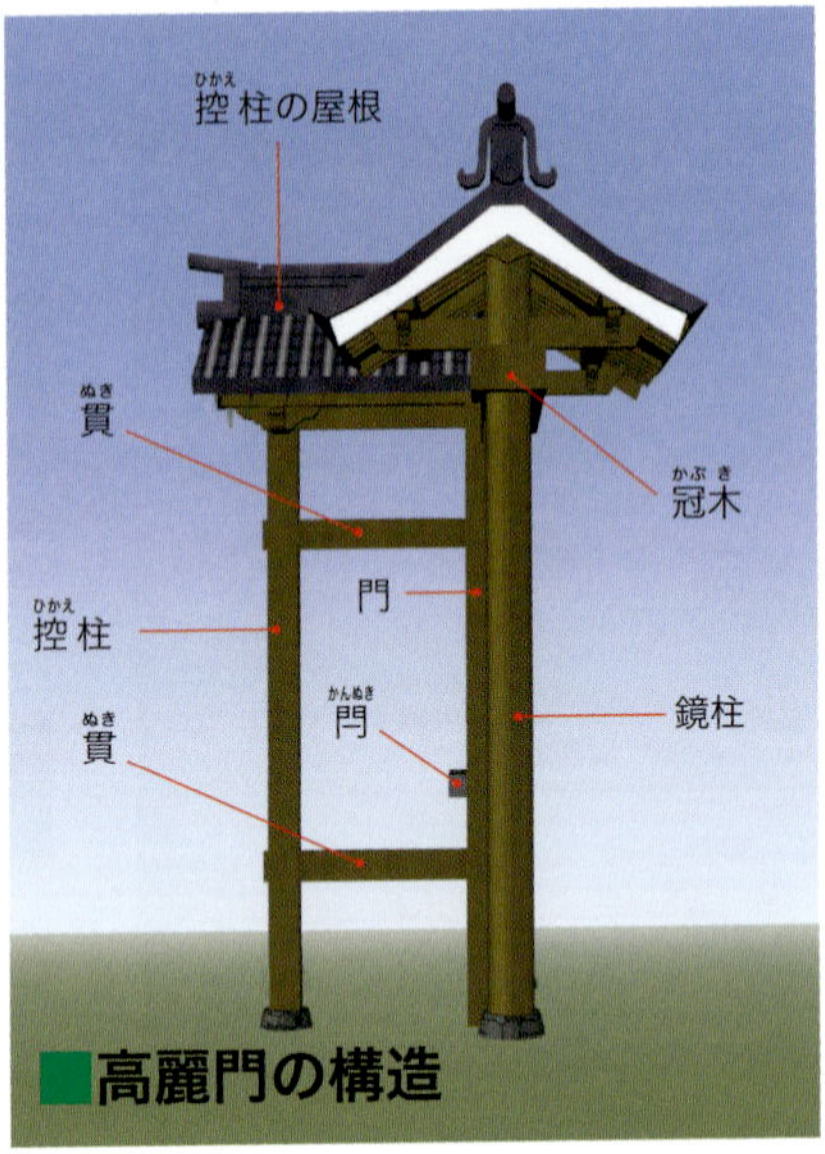

はこの高麗門である。江戸初期の高麗門は冠木を鏡柱《かがみばしら》の上に載せ、その上に屋根を載せるのに対して、元和《げんな》年間以降の新式の高麗門は左右の鏡柱が屋根まで延びて、冠木は鏡柱に突き刺す構造となる。このため冠木上部には壁が出来ている。なお、桝形正面に配置された高麗門は桝形二之門と称されている。

現存する高麗門には相馬中村《そうまなかむら》城（福島県相馬市）大手二の門、土浦《つちうら》城（茨城県土浦市）旧前川口門、江戸《えど》城（東京都千代田区）田安《たやす》門（重文）・清水門（重文）・外桜田門（重文）・平河門・内桜田門・大手門、金沢《かなざわ》城（石川県金沢市）石川門（重文）・水の手門、名古屋《なごや》城（愛知県名古屋市）本丸表二の門（重文）・二の丸大手二の門（重文）・旧二の丸東二の門（重文）、大坂《おおさか》城（大阪市）二の丸大手門（重文）・本丸桜門（明治の再建：重文）、姫路《ひめじ》城（兵庫県姫路市）「い」の門（重文）・「ろ」の門（重文）・「へ」の門（重文）・「と」の二門（重文）・「と」の四門（重文）・「り」の門（重文）、丸亀《まるがめ》城（香川県丸亀市）大手二の門（重文）、高松《たかまつ》城（香川県高松市）旭門、伊予松山《いよまつやま》城（愛媛県松山

高麗門（国重文／愛媛県松山市）伊予松山城三の門

高麗門（国重文／大阪市）大坂城二の丸大手門

高麗門（東京都千代田区）江戸城平河門

高麗門（国重文／滋賀県大津市）膳所城本丸大手門（移築）

高麗門（国重文／香川県丸亀市）丸亀城大手二の門

高麗門（国重文／愛知県名古屋市）名古屋城二の丸大手二の門

市）戸無《となし》門（重文）・紫竹《しちく》門（重文）・一の門（重文）・三の門（重文）・仕切門（重文）、鹿島《かしま》陣屋（佐賀県鹿島市）大手門、福江《ふくえ》城（長崎県五島市）搦手門などがある。

また、高麗門は明治維新後の廃城による入札で、もっとも手軽に移築することができ、また寺社の門に転用しやすかったため、多くの高麗門は寺社に移築されて現存するものも多い。膳所《ぜぜ》城（滋賀県大津市）の城門では本丸大手門が膳所神社に、北大手門が篠津神社に移築されて、重要文化財に指定されている。また、福知山《ふくちやま》城（京都府福知山市）の銅御門が正目寺に、城門が法鷲寺などに移築されている。

桝形二之門と称された高麗門に対して、桝形の城内側に構えられる門は櫓門構造となり、桝形一之門と称される。櫓門は城郭特有の門構造であり、寺社に用いられることはほとんどない。

櫓門とは門の上に櫓を渡すもので、大部分は二階建であるが、姫路城「ぬ」の門、水の五門では門の

弘前城二の丸南門（国重文／青森県弘前市）

大坂城大手門（国重文／大阪市）

上部に二重櫓を載せる三階構造のものもあった。現存しないが、彦根城《ひこね》（滋賀県彦根市）、津山城《つやま》（岡山県津山市）、伊予松山城にもこうした三階構造の櫓門が構えられていた。

櫓門は門櫓とも呼ばれ、櫓として用いられる意図で築かれているため、極めて防御力の強い門であった。まず門上の櫓は城外に面した壁面に窓や狭間《さま》が構えられるとともに、門扉上には石落が構えられ、頭上より鉄砲や槍で攻撃できるようになっていた。

なお、門の両側が石垣（袖《そで》石垣）の場合は、門の間口より長大な多門《たもん》櫓を架けることができるが、土塁の場合は門の間口より長い櫓を架けることができない。したがって土塁に櫓門を設ける場合は門の間口と同じ幅の櫓を上に載せ、門の上部には腰屋根が四周に巡る構造となる。弘前城《ひろさき》（青森県弘前市）の櫓門や土浦城《つちうら》（茨城県土浦市）の櫓門がこうした構造となる。

袖石垣の間に門を設ける場合、門柱を石垣にぴったりと収めるために石垣に柱の幅で溝を設ける場合がある。門は失われてしまったが、会津若松城《あいづわかまつ》（福島県会津若松市）や金沢城、彦根城などの石垣で見ることができる。

現存する櫓門は福山城《ふくやま》（北海道松前郡松前町）本丸御門（重文）、弘前城二の丸南門（重文）・二の丸東門（重文）・三の丸追手門（重文）・三の丸東門（重文）・北の郭北門（重文）、庄内松山城《しょうないまつやま》（山形県酒田市）大手門、土浦城本丸太

櫓門（国重文／新潟県新発田市）
新発田城本丸表門

櫓門（国重文／北海道松前町）
福山城本丸御門

櫓門（国重文／長野県小諸市）
小諸城大手門

櫓門（国重文／青森県弘前市）
弘前城北の郭北門

鼓門、江戸城田安門（重文）・清水門（重文）・外桜田門（重文）・平河門・内桜田門、新発田《しばた》城（新潟県新発田市）本丸表門（重文）、金沢城石川門（重文）、小諸《こもろ》城（長野県小諸市）大手門（重文）・三の門、彦根城太鼓《たいこ》門（重文）・天秤《てんびん》櫓（重文）、二条《にじょう》城（京都市）本丸櫓門（重文）・二の丸東大手門（重文）・二の丸北大手門（重文）、園部《そのべ》陣屋（京都府南丹市）本丸櫓門、大坂城二の丸大手門（重文）、和歌山《わかやま》城（和歌山市）岡口門（重文）・追廻《おいまわし》門、姫路城菱《ひし》の門（重文）・「は」の門（重文）・「に」の門（重文）・「と」の一門（重文）・「ぬ」の門（重文）・備前門（重文）、福山《ふくやま》城（広島県福山市）本丸筋鉄《すじがね》御門（重文）、丸《まる》亀《がめ》城（香川県丸亀市）大手一の門（重文）、伊予松山城隠門（重文）・筋鉄門・内門、高知《こうち》城（高知市）追手門（重文）・廊下門（重文）・詰《つめ》門（重文）・黒鉄《くろがね》門（重文）、佐《さ》賀《が》城（佐賀市）鯱《しゃち》の門（重文）、佐伯《さえき》城（大分県佐伯市）三の丸櫓門、熊本《くまもと》城（熊本市）不開《あかずの》門（重文）・西櫓御門、平戸《ひらど》城（長崎県平戸市）北虎口門である。

薬医門はもっともポピュラーな構造の門である。鏡柱と控柱の上に切妻屋根を架ける単純な構造で、側面から見ると屋根の出は正背面で対称とならず、正面側へ長くなる。城門としては枡形などに用いられることはなく、搦《からめ》手など単独で構えられる場合に用いられる。

現存するものとしては水戸《みと》城（茨城県水戸市）橋詰門、岩槻《いわつき》城（さいたま市）搦手門、二条城二の丸鳴子門（重文）、丸亀城御殿表門、高松城水手御門（重文）、伊予松山城二の門（重文）、宇和島《うわじま》城（愛媛県宇和島市）上り立ち門、西条《さいじょう》陣屋（愛媛県西条市）大手門、秋月《あきづき》城（福岡県朝倉市）黒門、鹿島陣屋本丸表門などがある。

長屋門とは長屋の途中に設けられた門のことである。城下の武家屋敷には奉公人の住居として構えられた長屋に門が設けられた事例は多い。城内では米蔵、馬屋、物置などとして長屋が構えられていたが、こうした長屋は単に蔵として構えられただけではなく、曲輪内部の仕切としても利用された。その仕切りに門を設けたのが長屋門であった。彦根《ひこね》城（滋賀県彦根市）の馬屋（重文）は、二の丸に構えられた矩形《くけい》の長屋で、細工《さいく》所を仕切っていた。全国に残る唯一の馬屋として有名であるが、実は長屋の途中に門を設けた長屋門でもあった。

これ以外に残された長屋門としては、高崎《たかさき》城（群馬県高崎市）旧三の丸東門、岩槻城黒門、飯田《いいだ》城（長

櫓門（国重文／兵庫県姫路市）
姫路城菱の門

櫓門（国重文／佐賀市）
佐賀城鯱の門

埋門（国重文／京都市）
二条城二の丸西門

薬医門（香川県丸亀市）
丸亀城御殿表門

薬医門（茨城県水戸市）
水戸城橋詰門（本丸内に移築）

埋門（和歌山県田辺市）
田辺城水門

長屋門（群馬県高崎市）
高崎城旧三の丸東門（移築）

薬医門（国重文／京都市）
二条城二の丸鳴子門

野県飯田市）桜丸御門、二条城二の丸桃山門（重文）、秋月城長屋門などがある。

　埋門は石垣の間に構えられた小型の門で、石垣に穴のように構えられた構造のものと、石垣を間仕切り、門上に土塀が渡されるものとがある。前者の埋門として残存するものは姫路城「る」の門、田辺《たなべ》城（和歌山県田辺市）水門、高松城埋門がある。後者の埋門としては二条城二の丸西門（重文）・二の丸北中仕切門（重文）・二の丸南中仕切門（重文）、姫路城「ほ」の門（重文）・水の三門（重文）・水の四門（重文）がある。

　城門にはこうした門等以外にも小型の門がある。ひとつは鏡柱と冠木の上にのみ屋根を載せる簡単な構造の棟門である。現存する棟門には姫路城「ち」の門（重文）・水の一門（重文）・水の二門（重文）がある。今ひとつは冠木門である。冠木のみで屋根のない門である。城門として現存するものはない。わずかに松代《まつしろ》城（長野県松代市）の城下に構えられた真田《さなだ》邸に残されている。

城の生活に関する基礎知識 ―― 御殿／蔵／馬屋／番所／橋などの見方

御殿

城郭内における居住域を御殿と呼ぶ。戦国時代の山城《やまじろ》は防御空間としての詰城であり、平時の住居は山麓《さんろく》に置かれる場合が多かったが、織豊《しょくほう》期以降の城郭では、防御空間と居住空間が一体化する。特に豊臣秀吉《とよとみひでよし》によって天正《てんしょう》十一年（一五八三）に築かれた大坂《おおさか》城（大阪市）では、本丸に御殿が構えられた。御殿は城主の居住空間であるとともに政治を行なう政庁機能をも兼ねていた。そこで、政治の場としての表の空間（ハレの場）と、日常の生活の場としての奥の空間（ケの場）が設けられることとなる。大坂城の本丸では、下の段に表御殿が、詰の段に奥御殿が配置されていた。

かつての名古屋城本丸御殿玄関・式台（古写真）
昭和期の撮影。後方に天守が見える。

築城当初は本丸に構えられた御殿で充分に対応できていたのであるが、元和《げんな》以降に政治体制が安定すると、政治をおこなう表の空間が手狭となり、二の丸などに新たに広大な御殿を造営した事例がある。現在復元が進められている名古屋《なごや》城（愛知県名古屋市）の本丸御殿は慶長《けいちょう》十五年（一六一〇）に造営された慶長期を代表する御殿であったが、表部分が手狭となったため、元和六年（一六二〇）には二の丸に広大な御殿が造営され、藩主御殿は二の丸に移った。空となった本丸御殿はその後、徳川《とくがわ》将軍の上洛用の御殿となるものの、

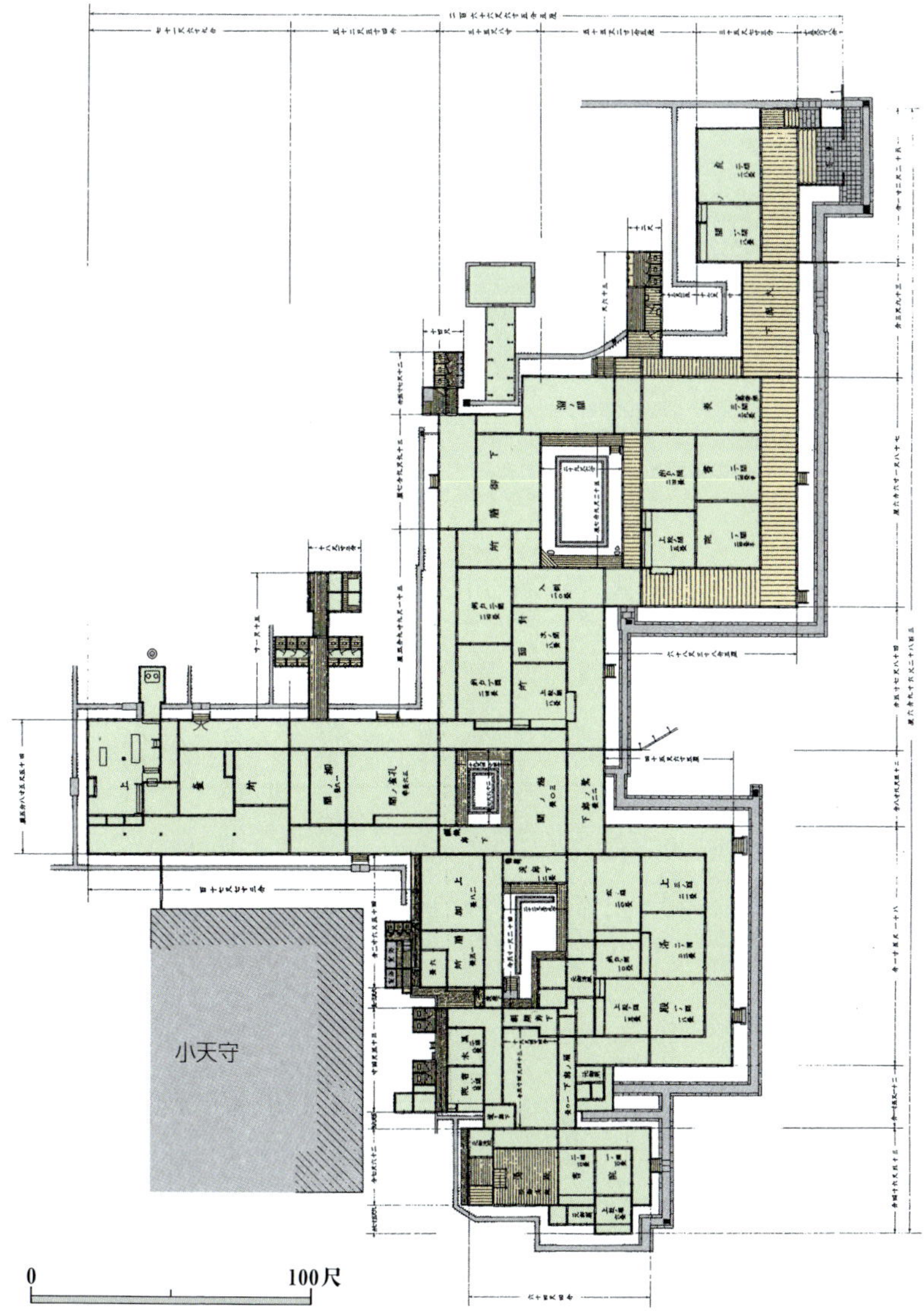

名古屋城本丸御殿平面図
当初は尾張藩主の御殿として造営されたが、のちに将軍上洛用の御殿としたため、藩主は二の丸に御殿を設けた。

二条城二の丸御殿（国宝／京都市）
城郭の御殿建築のなかで、最も華麗である。将軍上洛時の宿所として用いられた。

掛川城二の丸御殿（国重文／静岡県掛川市）
幕末に再建されたもので、質素で小規模な御殿である。

ほとんど使用されることはなかった。

　将軍は上洛するにあたって親藩、譜代大名の御殿を宿泊施設とした。浜《はま》松《まつ》城（静岡県浜松市）、岡崎《おかざき》城（愛知県岡崎市）の本丸御殿も将軍上洛用に使用され、彦根《ひこね》城（滋賀県彦根市）の表御殿や、膳所《ぜぜ》城（滋賀県大津市）の二の丸御殿も入洛直前の宿泊施設として利用された。また、入洛後は二《に》条《じょう》城（京都市）を利用したが、淀《よど》城（京都市）も利用されており、淀城では本丸御殿は将軍の宿泊施設としてのみ用いられ、藩主は二の丸御殿を利用した。

　現存する御殿は二条城二の丸御殿、川越《かわごえ》城（埼玉県川越市）本丸御殿、掛川《かけがわ》城（静岡県掛川市）二の丸御殿、高知《こうち》城（高知市）本丸御殿の四ヶ所に過ぎない。ところでこのなかの高知城の本丸御殿は寛延《かんえん》二年（一七四九）に再建されたものである。高知城では二の丸御殿が藩主の居住施設として造営されただけではなく、三の丸にも政庁としての御殿が造営されている。そうしたなかで本丸御殿はもっとも小規模なものである。藩祖山内一豊《やまうちかつとよ》によって築城された当初は本丸御殿が藩主の居住と、藩庁を兼ねていたのであるが、その後この御殿は小規模であったため、二の丸や三の丸に新御殿が造営されたわけである。ところが本丸御殿と天守は享保《きょうほう》十二年（一七二七）に焼失してしまう。天守は復古様式として一豊が造営した当

熊本城本丸御殿大広間（復元／熊本市）
平成20年（2008）に復元された。

高知城本丸御殿（国重文／高知市）
本丸御殿は儀式用の御殿として使われた。

初の姿を模して延享《えんきょう》四年（一七四七）再建されたものである。すでに小規模で機能しなくなった本丸御殿が寛延二年に再建されたのも、天守と同じく藩祖の造営した御殿を復元すべく再建されたものと考えられる。それは再建された本丸御殿が正月の行事など極めて儀礼的な場合にのみ使用され続けたことからも窺うことができる。

彦根城でも慶長《けいちょう》八年（一六〇三）の築城当初は彦根山の山頂の本丸に御殿が構えられていたが、元和《げんな》元年（一六一五）の大坂夏の陣の翌年より開始された第二期築城工事によって山麓に表御殿が拡張造営されている。

ところで本丸に御殿を有さず、当初から二の丸を御殿空間とした城もある。上田《うえだ》城（長野県上田市）では本丸はまったくの空白地で、御殿は城より少し離れた場所に方形の堀を巡らせた藩主御殿を造営している。膳所城でも本丸内は築城当初より空白地であり、御殿は二の丸に構えられていた。こうした本丸に当初から御殿を構えない構造は、本丸を詰城として認識していたからに他ならない。

現存する御殿は四ヶ所に過ぎないが、彦根城表御殿、丹波篠山《たんばささやま》城（兵庫県篠山市）二の丸御殿、佐賀《さが》城（佐賀市）本丸御殿、熊本《くまもと》城（熊本市）本丸御殿が忠実に復元されているし、現在は名古屋《なごや》城（愛知県名古屋市）本丸御殿が復元中である。

蔵

近世城郭は軍事的防御施設であるとともに藩政の中心でもあり、軍事施設以外にも、様々な施設が建てられていた。

その代表的なものが蔵である。蔵には焔硝《えんしょう》や火薬を収めた火薬庫や、武器を収めた武器庫がある。焔硝蔵は大坂《おおさか》城（大阪市）にわずか一棟残されているにすぎない。この煙硝蔵は石造という特異な構造のものである。大坂城では青屋口に木造の焔硝蔵があったが、万治《まんじ》三年（一六六〇）に大爆発があり、再建にあたって誘発を防ぐために石造の焔硝蔵が貞享《じょうきょう》二年（一六八五）に造られた。これが現存する焔硝蔵で、二ヶ所の出入り口は狭くして、三重の金属扉を設け、壁は厚さ二・四メートルもあり、外壁、内壁を石積みとし、その間には礫《れき》が充《じゅう》填《てん》されていた。天井と床も花崗岩《かこうがん》の切石を用い、屋根は瓦葺《ぶ》きとなっている。

大坂城焔硝蔵（国重文／大阪市）
唯一現存する焔硝蔵は花崗岩の石材を用いた石造りとなっている。

焔硝蔵はどの城でも爆発の危険性があるだけに注意を払って築かれており、残存しないが名古屋《なごや》城（愛知県名古屋市）御深《おふ》井《け》丸《まる》や、津山《つやま》城（岡山県津山市）三の丸では壁体を土塁によって構築した穴蔵の焔硝蔵が設置されていた。さらに、城内に焔硝を貯蔵すること自体が敬遠され、彦根《ひこね》城（滋賀県彦根市）では城から北東二・二キロメートルも離れた場所に焔硝蔵が設けられていた。名古屋城も築城当初は天守に火薬が貯蔵されていたが、後に御深井丸に移され、さらに城外に移されている。小《お》

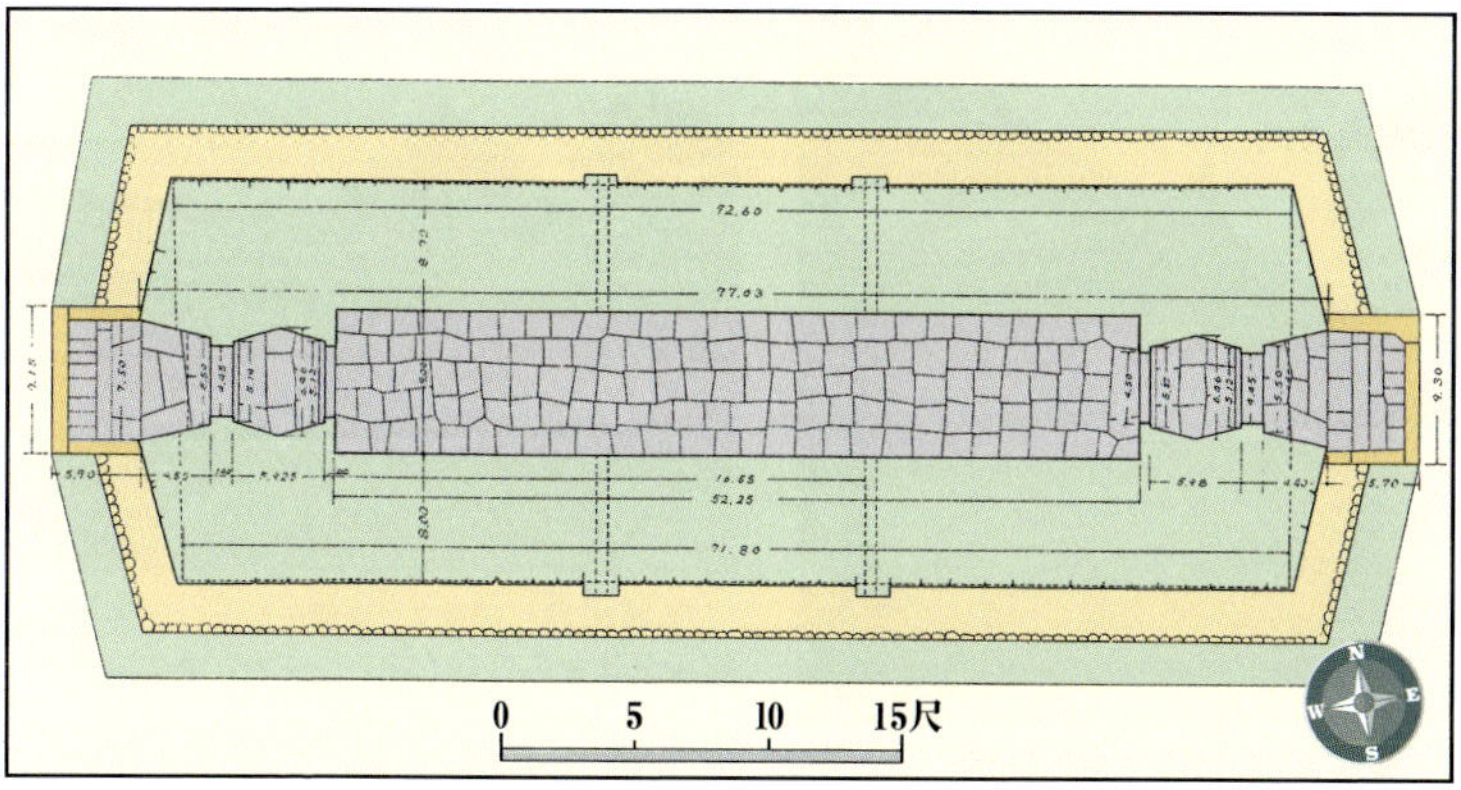

	入口 石垣長	入口庇及び 二重扉間	内室長	石敷より 石敷迄	石敷巾
（尺） 実測寸法	5.90	11.875	53.45	9.15	8.00
当初の 計画寸法	6.00	12.00	54.00	9.00	8.00
1間を6.5尺と みた場合	0.9225	1.846	8.275	1.385	1.23
1間を6.0尺と みた場合	1.0	2.0	9.0	1.5	1.332

大坂城の焔硝蔵平面図と規模
平面図を見ると外壁と内壁の間が異常に厚いことがわかる。

田原《だわら》城（神奈川県小田原市）でも築城当初は本丸の北側御用米曲輪《ごようまいくるわ》の外側に焔硝曲輪が設けられていたが、後にさらに外郭に位置する小峯《こみね》曲輪に移され、さらに荻窪村池《おぎくぼむらいけ》戸新田《どしんでん》上段の焔硝蔵に移転している。彦根城でも類焼を防ぐため、城の北側に広がる松原内湖《まつばらないこ》の対岸に焔硝蔵が置かれていた。建物は明治維新後に取り払われてしまったが、発掘調査によって二棟の焔硝蔵が検出されている。

なお、大和《やまと》高取《たかとり》城下（奈良県高取町）の星野《ほしの》氏宅内に単層入母屋《いりもや》造りの土蔵があるが、高取城の火薬庫を移築したものと伝えている。

焔硝以外に武器や武具を収めた蔵に、鉄砲蔵、大砲蔵、武具蔵などがある。基本的には土蔵造りの蔵で、伊賀上野《いがうえの》城（三重県上野市）と、宇和島《うわじま》城（愛媛県宇和島市）

二条城米蔵（国重文／京都市）
寛永２年から３年（1625 ～ 26）頃の造営。
土蔵造、門番所付き。

二条城米蔵（国重文／京都市）
２間×18間。寛永２年から３年（1625 ～ 26）頃の造営。

にかろうじて武具蔵が残存しているが、伊賀上野城の武具蔵は改変が激しく、宇和島城の武具蔵は幕末に調練場に設けられたものを昭和四十四年に城内へ移築したものである。

籠城《ろうじょう》戦のための兵粮米《ひょうろうまい》や年貢を納める米蔵もどこの城にも存在していたが、明治維新によってことごとく取り壊されてしまい、現在では二条城《にじょう》（京都市）に三棟残されているにすぎない。そのうちの一棟は二の丸御殿を囲う塀として築かれた長屋を利用したもので、中央は長屋門となっている。残り二棟は内堀の西側に建てられており、いずれも二つの戸口を設けた二戸前の入母屋造りの細長い土蔵で、外壁は漆喰《しっくい》の塗籠《ぬりごめ》とし、一棟は一七間、一棟は一八間の規模である。

彦根城では本丸直下の帯《おび》曲輪に一七棟の米蔵が軒を連ねて建てられていた。また名古屋城では西の丸に米蔵構と呼ばれる一画が設けられ、六棟の米蔵が建てられていた。小田原城にも御用米曲輪と呼ばれる曲輪が本丸直下に構えられ米蔵が建ち並んでいた。淀《よど》城（京都市）では東曲輪に米蔵が建ち並んでいたが、そのうちの一棟が発掘調査によって検出されている。土蔵とするため、礎石《そせき》が据《す》えられていたが、その礎石を安定させるために、深さ一メートルを超える

大坂城御金蔵（国重文／大阪市）
天保８年（1837）に平屋建てに改築された金蔵。

二条城米蔵（国重文／京都市）
２間×17間。寛永２年から３年（1625～26）頃の造営。

穴を掘り、大量の礫《れき》を詰めて地盤沈下を防いでいた構造が確認されている。米以外の兵糧を貯蔵した蔵としては、塩蔵があるが、残存例はない。

御金蔵《ごきんぞう》としては大坂城に唯一残されている。天守台脇に二棟設けられていたが、一棟は昭和四年に移築されてしまい、現在は一棟のみが残されている。寛永《かんえい》二年（一六二五）に二階建で造営されたものを天保《てんぽう》八年（一八三七）に一階建に改造したものである。床板の下には厚い石が敷かれ、入口は二重の土戸と鉄格子戸《てつごうし》の三重構造となっており、窓も土戸と鉄格子という厳重なものとなっている。彦根城では天守玄関が金蔵として利用されていた。また、苗木《なえぎ》城（岐阜県中津川市）では、金を納めたものではなく、歴代将軍から賜わった御朱印などを納めた、御朱印蔵が設けられていた。

このほか、文書蔵や竹蔵、薪《まき》蔵などがあった。大坂城の薪蔵は薪を収納し易いように、八角形で、屋根を宝形造りとする珍しい構造の蔵で、一二棟もあったが、すべて取り壊され、古写真にしか残っていないのは残念である。彦根城の西の丸には藩の公文書を保管する文書蔵が軒を連ねていたが、現在は礎石が残されているだけである。

馬屋（厩）

武士は元来騎兵である。このため城内には必ず藩主のための馬屋と馬場が備えられていた。しかし明治維新によってほとんどの城の馬屋は壊されてしまい、現存する馬屋の事例は彦根《ひこね》城（滋賀県彦根市）に一棟残されているだけである。この馬屋は平面がL字状となり、内部は二一室に区画されており、最大で二一頭の馬を飼うことができた。屋根は柿葺《こけらぶ》きで、壁は上部を大壁、下部を簓子下見板張《ささらこしたみいたばり》としている。二一の馬の飼育室は馬立場と馬繋場《うまつなぎば》と呼ばれている。なお、馬屋の東端には畳敷の小部屋があり、飼育係の部屋となっていた。

番所

城門の脇には城門の開閉や城へ出入りする者を監視するために番所が設置されていた。桝形《ますがた》に構えられた城門の場合は、桝形内に設けられる場合が多かった。建物の性格上、簡易で小規模なものが大半で、さらに明治以後ほとんどが壊されてしまい、残存例は極めて少ない。そうした番所のなかで江戸《えど》城（東京都千代田区）には三棟の番所が残っており、さすがにその規模も大きい。二の丸下乗門桝形内の同心《どうしん》番所、下乗門内の百人《ひゃくにん》番所（大番所）、中之門内の大番

彦根城馬屋（国重文／滋賀県彦根市）
L字形の構造で元禄時代（1688～1703）頃の建造。

彦根城馬屋（国重文／滋賀県彦根市）
馬21頭が入れるように仕切られている。

江戸城中之門内の大番所
（東京都千代田区）

江戸城二の丸下の同心番所
（東京都千代田区）

江戸城二の丸の百人番所
（東京都千代田区）

所である。これらは入母屋《いりもや》造の平屋建てで、表側に縁側が設けられ、庇《ひさし》が架けられる構造となっている。特に百人番所は江戸城内最大規模の番所で、鉄砲百人組と呼ばれた根来《ねごろ》組、伊賀《いが》組、甲賀《こうが》組、二五騎馬の四組が交互に詰めていた。各組とも与力《よりき》二〇人、同心百人が配置されていたことより、百人番所とも呼ばれていた。

二条《にじょう》城（京都市）の番所は東大手門を入った右手に配置されている。江戸から派遣された大番組の二条在番が警護の任にあたっていた。桁行《けたゆき》（正面）一〇間、梁間《はりま》（奥行）三間の規模で、正面前面の二畳敷に門番が勤務していた。

また、弘前《ひろさき》城（青森県弘前市）には二の丸に与力番所が、久保田《くぼた》城（秋田市）には御物頭《おものがしら》御番所が残されている。このうち久保田城のものは、本丸表門と長坂門によって構成される桝形内に設けられた番所で、門の開閉と城下の警備、火災の消火などを担当していた御物頭（足軽の組頭）の詰所であった。掛川《かけがわ》城（静岡県掛川市）では番所が再建された大手門の脇に移築され現存している。

橋

堀には多くの橋も架けられていた。この橋は大きく二種に大別できる。堀に土手状に架かる土橋と、木製の木橋である。木製の橋には、固定された架橋《かきょう》と、敵が攻めてきた場合、城内に曳《ひ》いてしまう橋がある。さらに固定された橋には屋根の架からない橋と、架かる橋があり、架かる橋は、廊下橋と呼ばれている。木製橋で現存するものは皆無であるが、高松城《たかまつ》（香川県高松市）、大分府内城《おおいたふない》（大分市）、和歌山城《わかやま》（和歌山市）で廊下橋が復元されている。

和歌山城御橋廊下（復元／和歌山市）
二の丸と西の丸を結ぶ橋で、幅 2.95 メートル、長さ約 26.7 メートル。平成 18 年（2006）に復元された。

第4章

近世の城を実体験しよう

平城を歩く――広島城跡（広島県）

それでは実際に残された城郭を歩いて近世城郭の構造を探ってみよう。ここでは『正保城絵図《しょうほしろえず》』に平城、平山城、山城と記された城を事例として紹介してみたい。

平城の典型は広島城《ひろしま》（広島市）である。『正保城絵図』では、「本丸 平城」と記されている。毛利《もうり》氏は元就《もとなり》の段階で吉田郡山城《よしだこおりやま》（広島県安芸高田市）を本城としていたが、天正《てんしょう》十七年（一五八九）に輝元《てるもと》は広島に新たな居城の築城を開始する。

当時広島は太田川《おおたがわ》の河口付近であり、戦国時代には城の築けるような場所ではなかった。このため築城工事は、島普請と呼ばれたほどである。なぜこうした場所に輝元は築城をおこなったのであろうか。従来、豊臣秀吉《とよとみひでよし》の大名となった輝元が、秀吉の城を真似て築いたといわれていたが、毛利家の聖地ともいうべき父祖伝来の郡山城を廃して新城の築城をおこなうだろうか。

実際はその逆で秀吉側からの命令で輝元に広島城を築かせたものと考えられる。まず、その築城年に注目したい。天正十七年前後の西国の築城には注目すべき動きが認められる。広島城は瀬戸内海に面した太田川の河口付近、長宗我部元親《ちょうそかべもとちか》は太平洋に面した桂浜《かつらはま》に浦戸《うらど》城（高知市）を築いている。さらに九州では小西行長《こにしゆきなが》が八代《やつしろ》湾の浜近くに麦島《むぎしま》城（熊本県八代市）を築いている。これらの諸城は秀吉の意向によって築かれたものと考えられ、その築城意図は朝鮮出兵を睨んだ水軍基地として築かれたものと考えられる。

さらに広島城で注目できるのは縄張《なわばり》である。その構造は天正十四年（一五八六）に豊臣秀吉が京都に築

広島城現況（広島市）

城した聚楽第《じゅらくだい》と瓜二つのものである。聚楽第は文禄《ぶんろく》四年（一五九五）に秀次《ひでつぐ》事件の後に廃城となり、城割りがおこなわれ、徹底的に破壊されてしまい、地上にその痕跡を一切残していない。浅野文庫所蔵『諸国古城之図《しょこくこじょうのず》』所収の「山城聚楽《やまじろじゅらく》」絵図によれば、長方形の本丸と、その前方に角馬出《かくうまだし》となる小面積の二の丸を配し、本丸西面にも角馬出を配している。加えて天守は本丸の北西隅に構えられている。その縄張は広島城とほぼ一致している。広島城は秀吉の命により太田川の河口に築かれ、その縄張も秀吉の聚楽第を模して築かれたものだったのである。

　では、実際に広島城を歩きながら、その構造を探っていくこととしよう。【写真1】は広島城の本丸へ至る正門となる二の丸の表御門である。城外とは木橋で結ばれていたことより、橋御門とも呼ばれた。その右に位置するのが平櫓《やぐら》【写真2】である。【写真3】は二の丸を南東より望んだもので、隅には二重櫓の太鼓《たいこ》櫓が配されている。二重櫓ではあるが二階には廻縁が廻る。二階に

広島城絵図（部分）（国立公文書館内閣文庫蔵）

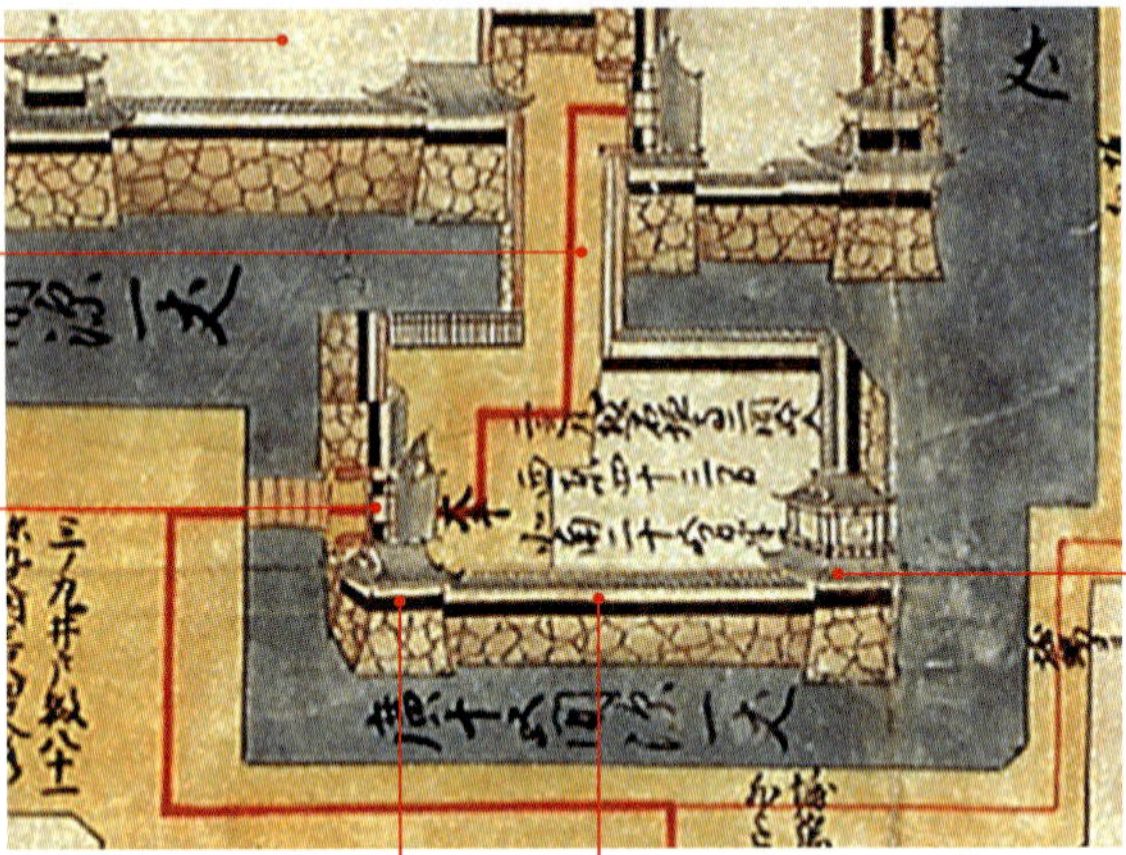

【写真 3】 二の丸太鼓櫓と多門櫓（復元／広島城）

【写真 1】二の丸表御門（復元／広島城）

【写真 4】二の丸多門櫓内部（復元／広島城）

【写真 2】 二の丸平櫓（復元／広島城）

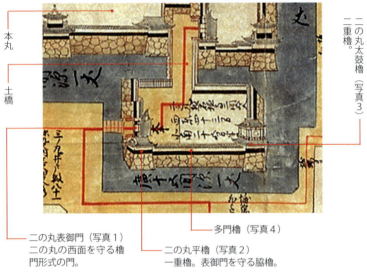

広島城空撮（広島市）
高低差のない平城のため、幅の広い水堀がめぐらされている。

は太鼓が置かれていたためにこの名が付けられた。太鼓櫓の左に続くのが多門櫓で、全長三五間を測る【写真4】。太鼓櫓は石垣が崩落したのちの元和《げんな》六年（一六二〇）に再建されたもので、平櫓は文化《ぶんか》九年（一八一二）の落雷後、または明治に撤去された。表御門は毛利輝元築城のものであったが、太鼓櫓とともに昭和二十年八月六日の原爆によって一瞬で消滅した。なお、二の丸内部は馬屋と番所が備えられているだけの空間であった。

二の丸と土橋で結ばれているのが本丸である。【写真5】はその本丸周囲の内堀である。平城の場合、曲輪間に高低差がまったくないため、重層的な防御ができない。このため、堀幅を広くとることによって遮断線としていた。広島城の場合、『正保《しょうほ》城《しろ》絵図《えず》』には本丸西側の堀幅が五三間、東側が二一間と記されている。近世の巨大な平城では決して珍しい幅ではなく、佐賀城や久保田城でも広大な堀が巡らされている。

本丸への出入り口には、二の丸よりの正面となる中御門と、東側に外枡形に構えられた裏御門があった。【写真6】は中御門跡で、枡形ではあるが、外側に構えられる二の門がなく、右折れしたところに一の門としての櫓門のみが構えられる構造となっている。この二の門を設けない枡形構

広島城絵図（部分）（国立公文書館内閣文庫蔵）

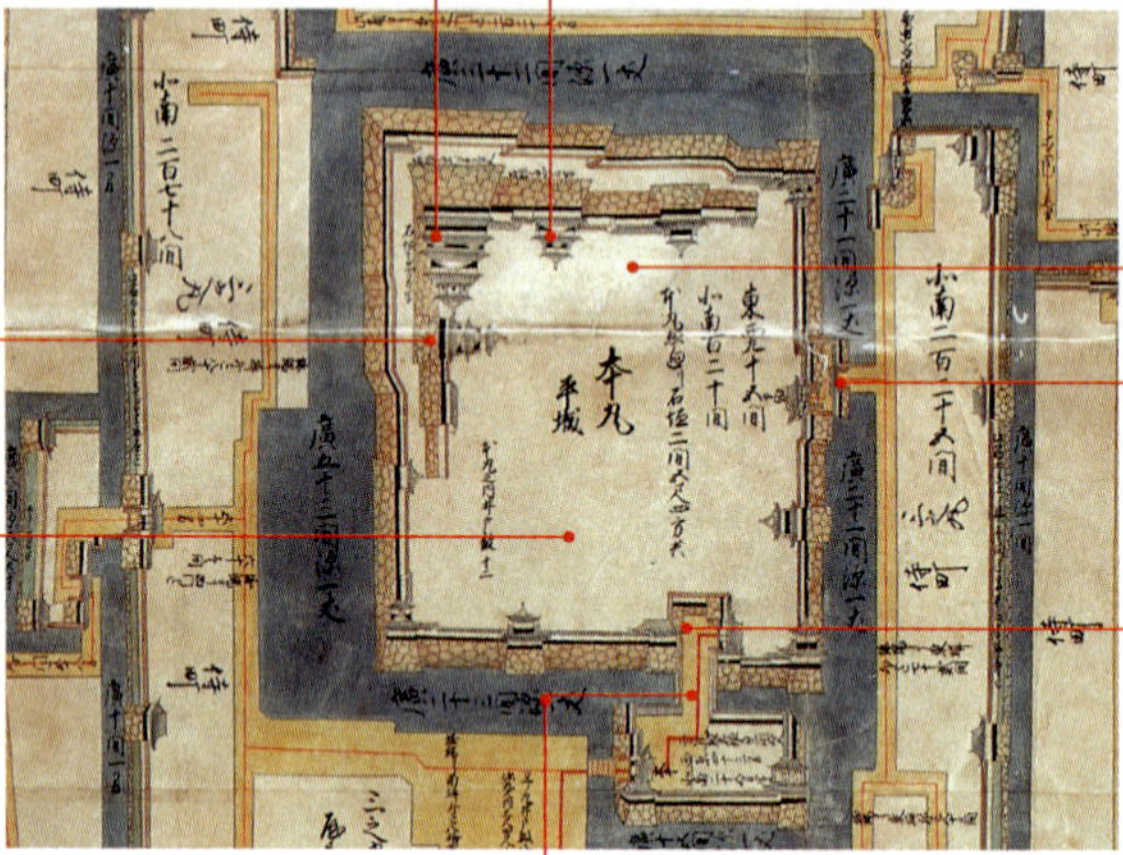

大天守／五重五階

東小天守／三重三階

本丸上段
御殿が建ち並んでいた。

南小天守／三重三階

裏御門
外桝形に構える。

本丸下段
馬場と米蔵があった。

中御門（写真6）
内桝形に構える。

土橋
二の丸と本丸を結ぶ。

【写真 6】中御門跡（広島城）

【写真 5】本丸内堀（広島城）

中御門桝形模式図
（広島城）
正面に高麗門が設けられない桝形虎口となる。

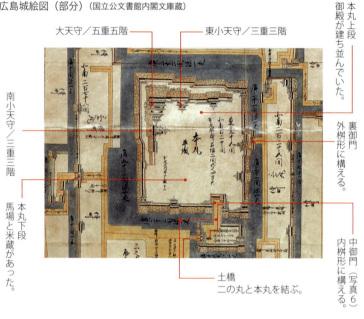

【写真7】本丸上段（広島城）

【写真8】広島城天守（古写真）

造は、豊臣大坂《おおさか》城（大阪市）の本丸桜門や肥前《ひぜん》名護屋《なごや》城（佐賀県唐津市）の山里口門に用いられる構造で、豊臣系の桝形として評価できる。江戸時代になると、すべての桝形が一の門（櫓門）と、二の門（高麗《こうらい》門）から構成される内桝形に淘汰《とうた》されると思われているが、この豊臣系の外桝形と呼び得る、一の門だけの桝形も用いられ続ける。福岡《ふくおか》城（福岡市）の桝形はすべてこの構造であるし、宇和島城も追手と搦手はこの構造であった。

さて、本丸は広大な面積を有しており、『正保城絵図』には「本丸　平城」とあり、「東九十五間、北南百二十間、本丸惣廻り石垣二間五尺四方共」と記されている。本丸の内部は北側の上段と、南側の下段からなっていた。【写真7】は上段で、かつてここには広大な本丸御殿が建ち並んでいた。この上段は北面と西面の北半分が石垣で、それ以外は土居で築かれていた。この上段の北西隅に天守が聳《そび》えていた。【写真8】は南小天守からの大天守の景観であるが、こうした景観は明治以後のものである。天守は慶長《けいちょう》三年（一五九八）頃に竣工したと考えられ、現存していれば岡山《おかやま》城（岡山市）天守とともに最古級の天守であった。その構造は五重五階の大天守を北西隅に配し、その東方に三重三階の東小天守、南方に三重三階の南小天守を配し、大天守との間は廊下（渡櫓）で連結されていた。大天守と小天守が

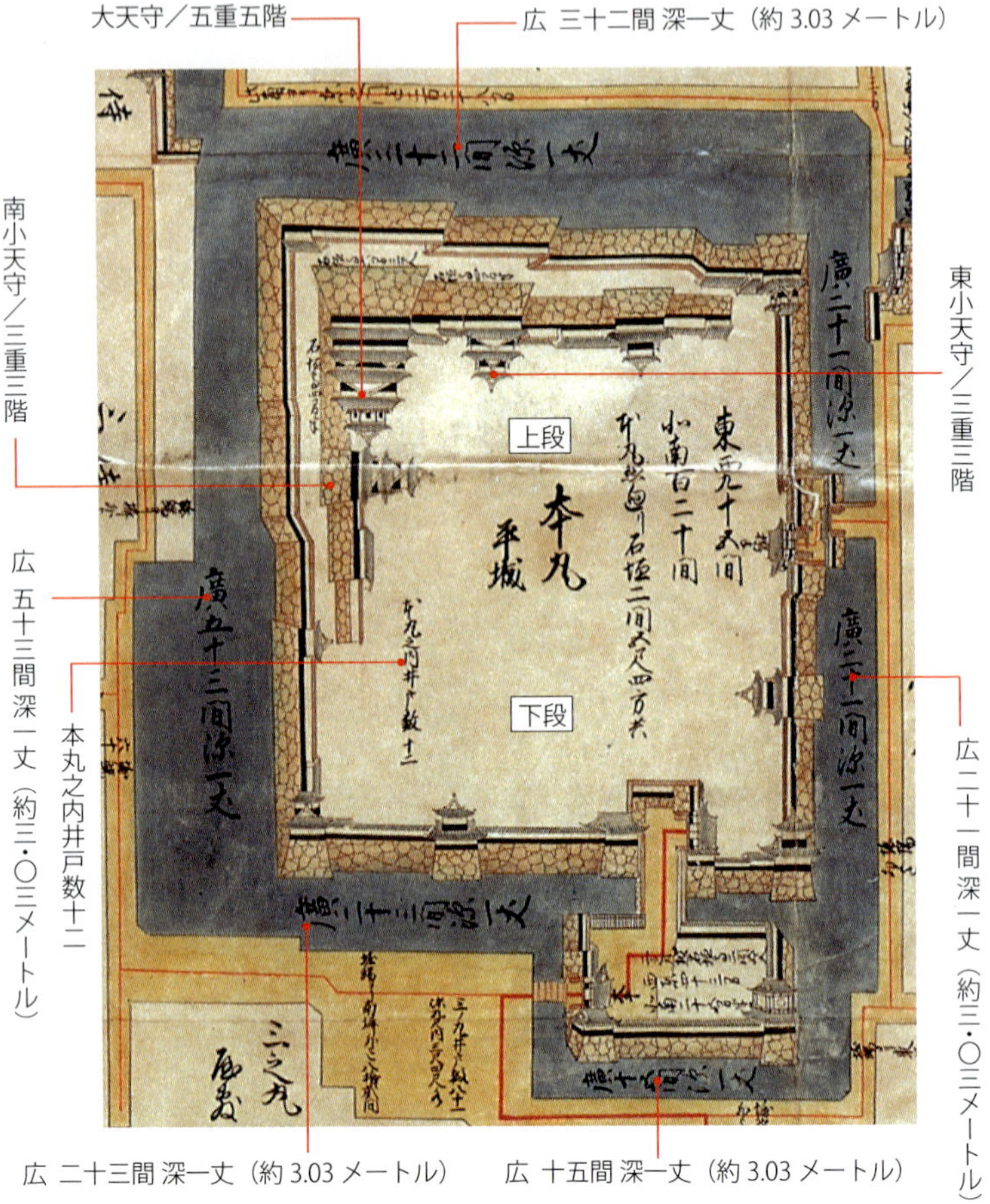

【写真 9】広島城絵図（部分）（国立公文書館内閣文庫蔵）

【写真 10】毛利氏時代の天守台
矢穴で割られた石材が認められず、自然石を積む。
また、隅角部の算木積みも未熟である。

結ばれる構造を連結型天守と呼ぶが、二基の、しかも三重の小天守と連結する構造は広島城以外にはなく、複連結型とでも言う構造である。明治に小天守は解体され、大天守も昭和二十年に原爆によって壊滅してしまった。現在のものは昭和三十四年に鉄筋コンクリートによって復元されたものである。『正保城絵図』には壮大な複連結型の天守が見事に描かれている【写真9】。

本丸の下段は広い馬場と、米蔵などが建ち並んでいた。そして本丸の塁線上には六基の二重櫓と六基の平櫓が構えられていた。

ところで広島城は天正《てんしょう》十七年（一五八九）に毛利輝元によって築かれたが、慶長《けいちょう》五年（一六〇〇）には関ヶ原合戦の戦功により福島《ふくしま》正則《まさのり》が入城する。さらに元和《げんな》五年（一六一九）に正則が改易されると浅野《あさの》長晟《ながあきら》が入城する。こうした城主交代に伴い石垣の改修がおこなわれており、城跡を歩くと、様々な時代の石垣を目にすることができる。

天守台の石垣は言うまでもなく毛利輝元時代のものである【写真10】。天守台の石垣は粗割石《そわりいし》が多く、隅部も石材の長短を交互に組み上げる算木《さんぎ》積みも未発達で、勾配《こうばい》も緩やかである。福島正則の改易は石垣の無断修築による武家諸法度《ぶけしょはっと》違反であるといわれているが、本丸南面の石垣などはその元和の正則の修築個所とみられる。ところで幕府はこうした無断修築個所を破却することで、一旦は許している。本丸上段の北面などに石垣の破却されたところがあるが、こうしたところが正則自らが破却した石垣と見られる【写

【写真 11】福島氏時代の石垣（広島城）

真11】。浅野氏入城以後も洪水や地震などによって石垣が崩落し、何度も修築が繰り返されている。二の丸や本丸の石垣にはこの浅野氏時代の修築が認められる【写真12】。

近世の城跡ではこうした石垣の変遷《へんせん》を見て歩くのが楽しい。広島城では石垣の積み方の変化で時代の違いを知ることができるが、和歌山《わかやま》城（和歌山市）では加えて石材によって時代の違いがわかる。天正年間の豊臣秀長《とよとみひでなが》時代（城主桑山重晴《くわやましげはる》）には紀ノ川流域の緑泥片岩《りょくでいへんがん》が用いられ、浅野幸長《あさのよしなが》時代には和泉《いずみ》の砂岩が用いられ、徳川頼宣《とくがわよりのぶ》時代には友ヶ島周辺の花崗岩《かこうがん》が用いられた（一七〇頁参照）。

金沢《かなざわ》城（石川県金沢市）では石材の加工頻度によって七時期の石垣が認められる。慶長年間の前田利家《まえだとしいえ》による築城では、粗割石が多用され、石川門では枡形内側の石垣二面で切込接《きりこみはぎ》と打込接《うちこみはぎ》という異なる積み方が見られる。玉泉院丸《ぎょくせんいんまる》では戸室山《とむろやま》から産出する石材のなかでも赤戸室と黒戸室を意識的に用いている。幕末には方形《ほうけい》の石を煉瓦《れんが》のように積んだり、亀甲《きっこう》型の石材を用いたりしている。このように城跡の石垣は江戸時代を通じて何度も積み直されており、それぞれの時代の特徴的な工法で積まれている。建物

【写真 12】浅野氏時代の石垣（広島城）

を見るのも大切であるが、こうした様々な工法の石垣を丹念に見ていくのは楽しい。

さて、広島城に戻ろう。現存する広島城は本丸と二の丸だけであるが、かつての広島城には本丸、二の丸を囲い込むように三の丸が、さらにその外周に外郭が構えられていた。三の丸の西面には角馬出が構えられ、聚楽第《じゅらくだい》に類似する構造となっていた。また、こうした外郭にはほぼ等間隔に櫓が配置されており、その数は日本最大で、実に七六基にものぼっている。

ただ三重櫓はなく（二基の小天守は三重）、二重櫓三五基、平櫓三〇基、多門櫓一一基となっている。こうした櫓の配置も興味深い。外郭の西面は二重櫓、北面は二重櫓と平櫓を交互に配し、東辺と南辺には平櫓のみが配されていた。三の丸では隅を二重櫓とするが、塁線上に配置されているのは平櫓のみであった。幕末に尾張《おわり》藩主徳川慶勝《とくがわよしかつ》が撮影した広島城の「土居」の写真は三の丸の南辺付近を捉《とら》えたものであるが堀に面して土居が築かれ、平櫓の構えられているところだけは石垣を構えている様子がよくわかる。残念ながら外郭はすでに市街地と化しており、絵図に描かれた城の痕跡はまったく残されていない。

平山城を歩く ——丹波篠山城（兵庫県）

慶長《けいちょう》十四年（一六〇九）、徳川家康《とくがわいえやす》は山陰道の押えとして篠山《ささやま》築城（兵庫県篠山市）を開始する。築城にあたっては全国の大名を手伝役として動員した天下普請であった。実はこの時期、大坂《おおさか》城（大阪市）周辺で徳川政権による天下普請で築かれた城が点々と存在する。東海道に面しては膳所《ぜぜ》城（滋賀県大津市）が、中山道に面しては彦根《ひこね》城（滋賀県彦根市）と加納《かのう》城（岐阜市）が、北国街道に面しては長浜《ながはま》城（滋賀県長浜市）が、山陰道に面しては亀山《かめやま》（現亀岡《かめおか》）城（京都府亀岡市）と篠山城が、さらに東国には名古屋《なごや》城（愛知県名古屋市）が天下普請による築城であった。また、天下普請ではないが、山陽道に面して池田輝政《いけだてるまさ》が姫路《ひめじ》城（兵庫県姫路市）を、伊賀街道に面して藤堂高虎《とうどうたかとら》が伊賀上野《いがうえの》城（三重県伊賀市）をそれぞれ築いている。まさに豊臣秀頼《とよとみひでより》の居城大坂城を取り囲むように築かれた、徳川政権の大坂城包囲網であった。

その一翼《いちよく》を担ったのが篠山城である。縄張《なわばり》は藤堂高虎で、普請総奉行に任じられたのは池田輝政であった。また、加藤清正《かとうきよまさ》、浅野幸長《あさのよしなが》、蜂須賀至鎮《はちすかよししげ》、加藤嘉明《かとうよしあき》、福島正則《ふくしままさのり》ら一五ヶ国二〇大名が助役として動員された。

城の構造は典型的な輪郭式の縄張で、回字形を呈している。この輪郭式縄張は高虎の縄張に多用されるもので、今治《いまばり》城（愛媛県今治市）【写真1】、駿府《すんぷ》城（静岡市）【写真2】も同様の構造となる。

【写真3】は篠山城本丸である。慶長十四年の築城当初、ここは連立型天守を造営する予定で築かれた天守台で、殿守丸と呼ばれていた。ところが天守は造営されず、隅部に二重櫓《やぐら》が三基建てられただけであっ

篠山城空撮（兵庫県篠山市）

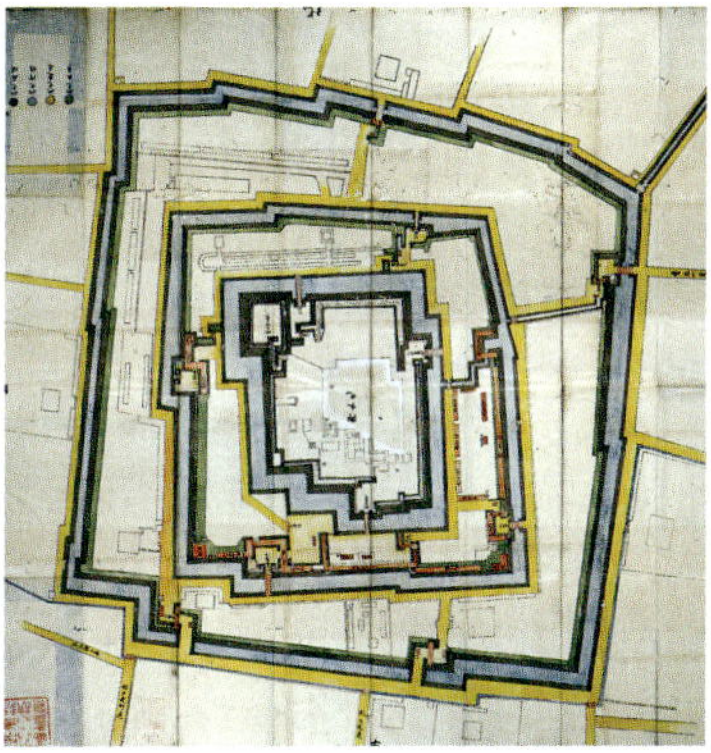

【写真2】駿府城絵図
（国立公文書館内閣文庫蔵）
三重の堀によって囲まれた典型的な輪郭式の縄張となる。

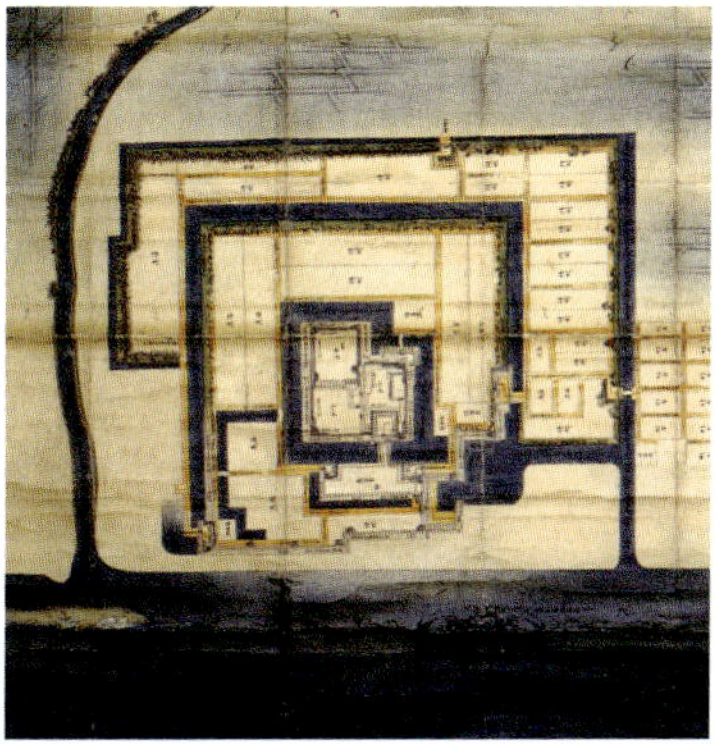

【写真1】今治城絵図
（国立公文書館内閣文庫蔵）
下方が瀬戸内海で、陸側に対して中堀、外堀がめぐらされている。

篠山城絵図（部分）（国立公文書館内閣文庫蔵）

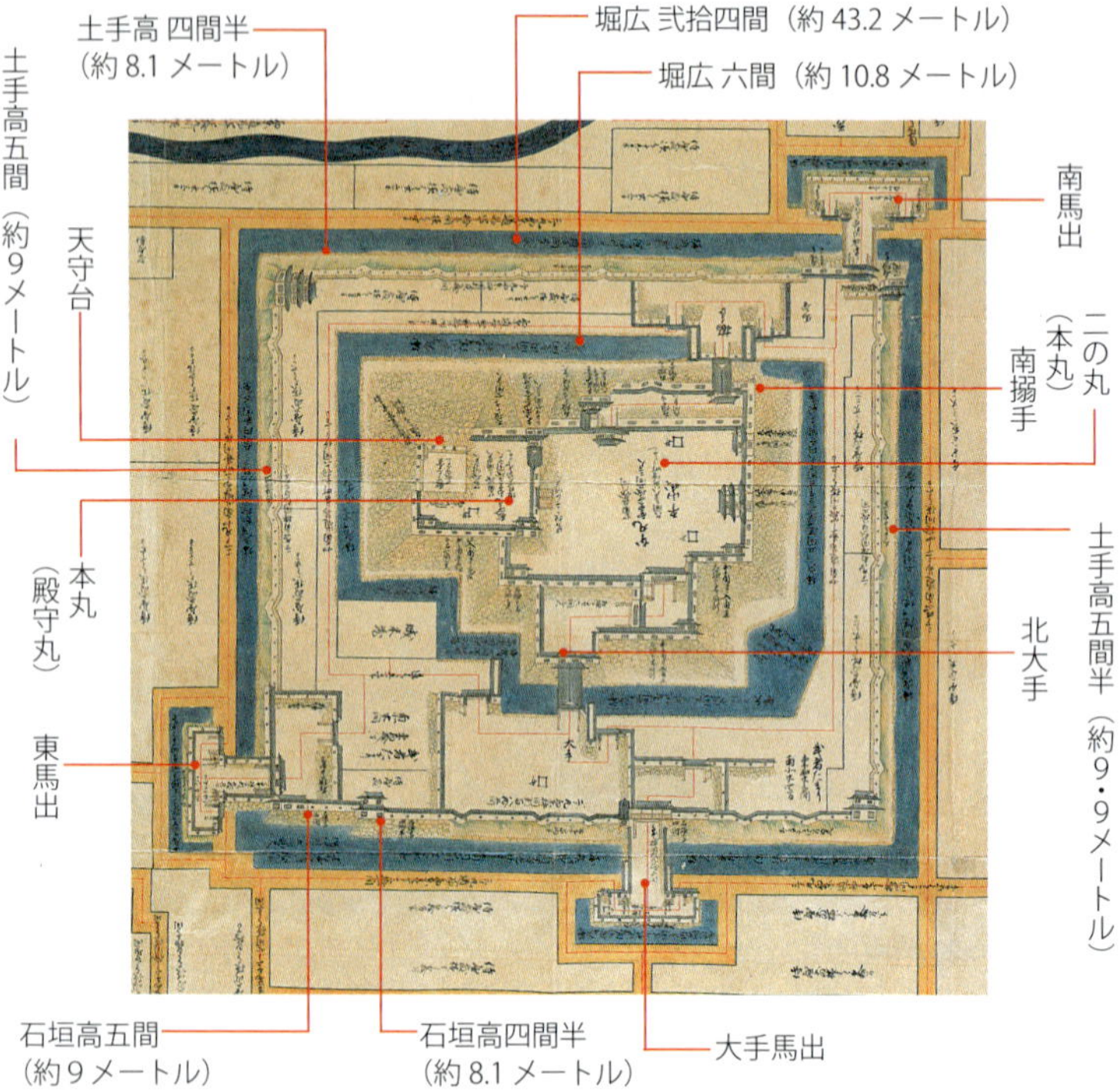

【写真４】本丸仕切石垣（篠山城）
岩盤の上に石垣が築かれており、篠山という山の上であることがよくわかる。

【写真３】天守台（篠山城）
当初天守曲輪として築かれ殿守丸と呼ばれていたが、後に本丸と呼ばれる。

【写真5】二の丸大書院（復元／篠山城）

た。このため後に、殿守丸が本丸と呼ばれるようになる。この西面に設けられたのが本丸で、後に二の丸となるところである。

篠山城は一見すると平城に見える。しかしその名の通り、篠山を利用して築かれた城であった。正保《しょうほ》年間にはまだ、二の丸が本丸と呼ばれており、『正保城絵図《しょうほしろえず》』には「本丸　平山城」と記されている。江戸時代人は篠山城を平山城と認識していたのである。その篠山に本丸、二の丸が構えられた。本丸の仕切石垣はそうした篠山の岩盤上に築かれており、石垣の基底部に岩盤が露頭《ろとう》している【写真4】。二の丸には築城とともに大書院が造営された。慶長年間の堂々とした城郭殿舎建築で、内部には上段の間、孔雀《くじゃく》の間、葡萄《ぶどう》の間、虎の間、源氏の間などの部屋があり、車寄せの唐破風《からはふ》などは二条《にじょう》城（京都市）の遠侍《とおさぶらい》になぞらえて造られたという伝承を持つ。明治維新後も残されていたが、昭和十九年に失火により焼失してしまった。しかし、古写真や図面等が残されていたことより、平成十二年に木造によって復元されている【写真5】。

この本丸、二の丸は篠山に築かれていることより、周囲には高石垣が巡らされている。石垣塁線上には三重櫓一基、二重櫓五基が配置され、それら櫓の間は多門櫓で結ばれていた。

【写真6】二の丸石垣犬走（篠山城）

石垣の周囲には水堀が巡らされているが、その特徴は、石垣が堀際より立ち上がるのではなく、裾《すそ》部に犬走《いぬばしり》と呼ばれる平坦面の巡ることである【写真6】。犬走の存在は、堀から攻めてきた敵のとっかかりとなり、防御には適さない。にも関わらず全周囲に犬走がなぜ設けられたのであろうか。実はこの犬走も藤堂高虎が築いた城郭によく認められる構造で、今治城、津《つ》城（三重県津市）などにも用いられている。これは築城時間を短縮させるものであった。従来の築城では堀を掘った後にしか石垣が築けなかったのであるが、堀を掘るのと石垣を築くために犬走部分を残して、同時に工事を進めることができたのである。関ヶ原合戦直後の軍事的緊張に対処するために、いち早く築城工事を進めるための工法であった。

　この本丸、二の丸の高石垣を詳細に見ると、様々な記号の刻まれていることに気が付く【写

【写真7】二の丸石垣家紋の刻印（篠山城）

【写真8】二の丸石垣刻印（篠山城）

【写真9】二の丸北大手（篠山城）

真7】。刻印と呼ばれるもので、家紋、略紋、記号、文字などが刻まれている。特に天下普請の城では、石垣普請の手伝役の大名が自らの家紋を刻んだ。【写真8】は二の丸南面に構えられた埋《うずみ》門脇の石垣に刻まれた刻印で、「三左の内」と刻まれている。これは総奉行の池田《いけだ》輝政《てるまさ》のことである。

【写真9】は二の丸正面の虎口《こぐち》である北大手である。その構造は二重桝形《ますがた》となり、内堀には廊下橋が架《か》かっていた。

内堀の外側には三の丸が回字状に巡らされている。南東隅部には三重櫓が、その他の三隅には二重櫓が配されていた。この三の丸の塁線は土塁によって築かれているが、その特徴は土塁上に巡らされた土塀にある。土塁線は直線なのであるが、土塀は等間隔で城外に向かって「く」の字状に屈曲している。屏風折塀と呼ばれる塀で、「く」の字に突出した部分から横矢が掛か

【写真10】三の丸屏風折塀跡（篠山城）

【写真11】宇都宮城の屏風折塀（復元）

■屏風折塀図

るようになっていた。【写真10】はその三の丸の土塁であるが、土塁自体は直線的に築かれている。こうした屏風折塀は全国の城にも設けられていた。【写真11】は宇都宮《うつのみや》城（栃木県宇都宮市）に復元されたものである。また、徳島《とくしま》城（徳島市）では屏風折塀の突出部分の柱を支える舌石《したいし》と呼ばれる石が石垣より突き出して設けられていた。

　篠山城の最大の特徴は、何と言っても、三の丸に設けられた三ヶ所の虎口の前面に構えられた角馬出《かくうまだし》であろう。馬出とは虎口の前面に構えられた橋頭堡《きょうとうほ》となる小曲輪《くるわ》のことで、半円形のものを丸馬出、方形のものを角馬出と呼ぶ。戦国時代には武田《たけだ》氏や徳川《とくがわ》氏が丸馬出を多用し、角馬出は後北条《ごほうじょう》氏や関東で多用される防御施設であった。

　しかし、この馬出は戦国時代だけの施設ではなく、近世城郭にも受け継がれていく。角馬出は篠山城以外にも、高崎《たかさき》城（群馬県高崎市）、膳所《ぜぜ》城（滋賀県大津市）、淀《よど》城（京都市）、広島《ひろしま》城（広島市）などで用いら

【写真13】南馬出（篠山城）

【写真12】東馬出（篠山城）

れているし、富山《とやま》城（富山市）、高岡《たかおか》城（富山県高岡市）、新庄《しんじょう》城（山形県新庄市）などでは馬出曲輪と呼び得る巨大な角馬出も構えられている。一方、丸馬出は宇都宮城、川越《かわごえ》城（埼玉県川越市）、松本《まつもと》城（長野県松本市）、田中《たなか》城（静岡県藤枝市）などで用いられている。

さて、篠山城の角馬出であるが、三の丸北面の大手前面に構えられた大手馬出と、東面に構えられた東馬出【写真12】と、南面に構えられた南馬出【写真13】の三ヶ所である。残念ながら大手馬出だけは明治以後、埋められてしまい現存しない。いずれも馬出の両サイドから出入りさせる、極めて標準的な構造となる。さらに馬出より土橋を越えて三の丸に構えられた虎口は内桝形であった。

さらに興味深いのは絵図に描かれている南馬出より三の丸を入ったところに構えられている仕切の構造である。二の丸南面の埋門の前面を防御するために構えられた土塁は、堀こそ巡らされていないが、埋門前面に構えられた角馬出そのものである。残念ながら明治維新後に破壊されてしまい現存していない。なお、平山城として築かれた本丸、二の丸を巡る水堀と、平城となる三の丸を巡る水堀ではその幅が異なり、高低差のない三の丸を防御する水堀は広大な堀幅となっている【写真14】。

【写真14】三の丸水堀（篠山城）

山城を歩く――備中松山城跡（岡山県）

近世城郭として機能した山城《やまじろ》には、村上城《むらかみ》（新潟県村上市）、郡上八幡城《ぐじょうはちまん》（岐阜県郡上市）、岩村城（岐阜県恵那市）、高取城《たかとり》（奈良県高取町）、洲本城《すもと》（兵庫県洲本市）、備中松山城《びっちゅうまつやま》（岡山県高梁市）、岡城《おか》（大分県竹田市）、佐伯城《さえき》（大分県佐伯市）がある。萩城《はぎ》（山口県萩市）、鳥取城《とっとり》（鳥取市）も山頂に詰丸を構えているという点では山城ということができよう。また、『正保城絵図』をはじめとする絵図では金沢城《かなざわ》（石川県金沢市）、大洲城《おおず》（愛媛県大洲市）も山城と記されている。

こうしたなかで最も有名なのが、岩村城《いわむら》、高取城、備中松山城で、俗に日本三大山城と呼ばれている。

少し視点を変えて近世山城を分析すると、実は佐伯城を除く他の山城は戦国時代に築城されており、その延長線上で近世にも利用されているのである。関ヶ原合戦以後に新たに山城として築かれたのは唯一、佐伯城だけである。この佐伯築城は豊臣《とよとみ》対徳川《とくがわ》の最終戦争が間近に迫った状況で新たな領国での居城築城を山城に求めたのである。

しかし、いずれの山城も元和《げんな》元年（一六一五）の大坂夏の陣以後は山城での居住をやめ、山麓《さんろく》に御殿を構えて下山する。以後山城は維持管理されるのみとなってしまう。

備中松山城空撮（岡山県高梁市）

備中松山城絵図部分（国立公文書館内閣文庫蔵）
正保年間（1644～48）に幕府に提出された城絵図。山城のため、広大な山稜を描いている。本丸の中央には二重の天守が位置している。

【写真1】下太鼓櫓遠望（備中松山城）

【写真2】中太鼓櫓台石垣（備中松山城）

その山城の代表として備中松山城をケーススタディとして訪ねてみたい。

備中松山城は山城として誰もが認めるところである。しかし、『正保城絵図《しょうほしろえず》』に収められた備中松山城の絵図には、「山城」と注記されていない。『正保城絵図』では、山城、平山城、平城という区別が明確に記されている城と、記されていない城がある。記されていない城絵図の存在から、こうした立地による機能差を明記することを、幕府は必須記載事項とはしていなかったようである。

備中松山城は臥牛山《がぎゅうざん》に築かれた山城である。臥牛山はいくつかの峰からなるが、南方より下太鼓櫓《たいこやぐら》、中太鼓櫓、小松山（近世松山城）、大松山（中世松山城）と呼ばれており、それぞれに城郭遺構が認められる。下太鼓櫓には五間×三間の平櫓が構えられるとともに、貯水槽と見られる遺構が石垣とともに残されている。南方防御のための出曲輪《くるわ》として配置されたものである【写真1】。

【写真2】は、中太鼓櫓の櫓台石垣である。この上にも五間×三間の平櫓が構えられていた。下太鼓櫓と同じく、出城として設けられた施設である。この二つの櫓を経由して、いよいよ松山城の主要部に至る。

【写真3】は大手門跡の石垣である。大手門は櫓門で、その手前には二の平櫓が構えられ、大手の頭上より睨《にら》みを効かせていた。大手を入ると左折れする桝形《ますがた》となるが、極めて小規模で、桝形空間というよりも城道を屈曲させただけのものである。近世城郭では内桝形虎口《こぐち》が完成するが、すべてが内桝形となるものでは

備中松山城絵図（部分）（国立公文書館内閣文庫蔵）

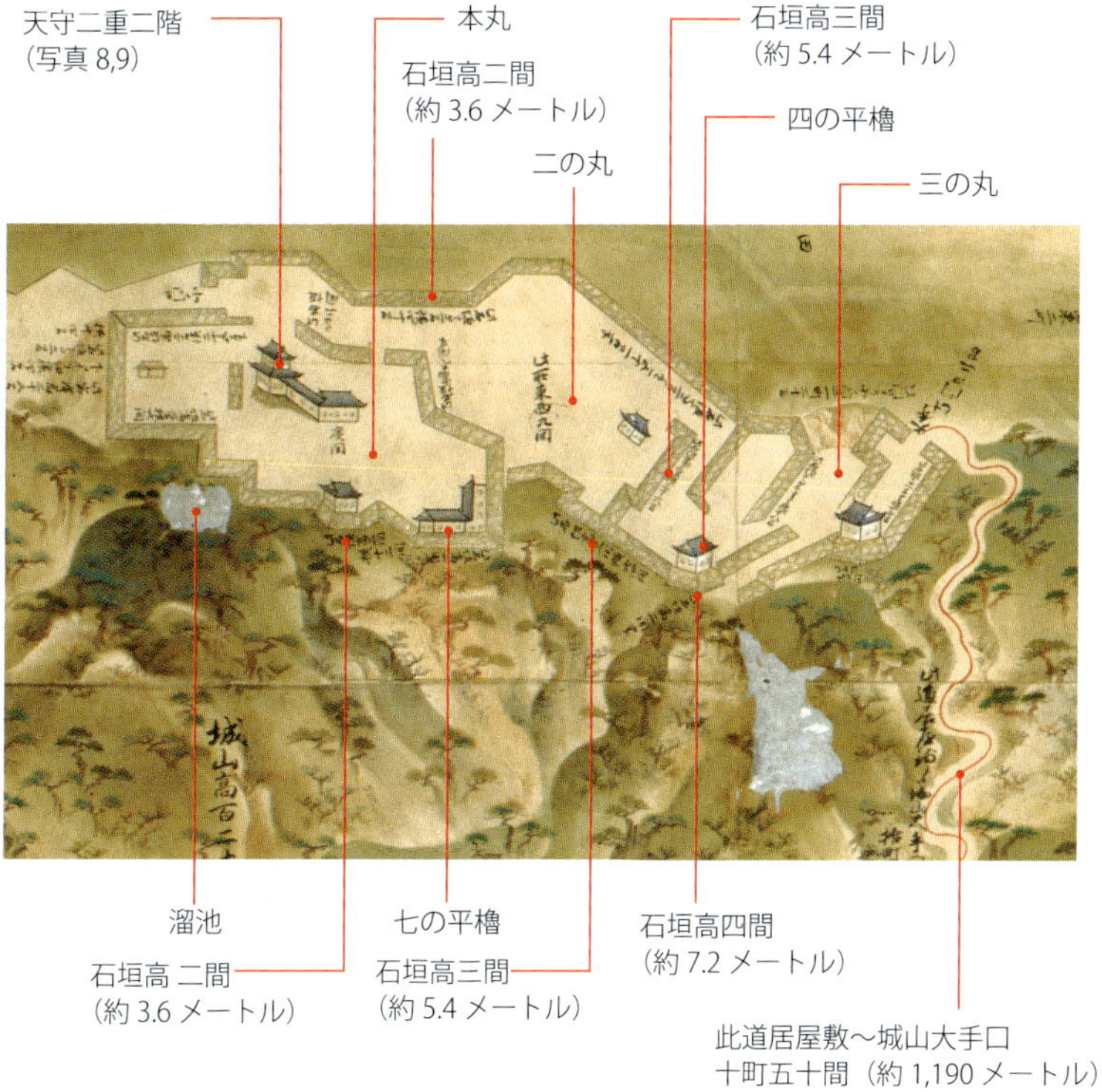

【写真 3】
大手門跡石垣
（備中松山城）
天然の巨岩と石垣を巧みに組み合わせた大手門の石垣は圧巻である。

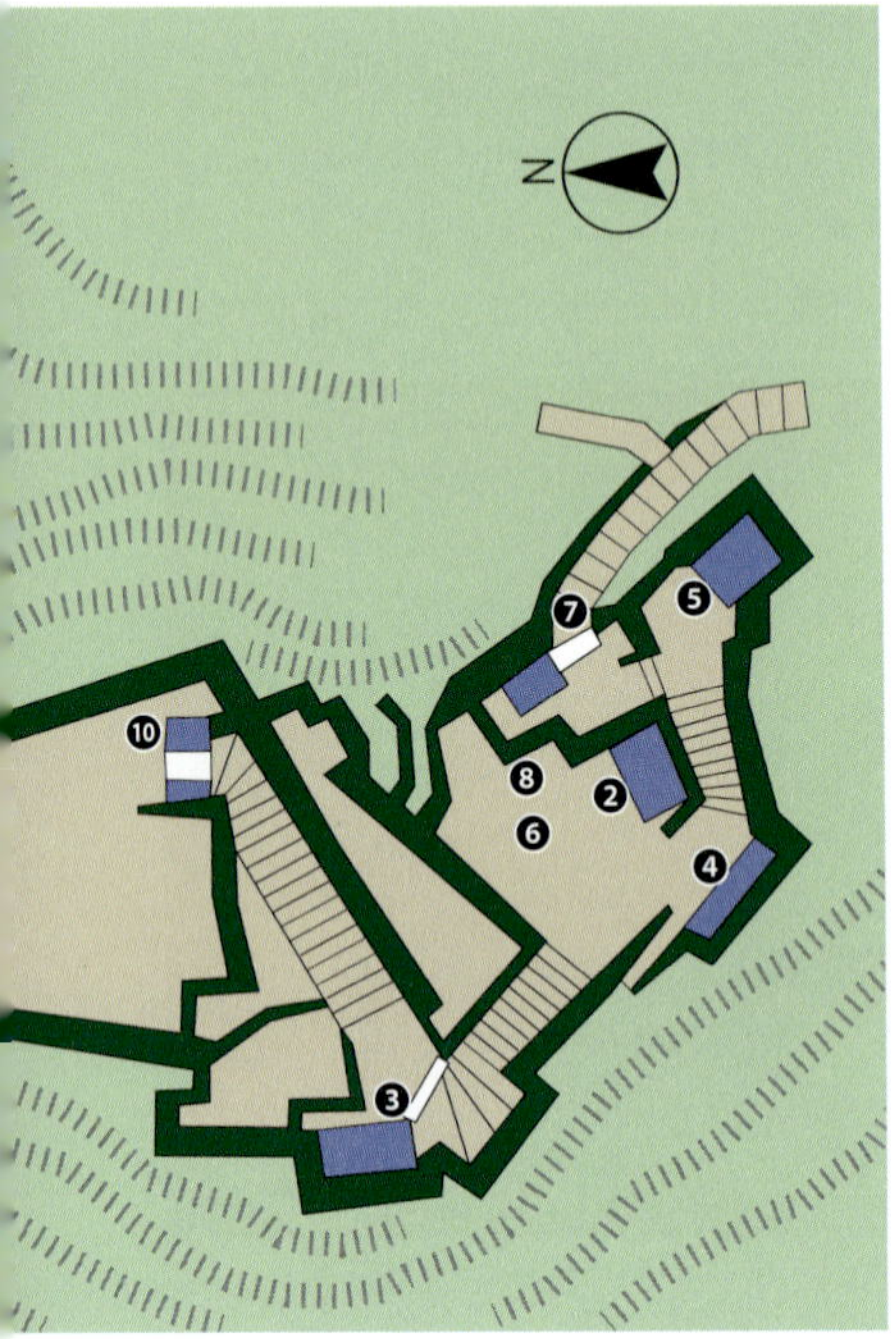

【写真4】大手正面の土塀
（国重文／備中松山城）

ない。特に山城の場合は、桝形空間を設けるスペースがなく、城道を屈曲させて桝形の代用としていた。豊後《ぶんご》佐伯城の城門はすべて平虎口であるし、大和《やまと》高取城では多くの城門を設けて仕切りとしているが、いずれも内桝形とはならず、城道を左右に折り曲げて直進を妨げる構造としていた。

【写真4】は大手を入った正面に残された土塀である。この土塀は向かって左半分が江戸時代のもので、右半分は復元されたものである。円、円、四角の狭間《さま》が切られているが、狭間を覗いてみると、その角度は斜下に向いておらず、ほぼ正面に開いている。つまりここから鉄砲を出しても下方を狙うことはできない。実際にこの狭間がどれほど実戦に役だったかは疑問である。狭間が残されている場合は実際に覗いてみるとよい。

土塀に続く石垣の塁線上には、三の平櫓、四の平櫓の櫓台が突出して設けられている。松山城は山城であり、櫓に高さは求められておらず、本丸二重櫓以外はすべて平櫓であった。ただ興味深いのは、塁線上に構えられる櫓はすべて西

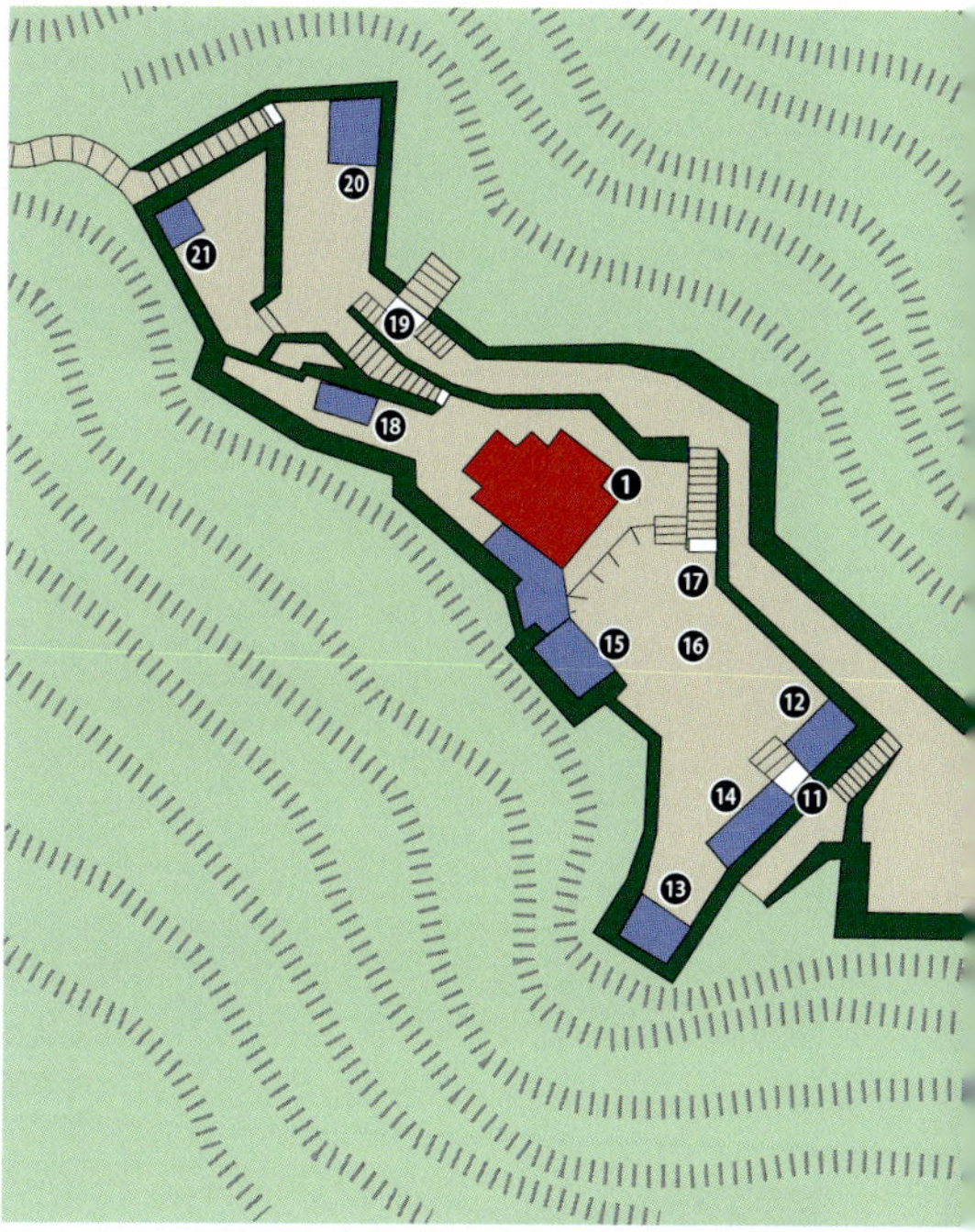

❶天守
❷足軽番所
❸四の平櫓
❹三の平櫓
❺二の平櫓
❻三の丸
❼大手門
❽上番所
❾二の丸
❿二の丸櫓門（鉄門）
⓫南御門
⓬五の平櫓
⓭七の平櫓
⓮六の平櫓
⓯八の平櫓
⓰本丸
⓱東御門
⓲二重櫓
⓳搦手門
⓴十の平櫓
㉑九の平櫓

側の石垣塁線上に配置されている点である。つまり山麓よりの攻め手を西側に限定して防御線を設定していたのである。さらに櫓は塁線より突出させることにより、合横矢が掛かるようになっていた。四の平櫓の南側は櫓は設けないものの、石垣塁線を突出させており、やはり横矢が掛かるようになっていた。これに対して東側の石垣塁線は自然地形に沿うもので、西側に対して防御意識が低い。

さて、大手から本丸にかけて累々と築かれた石垣は松山城の見どころの一つである。【写真5】は、特に岩盤上に築かれた石垣であるが、その石材は小さく、落し積み（谷積み）という、石材を斜めにして交互に積み上げる工法となっており、江戸時代中頃から後半に築き直されたものである。これに対して二の丸の正面の石垣には巨石が用いられ、明らかに三の丸や大手の石垣に比べて古式の様相を呈している【写真

【写真 5】大手門跡石垣（備中松山城）

【写真 6】二の丸石垣（備中松山城）

【写真７】二の丸鉄門石垣（備中松山城）

【写真８】本丸石垣（備中松山城）

6】。おそらく慶長《けいちょう》五年（一六〇〇）に備中代官として松山城に入った小堀正次《こぼりまさつぐ》、政一《まさかず》時代に築かれたものと見てよい。特に二の丸の正門となる鉄門の石垣には巨大な石材を鏡石とし、隅石は立石としている【写真7】。この鉄門は二ノ御櫓門と呼ばれ、櫓門が構えられていた。二の丸は空白地で御殿などは一切建てられていない。ただ、いくつかの石垣で組まれた穴蔵状の施設が残されている。水溜とも雪隠ともいわれているが、実際の機能は不明である。

二の丸奥に一段高く聳《そび》える段が本丸である【写真8】。その正面には五の平櫓、南御門、六の平櫓が構えられている。現在のものは平成九年に木造によって復元されたものである。

本丸正面奥には岩盤上に石垣を築いて天守が造営されている【写真9】。二重二階の天守は現存する天守のなかではもっとも小規模であるが、急峻《きゅうしゅん》な山城では高層の天守を必要としなかったのである。しかし、初重正面に巨大な唐破風《からはふ》を伴う出窓を設け、二階正面両端には小屋根を持つ縦連子《れんじ》の折れ曲がり出窓を設けるなど意匠に富んだ外観として、大きく見せようとしているのは象徴としての天守であったことを物語っている。さらに西側からは三重に見えるが、これは八の平櫓より廊下（渡櫓）によって天守へ出入りする構造となっており、その取り付け部が一重目に見えることによる。ただし、現在のこの部分は昭和十四年の修理によって取り付けられたものである【写真10】。現在、重要文化財に指定されてい

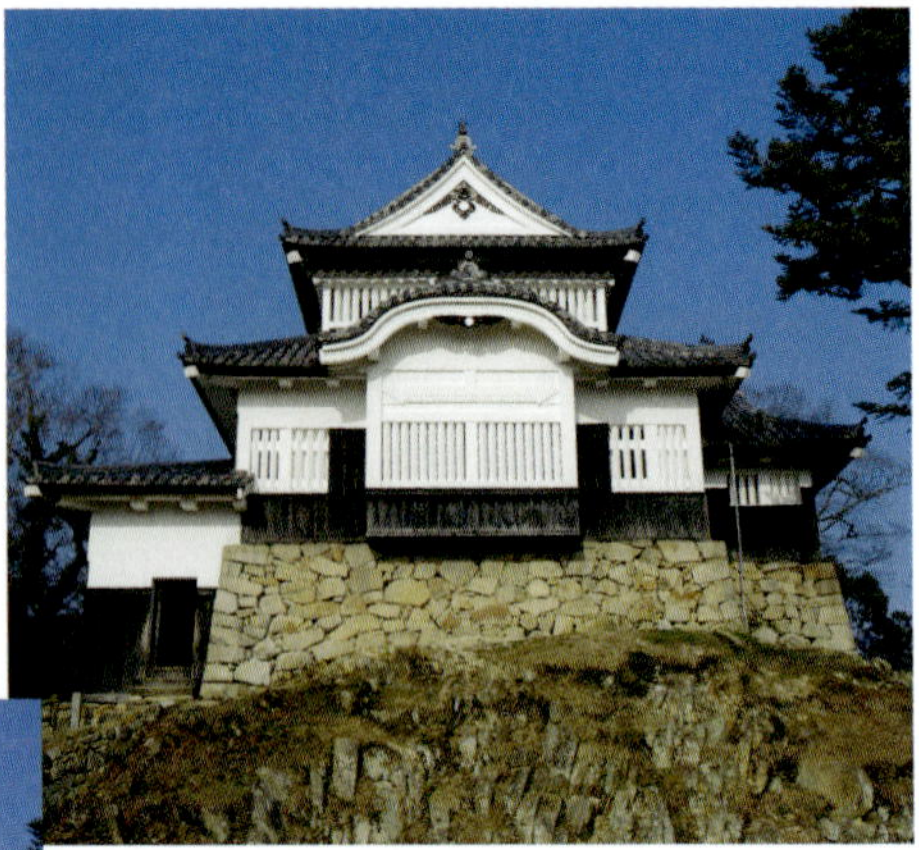

【写真９】備中松山城岩盤上の天守
（国重文／備中松山城）

【写真10】備中松山城天守（国重文／備中松山城）

る松山城の天守は天和元年《てんな》（一六八一）の水谷勝宗《みずのやかつむね》の修理に伴って造営されたものと考えられる。

続いて天守の内部を見てみよう。【写真11】は、一階に設けられた石製の囲炉裏《いろり》である。籠城の際に暖をとったり、調理に用いるために設けられたと考えられ、国内唯一の遺構である。一階北背面の突出部は、周囲より約六尺高くなっており、装束の間と呼ばれている。隠し部屋的な構造より、籠城時の城主の御座所と伝えられ、最後はここを自害の場としたといわれている。

二階には御社壇と呼ばれる棚に、三振の宝剣が納められ、摩利支天《まりしてん》をはじめ一六神が祀られていた。天守に神を祀ることにより城は守護されていたと考えたのであろう。

本丸の最奥部には松山城で唯一の二重櫓が構えられている【写真12】。本丸背面防御として築かれた櫓であるが、この櫓は本丸背後の平坦面一杯に築かれており、本丸内の移動が不可能である。そこで二

【写真 11】天守一階の囲炉裏（備中松山城）

【写真 12】二重櫓（国重文／備中松山城）

【写真 13】堀切（備中松山城）

【写真 14】中世松山城の曲輪（備中松山城）

重櫓の一階を見ると、通常城内側にしか設けられない扉が、城外側にも設けられている。これは通路としても用いるため、城内外の二面に扉を設けたものである。

さて、近世の松山城は小松山に築かれたのであるが、背後の大松山とは地続きとなる。このため背後からの攻撃を遮断するために小松山と大松山の間の鞍部《あんぶ》に堀切《ほりきり》が設けられている【写真13】。近世の山城でもこの松山城のように堀切を設ける例は多く、佐伯《さえき》城、高取城などにも見られる。

この堀切で一応近世松山城の城域が設定されているのであるが、実は大松山にも城郭に伴う施設が設けられている。大松山は中世に松山城の構えられたところであり、現在も曲輪の平坦面が階段状に残されている。【写真14】はそうした中世松山城の遺構である。中世の山城を踏襲して近世城郭に改修されたところでは、同様に中世の遺構がそのまま残されている場合がある。但馬《たじま》竹田《たけだ》城（兵庫県朝来市）に

【写真 15】天神丸
（備中松山城）

残る石垣は、赤松広秀《あかまつひろひで》によって文禄《ぶんろく》三年（一五九四）頃に築かれたものであるが、その周辺には戦国時代に太田垣氏《おおたがきし》によって築かれた曲輪や竪堀などが残されている。

大松山では標高四八〇メートルの臥牛山の山頂に天神丸が構えられていた。戦国時代には松山城の中心的な曲輪であったが、近世にはその名の通り天神社が祀られ、城の守護神的な空間となっていた【写真15】。近世城郭の城内にこうした守護神的な空間が設けられていた。弘前《ひろさき》城（青森県弘前市）では本丸の堀を隔てた場所に豊国社が祀られていた。また、岩村城内には八幡曲輪が構えられ、八幡社が祀られていたほか、二の丸には弁天社も祀られていた。さらに岡山《おかやま》城（岡山市）では池田家の祖廟《そびょう》が祀られ、人吉《ひとよし》城（熊本県人吉市）では最高所に歴代藩主の位牌《いはい》を祀った位牌堂が建てられていた。

天神丸の北側鞍部には松山城で必見の大池がある。周囲を石垣で築いたプールと見紛う巨大な貯水池である【写真16】。その規模は二三メートル×一〇メートルを測る。近世当初の山城は籠城を意識して築かれており、こうした貯水池や井戸が多く設けられた。水谷氏断絶後、松山城に一時在城していた大石内蔵助《おおいしくらのすけ》はこの大池について「長さ一四・五間、幅四・五間、深さ一丈ほど、日照りが続いても枯れないよう屋根がかけられている」「中には塵《ちり》や芥《ごみ》を取るために小舟が浮かべられている」「城から遠く自由に使用できない」と記している。こ

【写真 16】 大池（備中松山城）

【写真 17】山麓根小屋石垣（備中松山城）

うした内容より普段の飲料水ではなく、籠城戦を想定して設けられ、徹底して管理されたものであったことがわかる。

松山城では、今ひとつ見学しておかなければならない場所がある。それが臥牛山の南西山麓に構えられた根小屋《ねごや》である。根小屋とは山麓に構えられた城主の居館のことである。近世初頭に築かれた山城は戦争を想定して築かれているだけに、居住空間も山城にあった。彦根《ひこね》城（滋賀県彦根市）では山上の本丸に御殿が構えられており、高取城では二の丸に御殿が造営されていた。佐伯城でも同様に本丸に御殿があった。ところが元和《げんな》元年（一六一五）の大坂夏の陣後、戦争がなくなり、寛永《かんえい》年間頃になると次々に山城での居住を捨て、山麓に新たに居館を構えることとなる。

松山城の山麓の根小屋跡は現在、高校の敷地となっているが、外郭の石垣塁線はほぼ当時のまま残されている【写真17】。松山藩では「城」というとこの根小屋を指し、小松山の城は「山城」と呼ばれ、常時は山城番のみが警備にあたっていた。

ところで、根小屋という名称は、関東地方の中世山城の山麓に構えられた居館に用いられる用語であり、西国ではまず用いられない。松山城で根小屋と呼ばれるのは寛永十九年（一六四二）に松山城に入城した水谷勝隆《みずのやかつたか》が東国出身であったからであろう。

幕末の築城——台場の調べ方

日本における築城のラッシュにはおおよそ四回の画期がある。第一の画期は南北朝時代である。騎兵に対抗するために山城《やまじろ》が爆発的に築かれた。第二の画期が応仁《おうにん》の乱《らん》から戦国時代である。恒常化した戦争に対処するため、山城は天然の要害に立て籠もる機能から、人工的な防御施設を構える城へと変化する。第三の画期が織田信長による安土築城である。この築城では高石垣、天主、瓦という三つの要素が城郭に取り入れられた。以後、信長の家臣団や秀吉の城はこの三つの要素を築城に用いており、こうした城郭を織豊系城郭と呼んでいる。以後の近世城郭の構造を決定づけた織豊系城郭は日本城郭史の革命的変化と言えよう。

そして第四の画期が幕末から明治初年の築城である。奇異に思われるかも知れないが、ここで言う築城とは台場や稜堡《りょうほ》と呼ばれるものである。台場とは幕末に日本近海に現れた外国船を打ち払うための海岸砲台のことである。一方、稜堡とは十五世紀末から十九世紀中頃にかけてヨーロッパで発達した築城法で、射程の死角をなくすために稜堡を突出させているのが特徴である。特に星形の稜堡は十七世紀にフランスのヴォーバンによって考案されたものである。こうした台場や稜堡は幕末から明治初年にかけて日本国内に約八〇〇ヶ所も築かれている。

品川台場現況（東京都港区）

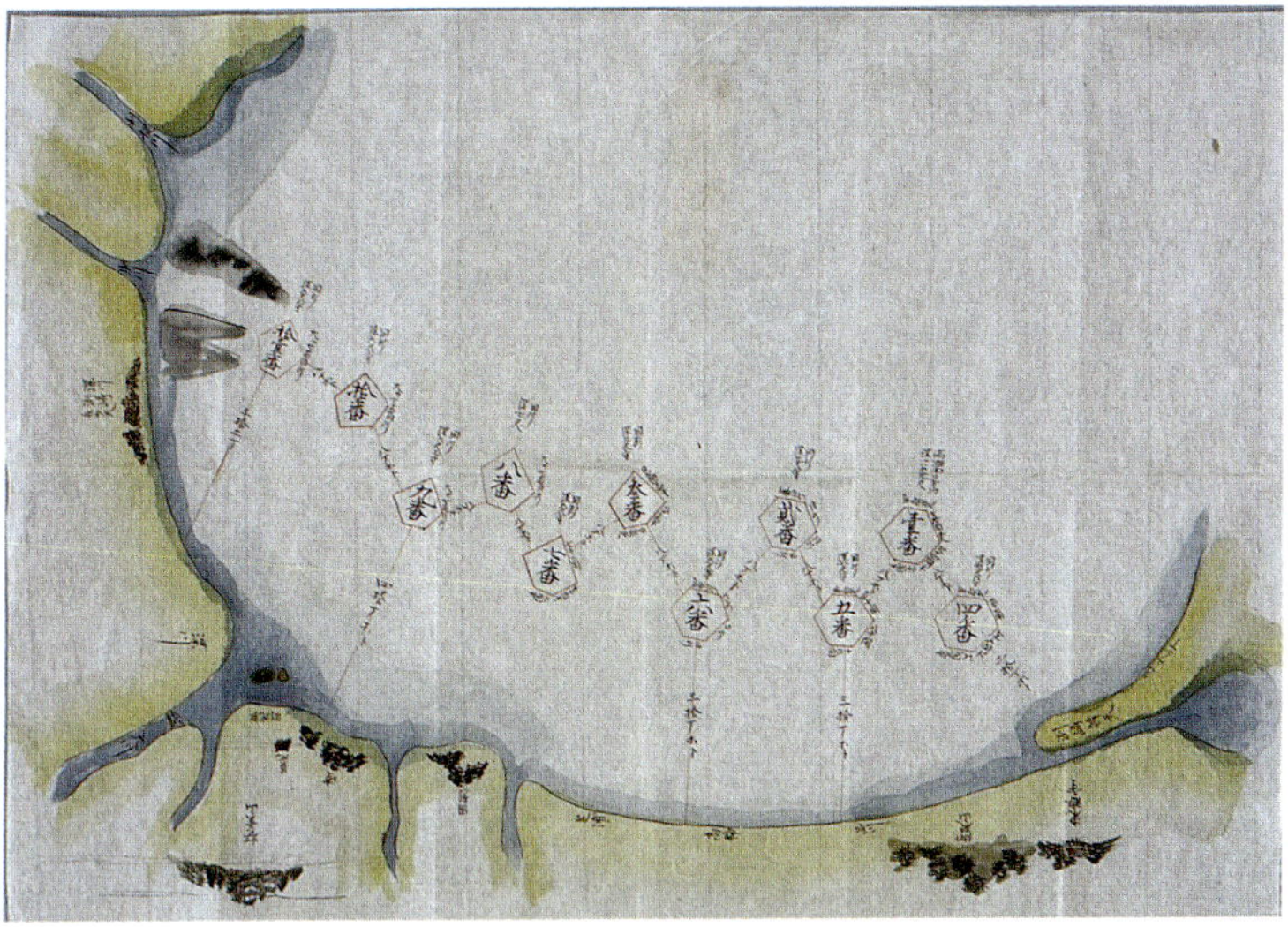

品川御台場絵図（首都大学東京図書館蔵）
当初の計画では江戸湾に台場を二列築く予定であった。

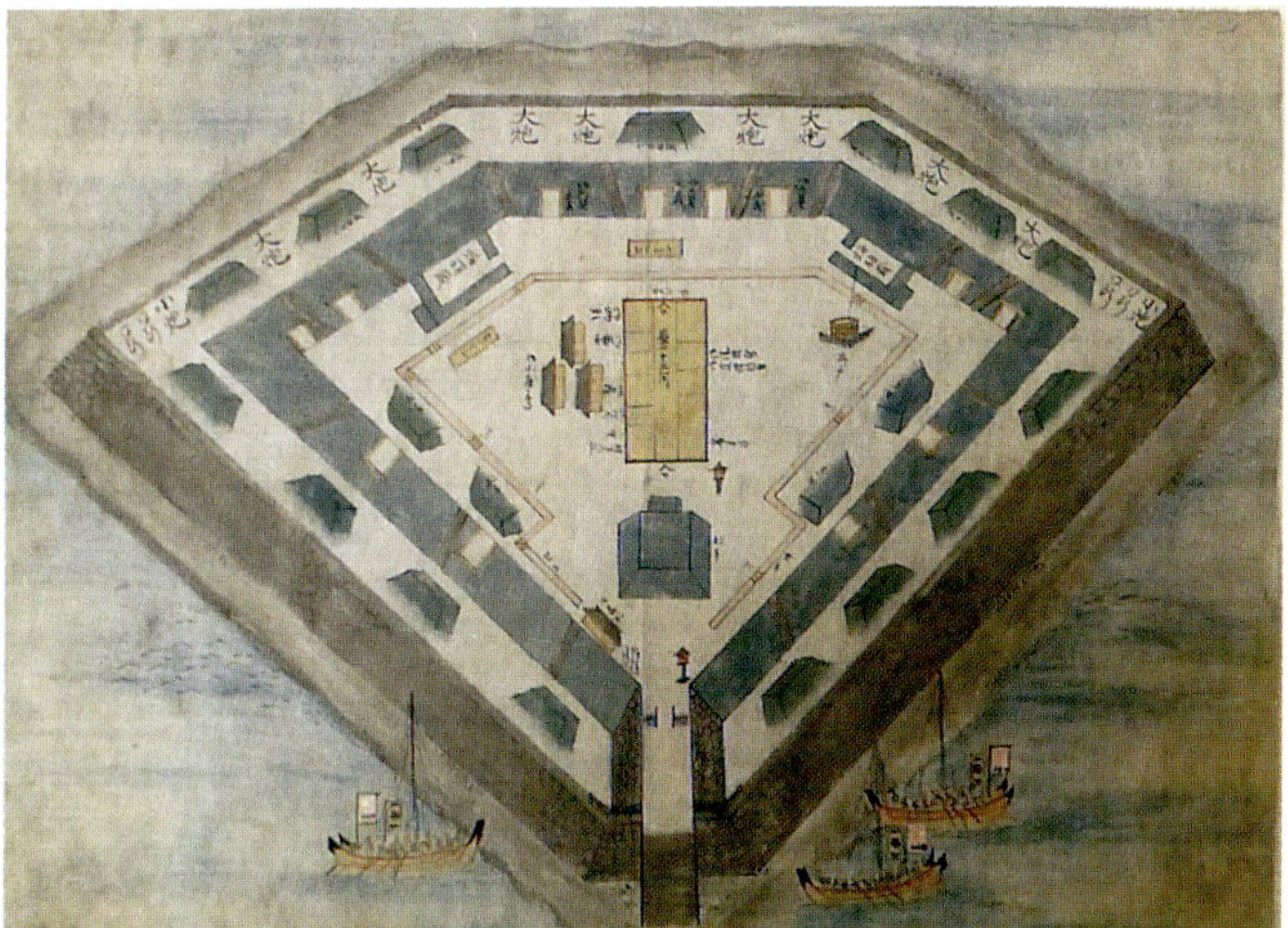

品川五番台場之図（鶴岡市郷土資料館蔵）
各台場の平面形は五角形や四角形で、稜堡式となっていた。

台場のなかで最も著名なものが品川《しながわ》台場（東京都港区）である。江戸を守るために江戸湾に人工島として築かれた台場である。その設計にあたったのは伊豆韮山《いずにらやま》代官の江川《えがわ》太郎左衛門《たろうざえもん》英龍《ひでたつ》で、オランダ植民地スリナムの砲兵大佐であったエンゲルベルツが一八三九年に著した『海岸防御説《かいがんぼうぎょせつ》』を参考とした。江川家には今もこの筆写本が残されている。台場の築造は嘉永《かえい》六年（一八五三）より開始された。計画当初は台場を二列並列させ、迎え打ち、横打ち、追い打ちが可能となるよう、一一ヶ所に配置する予定であったが、幕府の財政難より五ヶ所のみが完成したにすぎない。嘉永七年には一二番目の台場となる陸続きの品川御《ご》殿山下《てんやました》台場も設計され、これは同年末に竣工したので、実際には六基の台場が完成したことになる。完成した台場の警備には、一番台場に川越《かわごえ》藩、二番台場に会津《あいづ》藩、三番台場に忍《おし》藩、五番台場に庄内《しょうない》藩、六番台場に松代《まつしろ》藩があたり、御殿山下台場は鳥取《とっとり》藩に任された。この品川台場の平面構造は四、または五角形を呈し、稜堡式となっている。台場として築かれた人工島の周囲は切石積みの石垣によって築かれており、その天端石《てんばいし》は突出して築かれている。これは刎出《はねだし》と呼ばれるもので、敵の上陸を阻止するための施設であった。備砲については、第三台場では三六ポンド砲二門、二四ポンド砲一一門、一二ポンド砲一二門、ランゲホーイッスル砲四門が据えられていた。明治維新後の埋め立てなどにより、現在残されているのは第三台場と第六台場の二ヶ所だけとなっている。このうち第三台場はお台場公園として公開されており、石垣、砲座、火薬庫、建物跡礎石《そせき》などが自由に見学できる。

　今ひとつ、江戸湾防御のために築かれたのが神奈川《かながわ》台場（神奈川県横浜市）である。安政《あんせい》四年（一八五七）に幕府が伊予松山《いよまつやま》藩に神奈川宿の警備を命じた。松山藩は翌五年に神奈川に台場築造の伺いを提出し、万《まん》延《えん》元年（一八六〇）に完成した。明治維新以後の埋め立てによりその姿はほとんど埋没してしまったが、

西宮砲台（国史跡／兵庫県西宮市）
慶応２年（1866）に完成した三層構造の砲台。外部は御影石で造られている。

神奈川台場石垣（神奈川県横浜市）
万延元年（1860）に完成した。

残された絵図からは見事な稜堡式の台場であったことがわかる。ところが現地を歩いてみると民家とＪＲの敷地に挟まれた小さな隙間に石垣が残されている。切石積みの石垣で出隅部も認められ、ほぼ絵図の形状を追うことができる。

さらに幕府は京都守護のために大阪湾沿岸にも台場を築いている。この大阪湾周辺の台場は、勝海舟《かつかいしゅう》による設計で、和田岬《わだみさき》（兵庫県神戸市）、湊川崎《みなとかわさき》（兵庫県神戸市）、西宮《にしのみや》（兵庫県西宮市）、今津《いまづ》（兵庫県西宮市）に築かれたが、いずれも海舟がアメリカのサンフランシスコで見学した港湾防御要塞の石堡塔《せきほとう》とした。さらに石堡塔の外郭には土塁と切石で星形稜堡が築かれた。

現存するのは西宮砲台と和田岬砲台のみで、自由に見学できるのは西宮砲台だけである（内部は非公開）。海岸防波堤の浜側に石堡塔が残されているが、陸側の小さな公園には砲台の外周に築かれた星形稜堡の石垣基底部が残されている。

こうした幕府による江戸湾防衛の台場以外に、海岸線を領国に持つ諸藩も台場を築いている。日本海に面する小浜《おばま》藩は嘉永年間（一八四八～五四）以降、京都《きょうと》防備という重要な任務を負っており、若狭《わかさ》湾沿岸に約三〇基の台場築造が計画された。このうち松ヶ瀬《まつがせ》一、二号台場（福井県大飯郡おおい町）では発掘調査が実施されている。一号台場は海に向かって全長約五〇メートルの土塁を一文字に構え、五ヶ所に砲眼を設けている。二号台場は直径約八〇メートルの半円形構造で、高さ約二・二〜二・四メートル、幅約一四メートルの土塁によって築かれている。土塁内側には回転式の大砲を据えたと考えられる半円形の砲座一基と、その両側には固定式の砲座が二基ずつが配置されていた。また、土塁の両端には火薬庫として使用されていた焼紅弾室が配されている。

松ヶ瀬台場の北側突端には鋸崎《のこぎりざき》台場（福井県大飯郡おおい町）が築かれており、一号台場ではコの字状に構えられた土塁に五基の砲眼が備えられていた。また無番台場、三番台場はそれぞれ方形の単独砲座形であった。このように松ヶ崎台場と鋸崎台場は遺構の保存状況が良好であり、国史跡に指定されている。同じく日本海沿岸の事例としては鳥取藩の由良《ゆら》台場（鳥取県東伯郡北栄町）がほぼ築城当初の姿を残している。ここでは土塁によって台場を築いている。出入口には一文字土塁を構え、海岸に向かって土塁は内側を二段に築いて、砲座を設けている。

珍しい台場として、楠葉《くずは》台場（大阪府枚方市）と梶原《かじわら》台場（大阪府高槻市）がある。いずれも淀《よど》川の河川中流域の両岸に構えられた全国で唯一の河川台場である。嘉永《かえい》七年（一八五四）、ロシアのプチャーチンによる大阪湾侵入に対して、京都の朝廷守護が強く意識されるようになる。その結果、万延《まんえん》元年（一八六〇）には橋本《はしもと》陣屋（京都府八幡市）が置かれ、文久《ぶんきゅう》三年（一八六三）には京都守護職松平容保《まつだいらかたもり》が幕府に対して八幡《やはた》（京都府八幡市）、山崎《やまざき》（京都府乙訓郡大山崎町）に関門を築造するよう建白をおこなっている。幕府は容保に台場構築を指揮させ、勝海舟を総裁として築造計画が進められた。そして元治《げんじ》元年（一八六四）に着工、慶応《けいおう》元年（一八六五）に完成した。楠葉台場は絵図によると稜堡式の構造で、

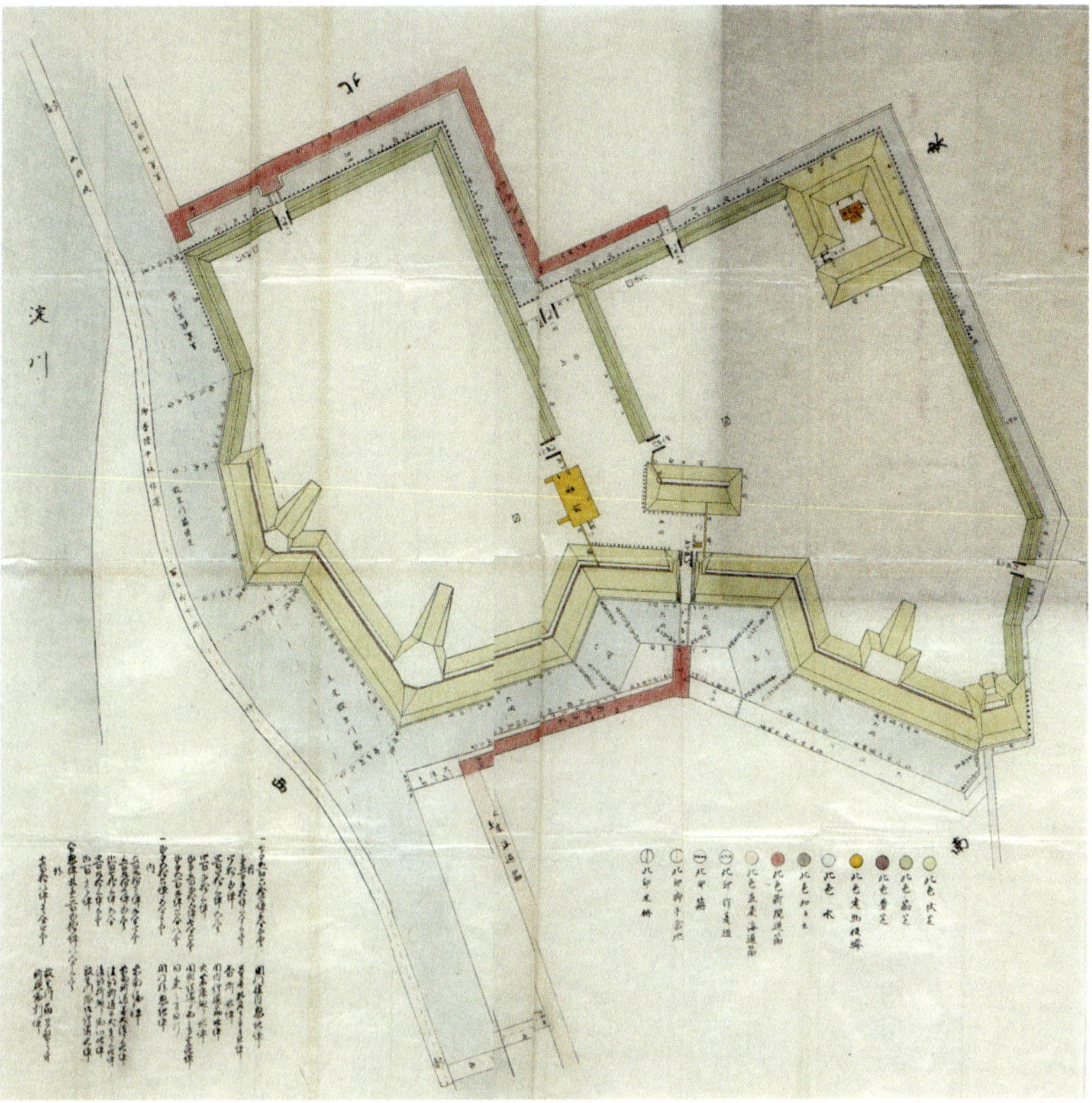

楠葉台場絵図（京都府立総合資料館蔵）
総面積は約３万 8000 平方メートル。外周に土塁と堀を巡らせた稜堡式築城を採用した砲台であったことがわかる。

三基の砲座と火薬庫を備えていた。興味深いのは街道を取り込んだ関門機能も兼ね備えていた点である。発掘調査の結果、ほぼ絵図通りの構造が明らかとなり、南面虎口《こぐち》西翼の基底部では間知積みの石垣も残されていた。現在国史跡に指定されている。台場として国史跡に指定されているものとして、品川台場、丸岡《まるおか》藩砲台跡（福井県坂井市）、松ヶ瀬台場跡・鋸崎台場跡、楠葉台場跡、西宮砲台、和田岬砲台、明石《あかし》藩舞子《まいこ》台場跡（兵庫県神戸市）、徳島《とくしま》藩松帆《まつほ》台場跡（兵庫県淡路市）、由良《ゆら》台場跡・境《さかい》台場跡（鳥取県境港市）・淀江《よどえ》台場跡（鳥取県米子市）・橋津《はしづ》台場跡（鳥取県東伯郡湯梨浜町）・浦富《うらとみ》台場跡（鳥取県岩美郡岩美町）、長州《ちょうしゅう》藩下関前田《まえだ》台場跡（山口県下関市）、土佐《とさ》藩砲台跡（高知県須崎市）、魚見岳《うおみだけ》台場跡（長崎市）・四郎ヶ島《しろうがしま》台場跡（長崎市）がある。

　次に稜堡について見ておきたい。その代表は何と言っても五稜郭《ごりょうかく》（北海道函館市）である。日米和親条約による箱館《はこだて》の開港により幕府は箱館に代官所を設置した。これが五稜郭である。安政《あんせい》四年（一八五七）に工事が開始され、慶応《けいおう》二年（一八六六）に完成した。特筆すべきはヨーロッパの築城法が日本人である武田斐三郎《たけだあやさぶろう》の手によって設計されたことである。設計当初は半月堡と呼ばれる突出部が星形の凹部前面五ヶ所すべてに構えられる計画であったが、幕府の財政難から変更され、一ヶ所設けられただけとなった。

　明治維新時には脱走幕府軍の本営となり、明治二年（一八六九）の新政府軍の蝦夷上陸にともない、五稜郭北方三キロメートルの丘陵部に五稜郭背後を防御する目的で四稜郭《しりょうかく》（北海道函館市）が築かれている。土塁によって構えられたきわめて臨時的な築城であるが、稜堡を四隅に突出して構える稜堡型築城であった。

五稜郭空撮（国特別史跡／北海道函館市）

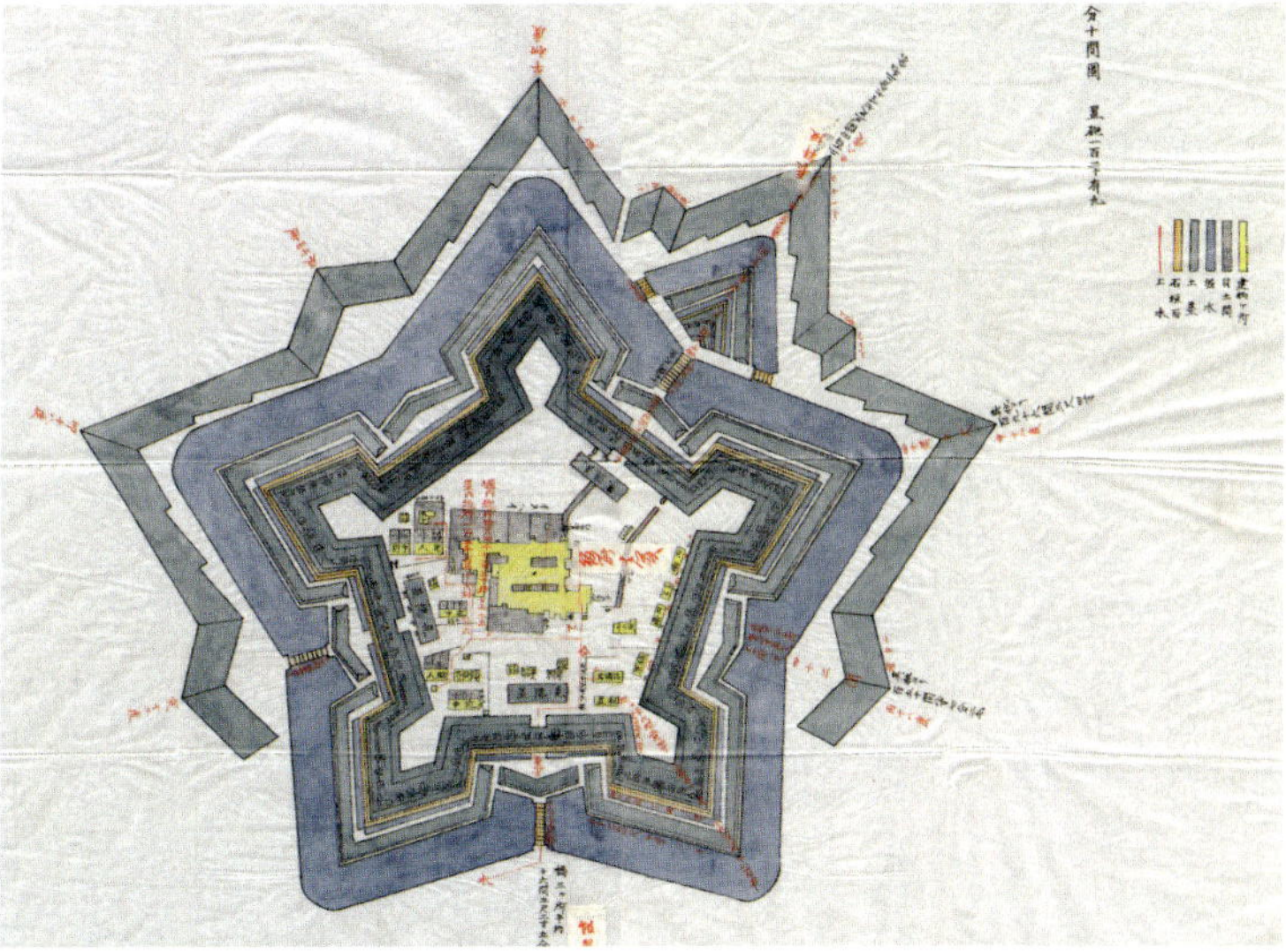

「五稜郭目論見図」（函館市中央図書館蔵）
五稜郭の石垣の規模や郭内の建物の配置が記されている。

さらに函館の北方二〇キロメートルの大沼《おおぬま》と箱館間に峠下を望む山稜の通称台場山には幕府軍顧問として派遣されて来たフランス軍のブリューネによって築かれた稜堡が残されている。東西二一メートル、南北一二メートルの小規模なものではあるが、七つの稜堡を構え、大砲を据《す》えるための二ヶ所のスロープも残されている。

ところで日本にはもうひとつの五稜郭が存在する。信濃の五稜郭と言われる龍岡城《たつおか》（長野県佐久市）である。幕末になると参勤交代制が廃止され、諸大名は国元に戻った。三河奥殿《みかわおくどの》藩主松平乗謨《まつだいらのりかた》は、所領のもっともまとまった信濃《しなの》の田野口《たのくち》に新たに陣屋を構えることとした。その設計は幕府の陸軍奉行も務めた藩主乗謨自らがおこなった。文久二年より築城工事が始まり、慶応二年に一応の完成をみた。ほぼ函館の五稜郭と同一のプランとなるが半月堡は設けていない。石垣も小規模ではあるが、天端石は突出させて刎出《はねだし》を設けている。

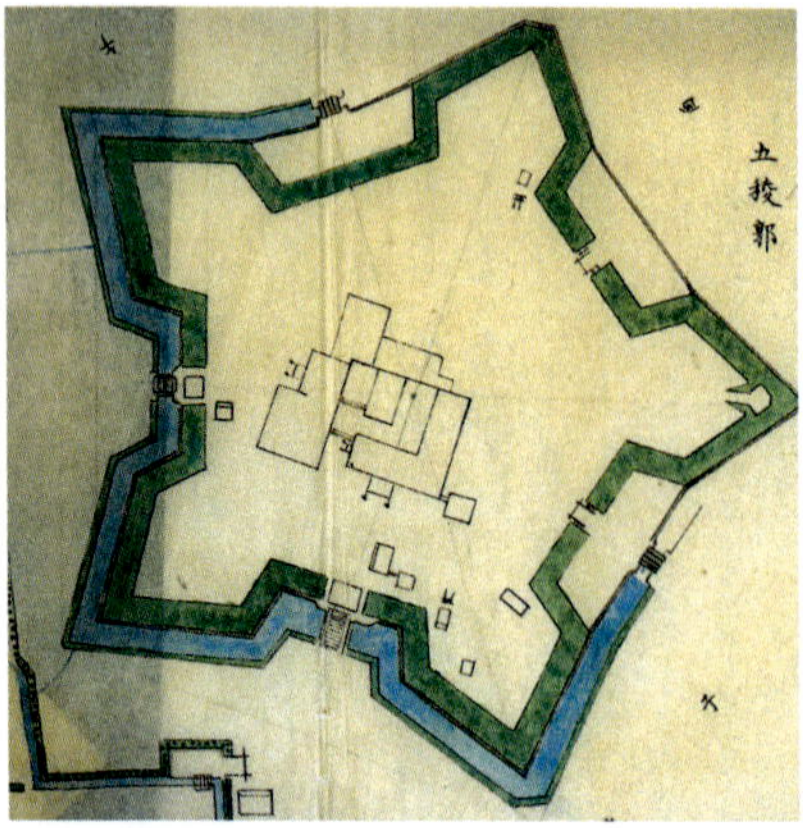

龍岡城絵図（明治初期の『田野口村誌』所収。長野県佐久市提供）

大変興味深いのは稜堡であるものの、城外には家臣たちの武家屋敷を構え、大手には桝形《ますがた》を設けるなど和洋折衷となる構造である。

ところで、蝦夷地《えぞち》は外国船の来航により、安政二年に幕府の直轄領となり、仙台《せんだい》、秋田《あきた》、南部《なんぶ》、津軽《つがる》、松前《まつまえ》五藩に警備を命じた。さらに安政六年には庄内《しょうない》、会津《あいづ》二藩にも警備が命じられた。これら諸藩は蝦夷地に陣屋を構え、警備にあたった。仙台藩が白老《しらおい》（北海道白老郡白老町）と広尾《ひろお》（北海道広尾郡広尾町）に、南部藩が長万部《おしゃまんべ》（北海道山越郡長万部町）のほか砂原《さわら》（北海道茅部郡砂原町）と室蘭《むろらん》（北

龍岡五稜郭空撮（国史跡／長野県佐久市）
総面積総面積は五稜郭の約半分の規模。城の石垣や水堀、御台所（櫓）が現存する。

海道室蘭市）に、津軽藩が寿都《すっつ》（北海道寿都郡寿都町）に、松前藩が戸切地《へきりち》（北海道北斗市）に、庄内藩がハママシケ（北海道石狩市）に、会津藩がシベツ表ホンコイ（北海道標津郡標津町）に陣屋を構えている。

白老《しらおい》陣屋や長万部陣屋には丸馬出《うまだし》が設けられるなど、きわめて軍事的な構えとして築かれているのだが、特に戸切地陣屋は手裏剣《しゅりけん》形の平面構造となる稜堡式築城であった。その構造は土塁によって築かれ、四稜のうち南東部に突出した稜堡に砲台を設けたもので、設計には佐久間象山《さくましょうざん》のもとで築城学を学んだ松前藩の藤原康蔵《ふじわらやすぞう》があたった。土塁は上幅二間、定高二間で築かれ、その外側には幅三間、深さ三間の空堀が巡らされ、二ヶ所の門内には馬隠しの一文字土塁が構えられていた。

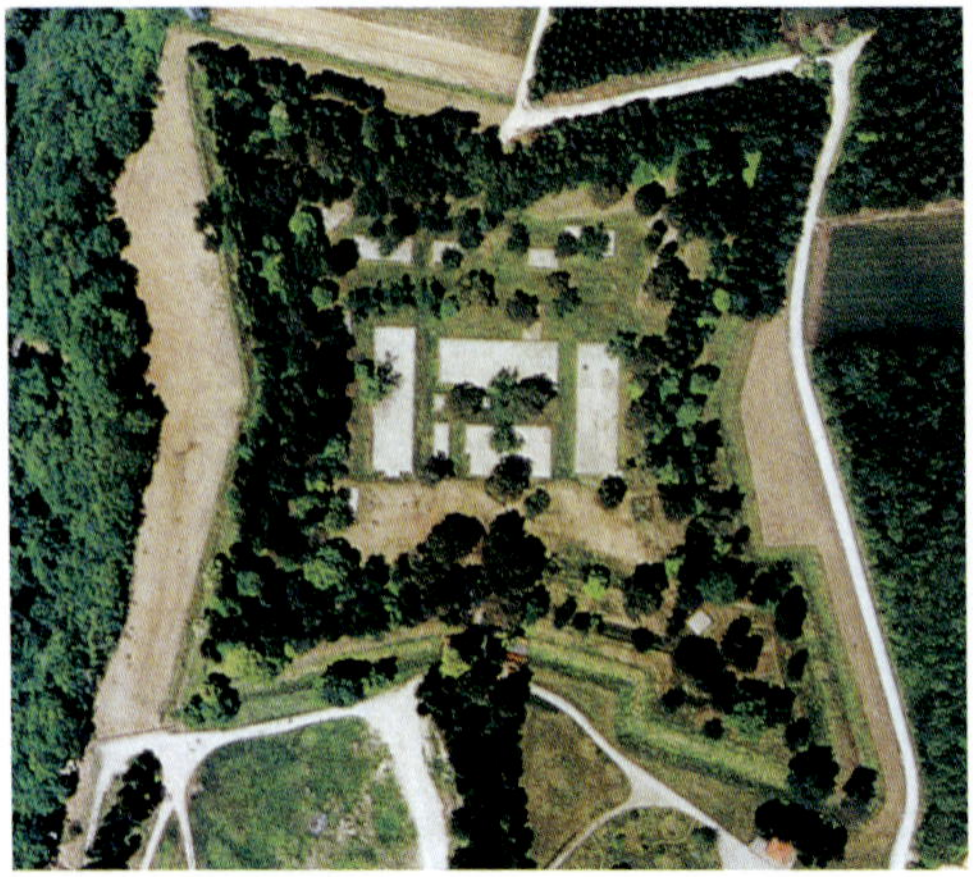
戸切地陣屋空撮（国史跡／北海道北斗市）

残された絵図によると稜堡内部には見張所、物見櫓《やぐら》、諸士詰所、惣足軽長屋屋、大砲貯蔵所、文庫、米蔵、味噌《みそ》蔵、武器蔵、厩、炭蔵、鉄砲蔵、御導場、風呂場、便所、井戸などが設けられていた。なお、砲台は南東隅に突出した稜堡の先端に六基構えられていたほか、北西にも一基の砲座が設けられていた。近年、戸切地陣屋跡では発掘調査がおこなわれており、絵図に描かれていた内部施設がほぼ確認されており、現在では整備事業も実施され、建物跡などが平面表示されている。また、大手門と搦手門が復元されている。

なお、あまり知られていないが維新後にも稜堡式城郭が築かれているので紹介しておきたい。明治元年（一八六八）、徳川《とくがわ》家は

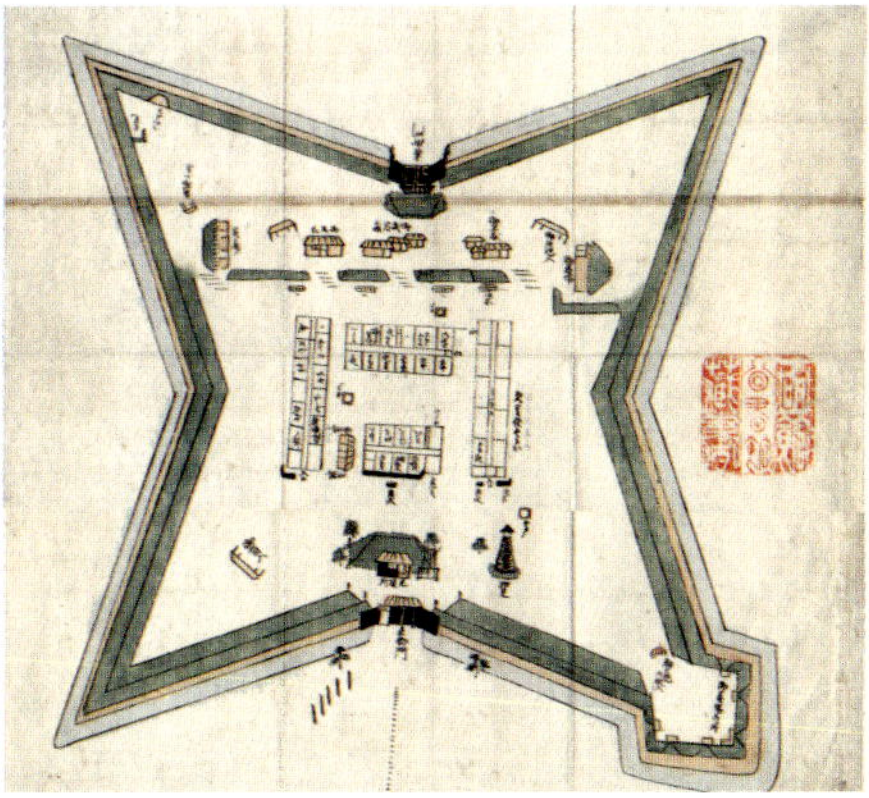
「戸切地陣屋絵図」
（函館市中央図書館蔵）

明治政府に所領を返上し、新たに駿河《するが》・遠江《とおとうみ》に七〇万石が与えられた。この処置により、駿遠の大名が上総《かずさ》、安房《あわ》へ国替えとなる。掛川《かけがわ》藩は上総松尾《まつお》に国替えとなり、新たに築いたのが松尾城（千葉県山武市）である。この松尾城が稜堡式で計画された。松尾城では御住居地と本城が計画され、実際に廃藩までに完成したのは御住居地と呼ばれる藩主の居館のみであったが、残された築城計画絵図では本城は稜堡式築城であったことが窺える。ただし、その形状はこれまで見てきた稜堡のように規格化されておらず、いびつである。五角形の星形稜堡を半裁した形状ともいわれるが、実際には築城場所の自然地形に制約を受けた結果と考えられる。

　さらに、稜堡は明治十年の西南戦争でも築かれている。この戦争では鹿児島、熊本、宮崎、大分県が戦場となり、現在でも大分県南部から宮崎県北部の山間部には政府軍、薩軍の築いた歩兵用の陣地が数多く残されている。こうした陣地について薩軍側は台場と呼び、政府軍は胸壁《きょうへき》、塁壁《るいへき》などと称している。大半は弧状またはL字状に土を盛り上げたものであるが、大原越《おおはらご》え一八号台場（大分県佐伯市）は長辺一六メートル、短辺一二メートルの小規模なものではあるが四稜の平面を呈している。また、二四号台場は六角形の星形を呈しており、明らかに臨時築城ではあるが、稜堡として築かれたものである。

コラム

石切場

徳川幕府によって再建された大坂城の石垣石材が小豆島《しょうどしま》(香川県)や、犬島《いぬじま》・前島《まえじま》(岡山県)といった瀬戸内海の島々より持ち運ばれたものであることは有名である。最近ではこうした採石場の調査が大坂城のような巨大な城だけではなく、各地方の城でも実施されており、築城に際しての採石状況が明らかになりつつある。

ところで採石場のことを石切《いしきり》場《ば》、もしくは石丁場《いしちょうば》と呼んでいる。ここではこうした石切場のいくつかを紹介したい。

まず最初に徳川大坂城の石切場を紹介しよう。最初に述べたように徳川大坂城の石材の多くは瀬戸内海の島々から持ち運ばれた。それ以外では芦屋《あしや》(兵庫県芦屋市)を中心とした六甲《ろっこう》山麓、笠置《かさぎ》(京都府笠置町)などに石切場があった。これらの石切場で採石されたのは花崗岩《かこうがん》であった。豊臣大坂城がそれまでの城以上に巨石を用いたものの石材を統一することはできず、発掘調査で検出された本丸詰段の石垣には凝灰岩《ぎょうかいがん》、花崗岩、安山岩《あんざんがん》など種々雑多な石材が用いられていた。同様に伏見《ふしみ》城でも良好に現存する増田右衛門尉曲輪の石垣でもチャート、花崗岩、安山岩などが用いられていた。

ところが関ヶ原合戦後に新たに築かれた城郭の石垣には雑多な石材が用いられなくなり、ほぼ一種類の石材によって築かれることとなる。大坂城での石材は花崗岩であった。大坂城は大阪湾に近く、さらに築城段階では大阪湾と河川と堀割が直結しており、おそらく普請現場近くまで船によって持ち運ぶことが可能だったと考えられる。そうした立地から瀬戸内海の島々は遠距離ではあったが、船運に頼ることにより楽に運べたのである。島々では浜の直上に石切場をいくつも設けて、切り出した石材は斜面を落しては浜へ運び出していたようである。

現在でもこうした島々には石切場の跡が当時のまま残されている。その採石の工程は、巨石に矢穴を穿って、そこに鏨《たがね》を打ち込み、玄能《げんのう》で叩くと、切手のミシン目のように、矢穴《やあな》に沿って石が割れるのである。巨大な石材には同じ幅で矢穴を入れて割っており、まるで羊羹のように切られた石材が今も点々と残されている。牛窓《うしまど》（岡山県瀬戸内市）の対岸に位置する犬島や前島には、今も見事に石切場が残されている。この両島は岡山藩池田忠雄《いけだただかつ》の領地であった。大坂城に残る蛸石、振袖石、肥後石などの巨石はこの犬島から運ばれたものである。天下普請の大坂城にいかに巨石を運ぶことが助役大名にとって重要であったかを物語っている。

前島の石切場（岡山県）

しかし、領国にこうした良質の花崗岩が採れない場合はどうしたのであろうか。実は前島の石切場には分銅紋の刻印が認められる。これは出雲松江城主堀尾吉晴《ほりおよしはる》、忠氏《ただうじ》父子の紋である。山陰からの石材運搬は困難であり、池田家の許可を得て、池田家領の瀬戸内の島で採石して大坂へ運び出していたのである。

江戸城では石材が伊豆半島から切り出された。伊豆半島から船に積み込み、江戸湾と直結した堀割を利用して普請場へ運び込んだのである。伊豆半島の安山岩は伊豆石と呼ばれ、東伊豆の真鶴《まなづる》系安山岩（箱根火山）、宇佐美ー多賀系安山岩（宇佐美火山）、東伊豆系安山岩（天城火山）の堅石《かたいし》と、西伊豆から南伊豆の凝灰岩の軟石《なんせき》が用いられた。

これらの石切場には刻印のほかに、大名や家臣、あるいは藩を特定できる名を刻んだ標識石と、それに範囲や距離などの事項を加えた境界石が設置され、石切場の境界が明確に示されていた。例えば中張窪《ちゅうばりくぼ》（神奈川県熱海市）には「是ヨリにし 有馬玄蕃 石場 慶長十六年 七月廿一日」、鎌田（神奈川県伊東市）には「これより南 竹中伊豆守」などの境界石が

次ページへ

残されている。
ところで近年、小田原で早川《はやかわ》石丁場群が発見された。なかでも関《かん》白沢《ぱくざわ》支群は海岸より離れた内陸部に位置しており、石材の運搬は困難である。おそらく陸路ではなく、芦ノ湖に水源を持つ早川を利用して河口までも水運によったものと考えられる。そこからは石舟と呼ばれる石材運搬船に積み替えられて、江戸まで運ばれた。

この関白沢支群からは正面が一・四メートル四方、長さ三・六メートル四方の巨大な石材が発見されている。これは隅角石に用いられる特別な石材として切り出されたものである。また、石切場から曳き下ろすために用いられた石曳道も発見された。ここでは石材を運ぶ荷車がめり込まないように車輪の通るところは石礫によって舗装されていた。

金沢城では城より約九キロメートル離れた戸室山で採石し、石引道も確認されている。こうした巨大城郭では遠距離より石材が運ばれたが、それ以外の城ではそう遠くない場所から石材が運び込まれている。例えば萩《はぎ》城（山口県萩市）では、詰丸が築かれた指月《しづき》山の山頂で石材が調達されている。詰丸には縦横無尽に矢穴の穿たれた石材が無数に残されている。曲輪造成の際に削り込んだ岩盤が石材の供給源となったわけである。同様に米子《よなご》城（鳥取県米子市）でも山頂部に残る岩盤に矢穴が穿たれている。

萩城は海岸に突出した指月山に築かれた城であるが、海岸の岩

萩城指月山石材矢穴（山口県萩市）

礁にも無数の矢穴が穿たれており、石垣石材が築城場所の海岸からも採石されていたことを示している。海岸に築かれた城では、同様に唐津《からつ》城（佐賀県唐津市）でも海岸の岩礁には無数の矢穴が穿たれている。

面白い事例としては甲府《こうふ》城の採石場所がある。甲府城は一条

小山と呼ばれる独立丘に築かれたのであるが、城はこの山を加工して曲輪を築いている。発掘調査の結果、曲輪造成土直下に現れた岩盤には矢穴が穿たれていた。甲府築城では、実際に築城する山を加工する段階で石垣石材を確保していたのである。

萩城海岸石材矢穴（山口県萩市）

彦根《ひこね》城（滋賀県彦根市）では石垣調査によって、慶長《けいちょう》八年（一六〇三）の最初の築城で築かれた鐘の丸石垣にチャート石材が多く含まれていることが明らかとなった。これは佐和山《さわやま》城（滋賀県彦根市）の石垣石材を転用したものではないかと考えられている。豊臣政権下における湖東の中心であったのは石田三成《いしだみつなり》の佐和山城であった。慶長五年（一六〇〇）の関ヶ原合戦直後に東軍によって佐和山城は攻め落とされたが、その戦功によって近江に入部したのは井伊直政《いいなおまさ》であった。直政は佐和山城に入城するが、嫡子直継《なおつぐ》によって彦根築城が開始される。その際、佐和山城は城割を受けており、『井伊年譜《いいねんぷ》』には本丸を七間も削ったと記している。このため佐和山城跡に石垣はほとんど残らないが、残存する石垣の石材は佐和山の地山であるチャートが用いられており、築城当初はチャートによって石垣が築かれていたと考えられる。

一方、彦根城の石垣の石材は湖東流紋岩《りゅうもんがん》が大半を占めており、それらは城の南方に位置する荒《こう》神《じん》山から切り出されたものである。ところが鐘の丸の石垣だけは異常にチャートが多く含まれている。これは佐和山城に用いられていたチャート石材を転用したものと見られ、石材供給のひとつとして旧城の石材利用があった。

あとがきにかえて――わたしの城郭研究のあゆみ

私がお城に興味を抱いたのは小学校五年生のときでした。なぜお城が好きになったのかはわかりません。ただ、きっかけとして当時テレビで放映されていた「太閤記《たいこうき》」で、豊臣秀吉《とよとみひでよし》が淀殿《よどどの》のために築いた淀城が私の住む家から比較的近く、興味を覚えて一人で見学に行きました。淀城跡には石垣が残されており、比較的城跡としては小学生にも解りやすいところでした。ところがその解説板に、この城跡は淀殿の淀城ではなく、元和《げんな》九年（一六二三）に松平定綱《まつだいらさだつな》によって築かれた淀城で、淀殿の淀城は別の場所にあると記されていたのです。小学生ながらに、へぇー、そんなこともあるのだと、その淀殿の城跡も訪ねたのですが、石垣すら残されていません。そんなところのどこが城跡なのだろうと不思議に思ったことが、私を城跡の世界に引きずり込んだようです。

中学生になると、日本古城友の会に入会し、藤井重夫先生が主宰されていた大坂城跡の石垣刻印調査に毎週日曜日になると参加しました。また、ひとりで近畿地方の各地の城跡を巡りました。さらに元本邦築城史編纂委員であった中山光久先生に手紙を送り、様々な質問をさせていただきました。先生は中学生相手に毎回便箋十数枚にわたるお返事をお送りくださいました。私の城郭研究の最初の師匠は藤井重夫先生と中山光久先生でした。

高校に入ると、アルバイトで得たお金で夏休みと春休みにはテントを担いで四国、九州、信州、北海道の城跡を訪ねました。また、日本城郭近畿学生研究会に入会し、いよいよ大学では城郭を研究したいと思

淀城（京都市）
大正初期撮影。明治４年（1871）の廃城後、建物は払い下げられた。

うようになりました。そこで北垣聰一郎先生の自宅にお伺いしたり、水島大二先生に面識を得るなど、当時数少ない城郭研究の先生から教えを乞いました。

龍谷大学入学後は考古学で城郭を研究することを志しました。当時の考古学界はまだ歴史時代、特に中世以後の研究など誰もしていませんでした。さらに入部した考古学研究会では全共闘世代の先輩から、城郭という軍事的な施設を研究しても歴史学には何ら役に立たないと総括を受ける始末でした。ただ、考古研の先輩である橘尚彦さんは京都新聞に入社されており、様々な情報を提供していただきました。

その大学四年間の大半は発掘調査に参加していました。夏休みには福岡まで発掘に参加しましたが、普段は大学に近い伏見《ふしみ》城跡の発掘現場に通っていました。作業服に安全靴姿で授業に出て、授業が終わると発掘現場に向かいました。

先輩からは総括を受けたものの、一方で日本列島改造論により各地で大規模開発がおこなわれ、その事前調査で多くの山城が発掘調査の対象となり、数多くの成果を挙げていました。そうした調査の成果は自身の研究に大きな参考となりました。

加えて、山城に残された遺構を図化する縄張図の作成がようやくおこなわれ出した頃であり、仲間たちと切磋琢磨して城郭遺構を読み取り、縄張図を作成しました。当時、縄張図と呼べる正確な図面はほとんどなく、行く城、図化した城はほとんど縄張図が初めての城ばかりであり、まさにフロンティアの時代でした。

ちょうどその頃、村田修三先生が戦国時代の山城跡を在地構造分析の史料として活用するという中世城郭研究に新しい指針を示された時期であり、宮田逸民さんと二人で当時村田先生のおられた奈良女子大学を訪ね、以後多くの教示を得るようになりました。また、京都大学人文科学研究所におられた上山春平先生を太秦の自宅に三島正之さんとともに訪れたのもその頃のことです。

東京の八巻孝夫さん、三島正之さん、本田昇さん、池田誠さん、松岡進さん、西股総生さんたちが主宰されていた中世城郭研究会や齋藤慎一さんとの親交が生まれたのも大学時代でした。

大学卒業後、一旦就職はしたものの考古学への思い絶ち難く、二年で脱サラし、京都府教育委員会に勤務されていた先輩の奥村清一郎さんを頼って、向日市の長岡京跡の発掘現場に舞い戻り、その後滋賀県文化財保護協会、米原町教育委員会で埋蔵文化財保護行政の職に就くことができました。私が勝手に師と仰いでいる先生のおひとりに新潟の伊藤正一先生がおられます。先生はお若い頃に、滋賀県に住んで滋賀県の城郭を研究しようと思われたそうです。それだけ滋賀県の城館は日本城郭史で重要な位置を占めていたのです。当初私はそれを聞いてもピンとこなかったのですが、滋賀県中近世城郭分布調査で滋賀県内の城館を調査するなかで、ようやく先生のお言葉が理解できました。大阪生まれの私が滋賀県内の米原に職を得たのも実は滋賀県内の城館跡を研究するためのご縁だったのかも知れません。

米原では縄文の遺跡や、弥生の遺跡、古墳、奈良時代の寺院跡など数多くの発掘調査に従事することができ、水野正好先生、森浩一先生をはじめ考古学の諸先生や諸先輩と知遇を得ることができ、城館跡の発掘調査情報などを教えていただくことができました。また、拙稿ではありましたが、城館に関する論文を発表することにより、逆に各地で城館跡を調査されている自治体の方より現地指導のお話しを頂戴するようになり、各地に数多くの仲間を得ることができました。

観音寺城遠望（国史跡／滋賀県近江八幡市・東近江市）

奈良文化財研究所での中世城館調査研究課程で全国の自治体の文化財担当者に城館調査の講義をさせていただき、さらに各地での仲間の輪が広がりました。長野県の河西克造さんもそんな仲間のひとりです。

一方、日本城郭近畿学生研究会の発展解消後に立ち上げた城郭談話会では角田誠さん、宮田逸民さん、山上雅弘さんをはじめ、後には千田嘉博さん、福島克彦さん、多田暢久さん、高田徹さん、中西裕樹さんたちと一緒に全国各地の城跡を見学したり、月一回の研究会で白熱した議論ができました。

そして私の城郭研究を決定付けたのが織豊期城郭研究会の立ち上げでした。静岡県袋井市で久野《くの》城跡の発掘調査を担当していた加藤理文さんと、松井一明さんから、久野城跡の発掘調査現場を見に来ないかとお誘いをうけ、見学に行ったのですが、久野城跡の調査成果もさることながら、両人のパーソナリティにすっかり魅了されてしまい、滋賀県を訪ねて来られた際に木戸雅寿さんを交えて居酒屋で盛り上がって研究会を立ち上げ、年一回の研究集会を実施してきました。コアメンバーには戸塚和美さん、山本宏治さん、前田利久さん、溝口彰啓さんも加わり、さらに岡山の乗岡実さん、森宏之さんも加わってくれました。こうしたメンバーたちと北海道から沖縄まで、さらには韓国へ倭城の見学までおこなってきました。ただ、残念なことは森宏之さんが在職中にくも膜下出血で若くして亡くなられたことです。

織豊期城郭研究会では静岡県水窪町（現浜松市）の高根《たかね》城跡の発掘調査を三ヶ年実施したことも忘れられない想い出です。毎年夏季休暇の際に参加した調査ですが、山間部の町の旅館に宿泊した調査は今も忘れられません。

この織豊期城郭研究会は設立したときから研究集会は一〇年をスパンに終わるということとしており、実際にその通り終えることができました。その後不定期に実施してきたのですが、私たちの志を引き継いでくれた若手の研究者、下高大輔さん、岡寺良さん、早川圭さんたちによって現在二期目の研究集会が続けられています。こうした若い研究者が育ってくれたことは立ち上げた私たちにとって何よりも嬉しいことです。

一九七〇年代には大規模開発に備えるために都道府県単位で中世城館跡の分布調査が実施されるようになります。滋賀県教育委員会による中世城館跡の分布調査ではその末席に加えてもらうことができ、県内の山野を駆け巡って城跡の図面を作成する楽しさを経験することができました。また、岐阜県の調査にも調査員として参加することができました。現在、福岡県、岡山県、奈良県の分布調査では調査指導委員として参加させていただいています。

長浜城（滋賀県長浜市）
建物は昭和 58 年に建てられた長浜城歴史博物館。

さて、米原町で埋蔵文化財保護行政を担当していたのですが、生涯学習課長となり、発掘現場から退くこととなり、さらに平成の大合併で米原市となると、そのまなび推進課長となり、文化財保護行政とも関われなくなってしまいます。そうした職場に存在意義を見失った私は、早期退職をして残りの人生を城三昧で送ろうと五二歳で退職しました。聖泉大学、龍谷大学、同志社大学で非常勤講師を二年間勤めた後に、太田浩司さんからお電話を頂戴し、長浜城歴史博物館館長へのお誘いをいただき、お城の博物館こそは私にとってもっともふさわしい職場と、二つ返事で承諾しました。わずか一年の在職期間でしたが私にとっては充実した一年となりました。

その翌年に滋賀県立大学人間文化学部へ奉職することとなりました。考古学を設置する大学は多くありますが、その指導教員の大半は専門を原始、古代としています。歴史考古学、とりわけ中世や近世の考古学を専門に扱う研究者は皆無といってよいでしょう。しかし、考古学界では中・近世考古学が盛んです。私が大学に赴任したのはそうした中・近世考古学の研究を志す後進を指導せよということなのかも知れません。大学での在職期間は一〇年ですが、出来る限り多くの研究者を育てたいと思っています。

さて、このように私は人生の大半をお城とともに歩んできたわけですが、改めて振り返ってみると、ちょうど城館遺跡に発掘調査のメスが入る時期に大学時代を迎え、ちょうど縄張研究が始まった頃にその第一線に身を置くことができました。まさに城郭研究のフロンティアの時代が青春時代だったのです。私がお城に興味を持って五〇年、半世紀が過ぎ、昨年には還暦を迎える年となりました。

そうした私にこれまでとはひと味違った、調査ハンドブックにもなるような概説書を勧めてくださったのが山川出版社の酒井直行さんでした。酒井さんは『日本城郭大系』の編集をされていた方で、もう三〇年来のお付き合いで、私とは数多くのお城の本を手掛けてくださっています。そして実際に編集を担当されたリゲル社の花田雅春さんとも古くからご一緒にお城の本を手掛けてきました。本書はそうした仲間との合作といってもよい本となりました。

最後になりますが、城郭研究を通じて知り合った多くの研究仲間が私の人生の財産となりましたが、何と言っても妻幾代がいてくれたからこそ城郭研究に没頭することかができたと感謝しています。脱サラするときも、公務員を早期退職するときも、文句も言わず後押ししてくれたのは彼女でした。彼女のおかげでお城人生を全うすることができたのです。

本書では戦国時代の山城から近代に至る城郭を概説しました。これまであまり触れられることのなかった発掘調査の成果も多く紹介したつもりです。本書を読んでいただいたお城好きの読者の皆さん、本書は事例を通して城の見方を概説したものです。これからの城歩きで本書に掲載されていない城跡で皆さん自身で応用していただければ幸いです。

また、いずれかの城跡で皆さんと出会うことを楽しみにしています。

還暦の日も一人で城の旅　　　　中井　均

参考文献

【第1章】
村田修三　一九八〇「城跡調査と戦国史研究」『日本史研究』二一一号
角田誠　一九九〇「近畿地方における南北朝期の山城」『中世城郭研究論集』
兵庫県立考古博物館　二〇一一『吉田住吉山遺跡群』兵庫県教育委員会
中井均　二〇一一「烽と鐘」『旃檀林の考古学―大竹憲治先生還暦記念論文集―』
松本市教育委員会　二〇一六『小笠原氏城館群　―井川城址試掘・第1次・第2次発掘調査報告書―』
阿山町教育委員会　一九八七『菊永氏城跡発掘調査報告』阿山町遺跡調査会
高田徹　二〇〇三「篠脇城（岐阜県大和町）竪堀を見るならこの城！」『城を歩く　その調べ方・楽しみ方』
（財）広島県教育事業団埋蔵文化財調査室　二〇〇五『牛の皮城跡・曽川2号遺跡』
米原市教育委員会　二〇一六『米原町内中世城館跡分布調査報告書』
天理大学附属天理参考館考古美術室　二〇一三『布留遺跡豊井（打破り）地区発掘調査報告書』埋蔵文化財天理教調査団
沼館愛三　一九七七『津軽諸城の研究（草稿）』、『南部諸城の研究（草稿）』青森県文化財保護協会
山崎一　一九七八『群馬県古城塁址の研究』上・下巻
山崎一　一九七九『群馬県古城塁址の研究』補遺篇上・下巻
中井均　一九九三「本邦築城史編纂委員会と『日本城郭史資料』について　―敗戦前の城郭研究史を理解するために―」『中世城郭研究』第7号
小島道裕　一九九二「戦国期城下町その四　―志苔館と勝山館―」『日本史研究』三五四号
八巻孝夫　一九八七「志苔館」『図説中世城郭事典』第一巻
福島克彦　一九九九「蓮如が築いた山科本願寺と寺内町」『最新研究 日本の城 世界の城』
滋賀県教育委員会　一九七一『観音寺城跡整備調査報告書』
滋賀県教育委員会・（公財）滋賀県文化財保護協会　二〇一六『関津城遺跡』
広島県教育委員会　一九七八『恵下城跡発掘調査概報』
三加和町教育委員会　一九九七『田中城跡ⅩⅠ・ⅩⅡ』
佐久市教育委員会・佐久埋蔵文化財調査センター　一九九一『金井城』
吉井町教育委員会　一九九〇『備前周匝茶臼山城址発掘調査報告書』
八戸市教育委員会　一九九三『根城　―本丸の発掘調査―』
【第2章】
河内長野市教育委員会　二〇一一『烏帽子形城跡総合調査報告書』
甲賀市史編さん委員会　二〇一〇『甲賀市史』第7巻 甲賀の城

愛媛県教育委員会　二〇〇二『しまなみ水軍浪漫のみち文化財調査報告書―埋蔵文化財編―』
大窪祥晃　二〇〇五「志布志城跡の調査概要」『南九州城郭研究』第三号
木村信幸　一九九六「「石つき之もの共」について」『織豊城郭』第3号
【第3章】
中井均　二〇一三「到達点としての彦根城」『特別展 天下普請の城 彦根城　―世界遺産登録へ向けて―』彦根城博物館
小林清治編　一九八二『仙台城と仙台領の城・要害』
加藤理文　二〇〇五「要害　大名並みの仙台藩の要害領主」『城歩きハンドブック』
中井均　二〇〇五　「麓　薩摩藩固有の外城制」『城歩きハンドブック』
中井均　二〇〇三「陣屋　陣屋はいまが旬、整備が進む」『城を歩く　その調べ方・楽しみ方』
三浦正幸　一九九九『城の観賞基礎知識』
三浦正幸　二〇一六『城のつくり方図典 改訂新版』
【第4章】
中井均　二〇〇五「篠山城　二〇大名による天下普請の城」『城歩きハンドブック』
森宏之　二〇〇二「備中松山城　現存する唯一の近世山城」『城の見方・歩き方』
中井均　二〇〇三「幕末の築城　意外！幕末は築城ラッシュ」『城を歩く　その調べ方・楽しみ方』
【全体】
石井進・萩原三雄編　一九九一『中世の城と考古学』
小都隆　二〇〇五『中世城館跡の考古学的研究』
小和田哲男先生古稀記念論集刊行会編　二〇一四『戦国武将と城』
加藤理文　二〇一二『織豊権力と城郭』
齊藤慎一編　二〇一五『城館と中世史料』
白峰旬　一九九八『日本近世城郭史の研究』
白峰旬　二〇〇三『豊臣の城・徳川の城　―戦争・政治と城郭―』
千田嘉博・小島道裕・前川要　一九九三『城館調査ハンドブック』
千田嘉博　二〇〇〇『織豊系城郭の形成』
中井均・加藤理文　二〇〇三『城郭探検倶楽部』
中井均　二〇〇九『山川ムック　日本の城』
中井均・萩原三雄編　二〇一四『中世城館の考古学』
中井均・齊藤慎一　二〇一六『歴史家の城歩き』
中澤克昭　一九九九『中世の武力と城郭』

西股総生　二〇一三『「城取り」の軍事学』
松岡進　二〇〇二『戦国期城館群の景観』
松岡進　二〇一五『中世城郭の縄張と空間』
村田修三編　一九九〇『中世城郭研究論集』
村田修三編　二〇〇二『新視点 中世城郭研究論集』

写真協力（順不同）

東京大学史料編纂所　函館市中央図書館　米原市教育委員会　静岡県藤枝市博物館　京都府立総合資料館　富津市教育委員会　公益財団法人愛知県教育・スポーツ振興財団　愛知県埋蔵文化財センター　鶴岡市郷土資料館　首都大学東京図書情報センター　彦根城博物館　岐阜市歴史博物館　静岡市立図書館　国立国会図書館　国立公文書館内閣文庫　甲賀市水口歴史民俗資料館　秋田市立佐竹史料館　丹波市立柏原歴史民俗資料館　宮内庁　山口県文書館　くまもと写真館　松江城管理事務所　いわむら観光協会　公益財団法人浜松観光コンベンションビューロー　松前町教育委員会　掛川市役所　小諸市役所　姫路市市長公室　明石市役所　公益財団法人 兵庫県園芸・公園協会　（一社）信州・長野県観光協会　大洲城管理事務所　佐久市教育委員会　掛川市役所　公益財団法人広島市文化財団　広島城　佐用町教育委員会　新発田市教育委員会　宇和島市教育委員会　田辺市役所　笠置町役場　兵庫県立考古博物館　千早赤阪村立郷土資料館　志布志市教育委員会　河内長野市教育委員会　ミュージアム知覧博物館　南九州市教育委員会　玉城町役場　三重県埋蔵文化財センター　愛媛県埋蔵文化財調査センター　浜松市教育委員会市民部　北海道総合政策部知事室　（公社）びわこビジターズビューロー　丸亀市役所　島原市教育委員会　村上市教育委員会　松本市教育委員会　三島市教育委員会　恵那市役所　萩博物館　上田市立博物館　岡山市教育委員会　佐久市役所　北斗市役所　高崎市教育委員会　新発田市教育委員会　高知城管理事務所　福岡市教育委員会　熊本城管理事務所　弘前市役所　滋賀県教育委員会　福井県立朝倉館遺跡資料館　鈴木真弓　來本雅之　中田眞澄　石田多加幸　竹重満憲　松井 久

■装丁／山崎 登

■地図作成／山崎 一　中山光久　八巻孝夫　千田嘉博
福島克彦　村 信幸

■イラスト・地図作成／板垣真誠　古藤祐介
オフィス・ストラーダ（道倉健二郎）

■編集協力／有限会社リゲル社
美濃部苑子

【著者略歴】

中井　均（なかい　ひとし）

滋賀県立大学人間文化学部教授。1955年大阪府生まれ。龍谷大学文学部史学科卒業。（財）滋賀県文化財保護協会、米原市教育委員会、長浜城歴史博物館館長を経て、2011年に滋賀県立大学人間文化学部准教授。2013年度より現職。また、NPO法人城郭遺産による街づくり協議会理事長として、全国のまちづくりにも関わる。専門は日本考古学で、特に中・近世城郭の研究、近世大名墓の研究。

主な著書に『近江の城 ―城が語る湖国の戦国史―』（サンライズ出版）、『カラー版徹底図解 日本の城』（新星出版）、『図解 近畿の城郭Ⅰ・Ⅱ・Ⅲ』（監修／戎光祥社）、『中世城館の考古学』（編著／高志書院）、『カメラが撮らえた古写真で見る日本の名城』（共著／KADOKAWA）、『歴史家の城歩き』（共著／高志書院）、『ハンドブック　日本の名城』（山川出版社）

城《じょう》館《かん》調《ちょう》査《さ》の手《て》引《び》き

二〇一六年八月二十五日　第一版第一刷印刷
二〇一六年八月　三十日　第一版第一刷発行

著者　中井均
発行者　野澤伸平
発行所　株式会社　山川出版社
東京都千代田区内神田一−一三−一三
〒一〇一−〇〇四七
電話　振替　〇〇一二〇−九−四三九九三
〇三（三二九三）八一三一（営業）
〇三（三二九三）一八〇二（編集）
http://www.yamakawa.co.jp/
企画・編集　山川図書出版株式会社
印刷所　半七写真印刷工業株式会社
製本所　株式会社ブロケード

造本には十分注意しておりますが、万一、落丁・乱丁などがございましたら、小社営業部宛にお送りください。送料小社負担にてお取り替えいたします。
定価はカバー・帯に表示してあります。

ISBN978-4-634-15091-1